21世纪高职高专规划教材

财经类专业基础课系列

企业财税基础

Fundamentals of Corporate Finance and Taxation

主编 ◎ 顾全根 刘春才 副主编 ◎ 刘慧娟

中国人民大学出版社

·北京·

图书在版编目（CIP）数据

企业财税基础/顾全根，刘春才主编．—北京：中国人民大学出版社，2015.5
21世纪高职高专规划教材．财经类专业基础课系列
ISBN 978-7-300-21198-5

Ⅰ.①企… Ⅱ.①顾… ②刘… Ⅲ.①企业管理-财务管理-高等职业教育-教材 ②企业管理-税收管理-高等职业教育-教材 Ⅳ.①F275 ②F810.423

中国版本图书馆CIP数据核字（2015）第088509号

21世纪高职高专规划教材·财经类专业基础课系列
企业财税基础
主　编　顾全根　刘春才
副主编　刘慧娟
Qiye Caishui Jichu

出版发行	中国人民大学出版社		
社　　址	北京中关村大街31号	**邮政编码**	100080
电　　话	010－62511242（总编室）		010－62511770（质管部）
	010－82501766（邮购部）		010－62514148（门市部）
	010－62515195（发行公司）		010－62515275（盗版举报）
网　　址	http://www.crup.com.cn		
	http://www.ttrnet.com(人大教研网)		
经　　销	新华书店		
印　　刷	北京昌联印刷有限公司		
规　　格	185 mm×260 mm　16开本	**版　　次**	2016年1月第1版
印　　张	18.5 插页1	**印　　次**	2016年1月第1次印刷
字　　数	428 000	**定　　价**	33.00元

前言

根据高职教育的培养目标，从高职高专教学规律出发，按照最新的会计准则和税收法规，秉承“强化素质教育，以能力为本位”的高等职业教育的教学方针，我们组织编写了本教材，以满足高等职业院校财经类非会计专业学生学习税法、会计、财务分析基本知识与基本技能的需要。在编写本教材时，编者力求从初学者的视角出发，遵循渐进的学习规律，尽量帮助读者在较短的时间内学到更多的税法、会计、财务分析基础知识和技能。本教材具有如下特点：

1. 内容新颖，贴近实际

本教材根据最新的会计准则、税收法规编写，紧密联系会计工作、纳税工作实际，教材内容的阐述以“实用”为出发点，以反映会计的新知识、新方法，培养学生扎实的财税基础知识和较强的实践能力。

2. 项目导向，任务驱动

本教材根据财税工作任务和实际工作流程循序渐进地安排教学内容，使学习者能够充分掌握财税工作过程中所需要的基本操作技能。全书内容简明实用，突出可操作性，注重培养职业能力，强调知识和能力的实用性和针对性。各个任务均配备了知识测试（其中包括实务操作题），以便于读者对知识的理解和技能的训练。

3. 内容创新，注重技能

本教材按照“知识—技能—操作”的步骤，考虑高职高专学生的特点，力求内容创新、过程完整和技能实用。全书内容充实，少理论、多基础、重技能，融专业知识、专业技能于一体，结合实务操作过程，突出实用、能用、够用的原则。

本教材分为三大部分：税收基础、会计基础和财务分析基础。第一部分介绍了增值税、消费税、营业税、企业所得税、个人所得税等税收知识与技能，第二部分介绍了原始凭证、记账凭证、企业经济业务的处理、会计账簿、企业财务报告的编制等会计基础知识与技能，第三部分介绍了企业偿债能力分析、营运能力分析、盈利能力分析、发展能力分析、财务综合分析等知识与技能。

本教材由顾全根、刘春才担任主编，刘慧娟担任副主编。具体分工如下：苏州经贸职业技术学院刘春才编写项目一和项目三的任务 1、任务 2、任务 3，苏州经贸职业技术学院顾全根编写项目二的任务 1、任务 2、任务 3、任务 4，苏州经贸职业技术学院刘慧娟编写项目二的任务 5、任务 6 和项目三的任务 4、任务 5、任务 6。

在编写本教材的过程中，编者参考了不少专著和教材，得到了不少专家学者、院校领导的大力支持，在此一并表示感谢！

本教材可作为高职高专财经类非会计专业的财税基础课教材，也可作为在职经济管理人员、广大非会计专业人士岗位培训、自学进修的教学用书。

由于编者水平有限，书中疏漏之处在所难免，敬请读者批评指正。

编　者

2015 年 9 月

目 录

项目一
税收基础

任务1 认识税收

技能目标

1. 能区分税收收入与其他财政收入；
2. 会正确区分税收类型；
3. 能辨识税收各要素。

知识目标

1. 了解税收的性质和特征；
2. 熟悉税收的分类；
3. 掌握并理解税收的构成要素。

一、税收的性质

税收是国家为了实现其职能，凭借政治权力按照法律规定，强制地、无偿地参与社会剩余产品的分配，以取得财政收入的一种形式。可以从以下几个方面来理解：

（一）税收的本质——一种特殊的分配关系

社会再生产包括生产、消费、分配、交换等环节。生产创造社会产品；消费耗费社会产品；分配是对社会产品价值量的分割，决定归谁占有，各占多少；交换是用自己占有的商品去换取自己所需要的商品。征税只是从社会产品价值量中分割出一部分集中到政府手中，改变了社会成员与政府各自占有社会产品价值量的份额。因此，税收属于分配范畴。税收的“特殊”主要体现在国家征税是强制和无偿的，主要是通过国家行政力量来推动。

（二）税收的主体——国家

社会产品的分配可以分为两大类：一类是凭借资源拥有权力进行的分配，一类是凭借政治权力进行的分配。税收是以国家为主体，凭借政治权力进行的分配。

（三）税收分配的对象——剩余产品

社会产品按其价值构成可分为三部分：物化劳动的价值补偿部分，劳动者、经营者和所有者的劳动力再生产的补偿部分，用于积累和消费的扩大再生产的剩余价值。为维持纳税人的简单再生产，对前两部分一般不能进行社会性的集中分配。只有剩余价值才可作为社会性的集中分配，但不能全部用于社会性的集中分配，因为纳税人必要的扩大再生产也是社会发展与进步的经济前提。由此可见，剩余产品是税收分配的对象，是税收分配的根本源泉。

(四) 税收的目的——国家实现其职能，满足社会公共需要

国家为保证行政管理、文教卫生、国防战略等社会公共需要，必须集中一部分社会财富。而征税就是政府集中一部分社会财富的最好方式。与此相适应，社会成员之所以要纳税，是因为他们专门从事直接的生产经营活动，而不再兼职执行国家职能，因此需要为此付出一定的费用。

(五) 税收的地位——取得财政收入的基本形式

税收是随着国家的产生而诞生的。从其诞生之日起，为国家行使职能而组织财政收入，就成了它的第一职能，以满足国家实现其职能的物质需要。所以，组织财政收入是税收的基本作用。目前，我国税收已占国家财政收入的 95%以上，在保证国家重点经济建设、保证国家机器正常运转方面有着特别重要的意义。

小思考：我国财政收入除了税收收入外，还有哪些收入？

二、税收的特征

税收与其他分配方式相比，具有强制性、无偿性和固定性的特征，通常称为税收的“三性”。

(一) 强制性

税收的强制性是指税收是国家凭借政治权力，通过颁布法律或政令来强制征收。所有企事业单位和社会成员，都必须遵守国家的税收法令，纳税人必须依法纳税，否则就会受到法律的制裁。强制性体现在两个方面：一方面，税收分配关系的建立具有强制性，即税收征收完全是凭借国家拥有的政治权力；另一方面，税收的征收过程具有强制性，即如果出现了税务违法行为，国家可以依法进行处罚。

(二) 无偿性

税收的无偿性是指通过征税，各企事业单位和社会成员的一部分收入转归国家所有，国家无须向纳税人支付任何报酬或代价。无偿性体现在两个方面：一方面是政府获得税收收入后无须向纳税人直接支付任何报酬，另一方面是政府征得的税收收入不再直接返还给纳税人。税收的无偿性是税收的本质体现，它反映的是一种社会产品所有权、支配权的单方面转移关系，而不是等价交换关系。税收的无偿性是区分税收收入和其他财政收入形式的重要特征。

(三) 固定性

税收的固定性是指税收是按照国家法令规定的标准征收的，即纳税人、课税对象、税

目、税率、计价办法和期限等，都是税收法令预先规定的，是一种固定的连续收入。对于税收预先规定的标准，征税和纳税双方都必须共同遵守，非经国家法令修订或调整，征纳双方都不得违反或改变这个固定的比例或数额以及其他制度规定。

税收的三个基本特征是一个统一的整体。其中，强制性是实现税收无偿征收的强有力保证，无偿性是税收本质的体现，固定性是强制性和无偿性的必然要求。

三、税收的分类

税收制度的主体是税种，当今世界各国普遍实行由多个税种组成的税收体系。在这一体系中各种税既有各自的特点，又存在多方面的共同点。因此，有可能从各个不同的角度对各种税进行分类。税收的分类一般有以下几种：

（一）按征税对象分类

征税对象是税法的一个基本要素，既是一种税区别于另一种税的主要标志，又往往是税种名称的由来。因此，按征税对象的不同来分类，是税收最基本和最主要的分类方法。按照征税对象分类，我国税收大体可分为以下五类：

1. 流转税

流转税是对销售商品或提供劳务的流转额征收的一类税收。商品交易发生的流转额称为商品流转额。商品交易是一种买卖行为，如果税法规定卖方为纳税人，商品流转额即为商品销售数量或销售收入；如果税法规定买方为纳税人，商品流转额即为采购数量或采购支付金额。非商品流转额是指各种社会服务性行业提供劳务所取得的业务或劳务收入金额。

流转税与商品（或劳务）的交换相联系，商品无处不在，又处于不断流动之中，这决定了流转税的征税范围十分广泛；流转税都采用比例税率或定额税率，计算简便，易于征收；流转税形式上由商品生产者或销售者缴纳，但其税款易转嫁给消费者负担。由于以上这些原因，流转税对保证国家及时、稳定、可靠地取得财政收入有着重要的作用，同时，它对调节生产、消费也有一定的作用。因此，流转税一直是我国的主体税种。这一方面体现在它的收入在全部税收收入中所占的比重一直较大；另一方面体现在它的调节面比较广泛，对经济的调节作用一直比较显著。

我国当前开征的流转税主要有：增值税、消费税、营业税、关税。

2. 所得税

所得税是对所得额征收的一类税收。所得额是纳税人在一定时期的合法收入总额减除成本费用和法定允许扣除的其他各项支出后的余额。

所得税按照纳税人负担能力（即所得）的大小和有无来确定税收负担，实行“所得多的多征，所得少的少征，无所得的不征”的原则。因此，它对调节国民收入分配、缩小纳税人之间的收入差距有着特殊的作用；同时，所得税的征收面也较为广泛，故成为经济发达国家的主要收入来源。在我国，随着经济的发展，公民收入的增加，所得税已成为近年来收入增长较快的一类税。

我国当前开征的所得税主要有：企业所得税、个人所得税。

3. 资源税

资源税是对开发、利用和占有国有自然资源的单位和个人征收的一类税收。征收这类税的目的：一是取得资源消耗的补偿基金，保护国有资源的合理开发利用；二是调节资源级差收入，以利于企业在平等的基础上开展竞争。

我国当前开征的资源税主要有：城镇土地使用税、耕地占用税、资源税、土地增值税。

4. 财产税

财产税是对纳税人所拥有或归其支配的财产数量或价值额征收的一类税收。包括对财产的直接征收和对财产转移的征收。征收这类税，除为国家取得财政收入外，对提高财产的利用效果、限制财产的不必要的占有量有一定作用。

我国当前开征的财产税主要有：房产税、契税、车辆购置税、车船税。

5. 行为税

行为税是以某些特定行为为征税对象征收的一类税收。征收这类税的目的：一是对某些特定行为进行限制、调节，使微观活动符合宏观经济的要求；二是开辟地方财源，达到特定的目的。这类税的设置比较灵活，其中有些税种具有临时税的性质。

我国当前开征的行为税主要有：印花税、城市维护建设税。

知识趣闻

委内瑞拉机场开征“呼吸税”

2014年7月，委内瑞拉首都加拉加斯的迈克蒂亚机场新设一个“奇葩”税种——呼吸税，每名乘客都必须为他们呼吸到的空气缴纳20美元的税金。

委内瑞拉官方解释说，征收“呼吸税”主要是为了回收修建覆盖机场大楼空调系统的成本，这种系统可以利用臭氧净化空气，对乘客的健康有益。

（二）按税收管理和使用权限分类

税收按其管理和使用权限划分，可分为中央税、地方税、中央与地方共享税。通过这种划分，可以使各级财政有相应的收入来源和一定范围的税收管理权限，从而有利于调动各级财政组织收入的积极性，更好地完成一级财政的任务。

中央税是由一国中央政府征收、管理和支配的一类税收。当前我国的中央税主要有关税、消费税、车辆购置税等。

地方税是由一国地方政府征收、管理和支配的一类税收。当前我国的地方税主要有营业税、资源税、土地增值税、房产税、车船税、城市维护建设税、土地使用税等。

中央与地方共享税是由国家税务总局负责征收管理，收入由中央与地方共同分享的税种。当前我国的中央与地方共享税主要有增值税、企业所得税、个人所得税、证券交易印花税等。

（三）按税收与价格的关系分类

税收按其与价格的关系划分，可分为价内税和价外税。在市场经济条件下，税收与商品、劳务或财产的价格有着密切的关系。凡税金作为价格组成部分的，称为价内税；凡税金不包含在价格之中、价税分列的，称为价外税。价内税有利于国家通过对税负的调整，直接调节生产和消费，但往往容易造成对价格的扭曲。价外税与企业的成本核算和利润、价格没有直接联系，能更好地反映企业的经营成果，不致因征税而影响公平竞争；同时，不干扰价格对市场供求状况的正确反映，因此，更适应市场经济的要求。

我国当前开征的价内税主要有：消费税、营业税、关税。开征的价外税主要有：增值税。

（四）按税负是否易于转嫁分类

税收按其负担是否易于转嫁划分，可分为直接税和间接税。所谓税负转嫁是指纳税人依法缴纳税款之后，通过种种途径将所缴税款的一部分或全部转移给他人负担的经济现象和过程，它表现为纳税人与负税人的非一致性。由纳税人直接负担的税收为直接税。在这种情况下，纳税人即负税人，如所得税、遗产税等。可以由纳税人转嫁给负税人的税收为间接税，如增值税、消费税、营业税、关税等。

（五）按计税标准分类

税收按其计税标准的不同，可分为从价税和从量税。从价税是以征税对象的价值量为标准计算征收的税收。税额的多少将随着价格的变动而相应增减。从量税是按征税对象的重量、件数、容积、面积等为标准，采用固定税额征收的税收。从量税具有计算简便的优点，但税收收入不能随价格高低而增减。

知识趣闻

我国古代对税的称谓

我国税收自古有之，但历代对税的称谓有所不同。夏代称为“贡”，商代称为“助”，周朝称为“彻”。“税”的名称最先出现于春秋鲁宣公十五年的“初税亩”，后称为“赋”，到汉代有“算赋”、“口赋”、“更赋”之称，后又改称为“租”。宋代有“粮”的称谓，明代称为“响”，清朝有“津贴”、“捐输”之用，以上是我国田亩税之称。此外还有“耗”、“漕折”、“平余”、“羡余”等名目。历代称“税”的也不少，如唐代的“间架税”，清代的“当税”、“牙税”等。

四、税收的要素

税收要素是指构成税收制度的基本因素。它说明了谁征税，向谁征，征多少以及如何征，是税收内容的具体表现。税收的要素主要有：

（一）纳税人

纳税人是税法规定直接负有纳税义务的单位和个人，也称纳税主体。它规定了税款的法律承担者，表明国家直接向谁征税或谁直接向国家纳税。纳税人可以是自然人，也可以是法人。

自然人是对能够独立享受法律规定的民事权利，承担相应的民事义务的普通人的总称。凡是在我国居住，可享受民事权利并承担民事义务的中国人、外国人或无国籍人，以及虽不在我国居住，但受我国法律管辖的中国人或外国人，都属于负有纳税义务的自然人。

法人是指依照法定程序成立，有一定的组织机构和法律地位，能以自己的名义独立支配属于自己的财产、收入，承担法律义务，行使法律规定的权利的社会组织。

（二）征税对象

征税对象又称课税对象，是征税的目的物，即对什么东西征税，是征税的客体，是一种税区别于另一种税的主要标志。与征税对象密切相关的有税目、计税依据两个概念。

税目是税法上规定应征税的具体项目，是征税对象的具体化，反映各种税种具体的征税项目。它体现了每个税种的征税广度，并不是所有的税种都有规定税目，对征税对象简单明确的税种，如房产税等，就不必另行规定税目。由于大多数税种的征税对象比较复杂，而且对税种内部不同征税对象又需要采取不同的税率档次进行调节，因此需要对税种的征税对象进行进一步的划分，作出具体的界限规定，这个规定的界限范围就是税目。

计税依据，又称税基，是征税对象的数量化，是应纳税额计算的直接数量依据，是对课税对象的量的规定。计税依据按照计量单位的性质划分，有两种基本形式：从价计征和从量计征。从价计征的税收，以计税金额为计税依据。从量计征的税收，以征税对象的面积、容积、体积等为计税依据。

（三）税率

税率是应纳税额与征税对象数量之间的法定比例，是计算税收负担的尺度，体现了课税的深度。税率是最活跃、最有力的税收杠杆，是税收制度的中心环节。常用的税率有以下几种形式：

1. 比例税率

比例税率是指对同一征税对象或同一税目，不论数额大小，都按同一比例征税的税率。税额与纳税对象数额之间的比例是固定的。

2. 累进税率

累进税率是指按征税对象数额的大小，从低到高分别规定逐级递增的税率。征税对象数额越大，税率就越高，相反就越低。累进税率的基本特点是税率等级与征税对象的数额等级同方向变动。按照累进依据和累进方式的不同，累进税率可分为全额累进税率、超额累进税率、超率累进税率，其中应用较多的是超额累进税率。

(1) 全额累进税率是指对纳税对象的全部数额都按照与之相适应的等级税率征税。同一征税对象只适用一个税率，当纳税对象提高到一个新的级距时，对其全部数额都按照新的级距所对应的税率计算税额。

(2) 超额累进税率是指对不同等级征税对象的数额，按各自与之相对应的税率分别计算税额。其特点是同一个征税对象同时适用几个等级的税率，每超过一级，超过部分则按提高一级的税率征收，这样分别计算税额，各等级应纳税额之和就是纳税人的应纳税额。

为了简化计算，一般采用速算法。计算公式为：

应纳税额＝按全额累进方法计算的税额－速算扣除数

＝课税对象数额×对应的最高税率－速算扣除数

速算法的原理是：由于全额累进计算方法比较简单，可将超额累进计算的方法转化为全额累进计算的方法。但对于同样的课税对象数量，按全额累进方法计算出的税额比按超额累进方法计算出的税额多，这个多算的常数叫速算扣除数。用公式表示为：

速算扣除数＝按全额累进方法计算的税额－按超额累进方法计算的税额

【例 1—1】 某税种规定的三级超额累进税率如表 1—1 所示。

表 1—1　　某三级超额累进税率表

级数	全月应纳税所得额（元）	税率（%）	速算扣除数
1	5 000（含）以下	10	0
2	5 000～20 000（含）	20	500
3	20 000 以上	30	2 500

若 A 公司课税对象数额为 12 000 元，计算 A 公司应纳税额。

解答：

按全额累进税率计算的应纳税额＝12 000×20%＝2 400（元）

按超额累进税率计算的应纳税额＝5 000×10%＋7 000×20%＝1 900（元）

按超额累进税率计算的应纳税额（速算法）＝12 000×20%－500＝1 900（元）

在本题采用超额累进税率速算法的计算中，直接用 12 000 元乘以所对应级次的税率 20%，则对于第一级次的 5 000 元课税对象金额就出现了 5 000×（20%－10%）＝500 的多计算的部分。因为 5 000 元仅适用 10%的税率，而现在全部用了 20%的税率来计算，故多算了 10%，这就是应该扣除的所谓速算扣除数。

小讨论

请分析表 1—1 中第三级次的速算扣除数为什么是 2 500 元？

(3) 超率累进税率是指以征税对象的某种比率为累进依据，按超额累进方式计算应纳税额的税率。在道理上与超额累进税率相同，不过税率累进的依据不是纳税对象数额的大小，而是销售利润率、资金利润率或增值率的高低。例如：现行的土地增值税就是采用超率累进税率。

3. 定额税率

定额税率是指按征税对象的实物计量单位直接规定一个固定的税额，而不是规定征收比例，因此也称为固定税额，是税率的一种特殊形式，一般适用于从量计征的税种。

（四）纳税环节

纳税环节是课税客体在运动过程的诸环节中依税法规定应该纳税的环节。每个税种都有特定的纳税环节，不同税种因涉及的纳税环节多少不同，就形成了不同的课征制。凡只在一个环节征税的称为一次课征制，如我国的资源税只在开采环节征税；凡在两个环节征税的称为两次课征制；凡在两个以上环节征税的称为多次课征制，如我国的增值税对商品的生产、批发和零售均征税。

（五）纳税地点

纳税地点是指缴纳税款的场所。纳税地点一般为纳税人的住所地，也有规定在营业地、财产所在地或特定行为发生地的。纳税地点关系到税收管辖权和是否便利纳税等，在税法中明确规定纳税地点有助于防止漏征或重复征税。

（六）纳税期限

纳税期限是纳税人向国家缴纳税款的法定期限。它是税收的强制性、固定性在时间上的体现。纳税期限是根据各个税种的特点确定的，各个税种的纳税期限因其征收对象、计税环节的不同而不尽相同。同一税种也可能因为纳税人的生产经营情况、经营规模、财务会计核算、应纳税额等的不同，纳税期限也不一样。纳税期限一般分为按期纳税和按次纳税。按期纳税是指依据纳税人发生纳税义务的一定期间为纳税期限。不能按期纳税的，实行按次纳税。

（七）减免税

减免税是对某些纳税人或征税对象的鼓励或照顾措施。减税是对应纳税额少征一部分税款，而免税是对应纳税额全部免征税款。

其涉及的概念还包括起征点、免征额、项目扣除等。

起征点，又称征税起点，是指税法规定的对征税对象开始征税的起点数额。征税对象的数额达到起征点的就全部数额征税，未达到起征点的不征税。

免征额是税法规定的课税对象全部数额中免予征税的数额，是对所有纳税人的照顾。当课税对象数额小于免征额时不予征税；当课税对象数额大于免征额时，仅对课税对象数额超过免征额的部分征税。

项目扣除是指在征税对象中扣除一定项目的数额，以其余额作为依据计算税额。

（八）法律责任

法律责任是指对纳税人、税务机关等相关人员和单位违反税法的行为进行处罚的规定。它是税收强制性特征的具体体现。违法行为是承担法律责任的前提，而法律制裁是追究法律责任的必然结果。

税法规定的法律责任形式主要有三种：一是经济责任，包括补缴税款、加收滞纳金等；二是行政责任，包括吊销税务登记证、罚款、税收保全及强制执行等；三是刑事责任，对违反税法情节严重构成犯罪的行为，要依法承担刑事责任。

知识测试

一、判断题

1. 纳税人是税法规定的直接负有纳税义务的单位和个人，是实际负担税款的单位和个人。（　　）

2. 征税对象是税法中规定的征税的目的物，是国家征税的依据；计税依据是税法中规定的据以计算应纳税款的依据或标准。（　　）

3. 税目是课税对象的具体化，反映具体征税范围，代表征税的广度。（　　）

4. 税收分配的依据是财产权利。（　　）

5. 我国当前开征的资源税主要有城镇土地使用税、耕地占用税、资源税、房产税。（　　）

6. 企业所得税的纳税人与负税人是相同的。（　　）

7. 法律责任是税收强制性特征的具体体现。（　　）

8. 当课税对象数额大于免征额时，对课税对象的全部金额征税。（　　）

9. 价内税能更好地反映企业的经营成果，不致因征税而影响公平竞争，更能适应市场经济的要求。（　　）

10. 税法对每一税种都要确定纳税环节和税目。（　　）

二、单项选择题

1. 下列税种中，纳税人不是负担税款的单位和个人的是（　　）。

A. 房产税　B. 个人所得税　C. 企业所得税　D. 营业税

2. 下列税种中，实行超率累进税率的有（　　）。

A. 个人所得税　B. 资源税　C. 印花税　D. 土地增值税

3. 下列税种中，实行定额税率的是（　　）。

A. 车船税　B. 增值税　C. 企业所得税　D. 营业税

4. 税收是国家与纳税人之间形成的以国家为主体的（　　）。

A. 社会剩余产品分配关系　B. 社会剩余产品分配活动

C. 社会产品分配关系　D. 社会产品分配活动

5. 下列税种中，属于共享税的是（　　）。

A. 增值税　B. 消费税　C. 关税　D. 房产税

6. 我国税收的构成要素中，（　　）是区分不同税种的主要标志。

A. 征税对象　B. 纳税义务人　C. 税率　D. 减免税

7. 下列属于资源税类的税种有（　　）。

A. 房产税　B. 城镇土地使用税

C. 城市维护建设税　D. 车船税

8. 下列税收构成要素中，衡量纳税人税收负担轻重与否的重要标志是（　　）。

A. 纳税期限　　B. 减免税　　C. 税率　　D. 征税对象

9. 税款不受征税对象价格变化的影响、税收收入相对稳定、计征方便的税率是（　　）。

A. 定额税率　　B. 全额累进税率　　C. 超额累进税率　　D. 比例税率

10. 按税负能否转嫁为标志，可以把税收分为（　　）。

A. 直接税和间接税　　B. 从量税和从价税

C. 价内税和价外税　　D. 实物税和货币税

三、多项选择题

1. 税收具有（　　）几个特征。

A. 强制性　　B. 无偿性　　C. 固定性　　D. 有偿性

2. 下列税收要素中，属于最基本的三个要素是（　　）。

A. 纳税人　　B. 税率　　C. 征税对象　　D. 纳税地点

3. 增值税属于（　　）。

A. 流转税　　B. 中央税　　C. 价内税　　D. 间接税

4. 消费税属于（　　）。

A. 流转税　　B. 中央税　　C. 价内税　　D. 间接税

5. 下列可以成为我国的纳税人的是（　　）。

A. 中国人　　B. 外国人　　C. 国有企业　　D. 外国企业

6. 我国现行税法使用的税率有（　　）。

A. 比例税率　　B. 超额累进税率　　C. 定额税率　　D. 超倍累进税率

四、案例讨论题

下面是我国国务院颁布的《中华人民共和国消费税暂行条例》的部分条文。

中华人民共和国消费税暂行条例

（2008 年 11 月 5 日国务院第 34 次常务会议修订通过）

第一条　在中华人民共和国境内生产、委托加工和进口本条例规定的消费品的单位和个人，以及国务院确定的销售本条例规定的消费品的其他单位和个人，为消费税的纳税人，应当依照本条例缴纳消费税。

第二条　消费税的税目、税率，依照本条例所附的《消费税税目税率表》执行。

消费税税目、税率的调整，由国务院决定。

第三条　纳税人兼营不同税率的应当缴纳消费税的消费品（以下简称应税消费品），应当分别核算不同税率应税消费品的销售额、销售数量；未分别核算销售额、销售数量，或者将不同税率的应税消费品组成成套消费品销售的，从高适用税率。

第四条　纳税人生产的应税消费品，于纳税人销售时纳税。纳税人自产自用的应税消费品，用于连续生产应税消费品的，不纳税；用于其他方面的，于移送使用时纳税。

进口的应税消费品，于报关进口时纳税。

第五条　消费税实行从价定率、从量定额，或者从价定率和从量定额复合计税（以下简称复合计税）的办法计算应纳税额。

第六条　销售额为纳税人销售应税消费品向购买方收取的全部价款和价外费用。

…………

第十一条　对纳税人出口应税消费品，免征消费税；国务院另有规定的除外。出口应税消费品的免税办法，由国务院财政、税务主管部门规定。

第十二条　消费税由税务机关征收，进口的应税消费品的消费税由海关代征。

第十三条　纳税人销售的应税消费品，以及自产自用的应税消费品，除国务院财政、税务主管部门另有规定外，应当向纳税人机构所在地或者居住地的主管税务机关申报纳税。

进口的应税消费品，应当向报关地海关申报纳税。

第十四条　消费税的纳税期限分别为1日、3日、5日、10日、15日、1个月或者1个季度。纳税人的具体纳税期限，由主管税务机关根据纳税人应纳税额的大小分别核定；不能按照固定期限纳税的，可以按次纳税。

第十五条　纳税人进口应税消费品，应当自海关填发海关进口消费税专用缴款书之日起15日内缴纳税款。

…………

要求：请阅读上述内容，指出“消费税”这个税种各要素的具体内容。

流转税的计算与缴纳

技能目标

1. 会根据企业的经营业务，判明企业应纳何种流转税；
2. 能正确计算增值税、消费税、营业税、关税的应纳税额。

知识目标

1. 熟悉增值税、消费税、营业税、关税的纳税人、征税范围、税率；
2. 了解增值税、消费税、营业税、关税的纳税申报地点、期限等；
3. 掌握增值税、消费税、营业税、关税的应纳税额的计算规定与要求。

一、增值税的计算与缴纳

（一）增值税认知

1. 什么是增值税

增值税是以增值额为课税对象而征收的一种税。我国增值税是对在中华人民共和国境内从事销售货物或者提供加工、修理修配劳务、交通运输业、邮政业、部分现代服务业服务以及进口货物的单位和个人取得的增值额为课税对象征收的一种税。

2. 增值税的纳税人

纳税人按其经营规模及会计核算健全与否，划分为小规模纳税人和一般纳税人。

（1）小规模纳税人。小规模纳税人是指年销售额在规定标准以下且会计核算不健全，不能按规定报送有关税务资料的增值税纳税人。小规模纳税人的认定标准为：

1）从事货物生产或者提供应税劳务的纳税人，以及以从事货物生产或者提供应税劳务为主，并兼营货物批发或者零售的纳税人，年应征增值税销售额（简称应税销售额）在50万元（含50万元）以下的；

2）从事货物批发或零售的纳税人，年应税销售额在80万元（含80万元）以下的。

另外，年应税销售额超过小规模纳税人标准的其他个人按小规模纳税人纳税，非企业性单位、不经常发生应税行为的企业可选择按小规模纳税人纳税。

对小规模纳税人实行简易办法征收增值税，其进项税额不允许抵扣。

（2）一般纳税人。一般纳税人是指年应税销售额超过小规模纳税人标准的企业和企业性单位。

下列纳税人不属于一般纳税人：1）年应税销售额未超过小规模纳税人标准的企业；2）个人；3）非企业性单位；4）不经常发生增值税应税行为的企业。

一般纳税人的特点是可以使用增值税专用发票，其进项税额可以抵扣销项税额。

3. 增值税的征税范围

（1）销售货物。这里的货物是指有形动产，包括电力、热力、气体等，不包括不动产。

（2）进口货物。

（3）加工及修理修配劳务。加工是指受托加工货物，即委托方提供原料及主要材料，受托方按照委托方的要求制造货物并收取加工费的业务；修理修配是指受托对损伤和丧失功能的货物进行修复，使其恢复原状和功能的业务。

（4）提供的应税服务。应税服务，是指陆路运输服务、水路运输服务、航空运输服务、管道运输服务、邮政业务、研发和技术服务、信息技术服务、文化创意服务、物流辅助服务、有形动产租赁服务、鉴证咨询服务、广播影视服务。

4. 增值税的税率

（1）17%。纳税人销售或者进口货物，除列举的外，税率均为17%；提供加工、修理修配劳务、提供有形动产租赁服务，税率也为17%。

（2）13%。纳税人销售或者进口下列货物的，税率为13%。

1）粮食、食用植物油。

2）自来水、暖气、冷水、热水、煤气、石油液化气、天然气、沼气、居民用煤炭制品。

3）图书、报纸、杂志。

4）饲料、化肥、农药、农机、农膜。

5）国务院规定的其他货物（农产品等）。

(3) 11%。提供交通运输业、邮政业服务，税率为11%。

(4) 6%。提供现代服务业服务（有形动产租赁服务除外），税率为6%。

这里的现代服务业服务包括：研发和技术服务、信息技术服务、文化创意服务、物流辅助服务、鉴证咨询服务。

(5) 3%。小规模纳税人销售货物或者应税劳务、应税服务的征收率为3%。

(6) 零税率。纳税人出口货物和财政部、国家税务总局规定的应税服务，税率为零，但国务院另有规定的除外。

纳税人兼营不同税率的货物或者应税劳务的，应当分别核算不同税率货物或者应税劳务的销售额。未分别核算销售额的，从高适用税率。

小思考：税法规定对于未分别核算销售额的要从高适用税率，为什么？

（二）一般纳税人应纳税额的计算

1. 销项税额的计算

销项税额是纳税人销售货物或提供应税劳务和应税服务，按照销售额或应税劳务额和服务额与适用税率计算，并向购买方收取的增值税税额，其计算公式为：

销项税额＝销售额×税率

(1) 销售额的确定。销售额是纳税人销售货物或提供应税劳务向购买方收取的全部价款，但是不包括收取的销项税额。

(2) 特殊方式销售额的确定。

1) 纳税人销售货物或者应税服务的价格明显偏低并无正当理由的，税务机关有权按下列顺序确定销售额：

a. 按纳税人最近时期同类货物平均销售价格或服务的平均价格确定；

b. 按其他纳税人最近时期同类货物平均销售价格或服务的平均价格确定；

c. 按组成计税价格确定，组成计税价格的公式为：

组成计税价格＝成本×（1＋成本利润率）

属于应征消费税的货物，其组成计税价格中应加计消费税税额。

公式中的成本利润率由国家税务总局确定。

2) 纳税人采取以旧换新方式销售货物。以旧换新方式销售货物是纳税人在销售过程中，折价收回同类旧货物，并以折价款部分冲减新货物价款的一种销售方式。采取以旧换新方式销售货物的，应按新货物的同期销售价格确定销售额，不得扣减旧货物的收购价格，对有偿收回的旧货物，不得抵扣进项税额。

3) 纳税人采取以物易物方式销售货物。以物易物是指购销双方不是以货币结算或主要不以货币结算，而是以货物相互结算，实现货物购销，是一种较为特殊的货物购销方式。税法规定，以物易物双方都应作购销处理，以各自发出的货物核算销售额，并以此计算销项税额；以各自收到的货物按规定核算购货额，并以此计算进项税额。

4）纳税人混合销售行为。一项销售行为如果既涉及货物，又涉及非增值税应税劳务，为混合销售行为。非增值税应税劳务是指属于营业税征税范围应缴营业税的劳务。从事货物的生产、批发或者零售的企业、企业性单位和个体工商户的混合销售行为，视为销售货物，应当缴纳增值税，即货物额和劳务额均缴纳增值税；其他单位和个人的混合销售行为，视为销售非增值税应税劳务，不缴纳增值税。

小思考：请列举说明发生在你身边的哪些购销行为属于混合销售行为。

5）兼营非应税劳务行为。纳税人兼营非增值税应税项目的，应分别核算货物或者应税劳务和应税服务的销售额和非增值税应税项目的营业额；未分别核算的，由主管税务机关核定货物或者应税劳务和应税服务的销售额。

6）混业经营。混业经营是指纳税人兼有不同税率或者征收率的销售货物、提供加工修理修配劳务或者应税服务。纳税人从事混业经营的，应当分别核算适用不同税率或征收率的销售额，未分别核算销售额的，从高适用税率或征收率。

（3）含税销售额的换算。在实际工作中，多方面原因导致一般纳税人在销售货物或应税劳务和应税服务时，未开具增值税专用发票，其销售额是含税的销售额。

对于一般纳税人取得的含税销售额，在计算销项税额时，必须换算为不含税的销售额。含税销售额与不含税销售额的换算方法如下：

不含税销售额＝含税销售额÷（1＋税率）

【例1—2】A商场为一般纳税人，2014年6月向消费者零售电器收入120.51万元。计算其不含税销售额。

解答：

由于A商场为一般纳税人，电器商品税率为17%，故：

不含税销售额＝120.51÷（1＋17%）＝103（万元）

【例1—3】若例1—2中A商场为小规模纳税人，其他不变。计算其不含税销售额。

解答：

由于A商场为小规模纳税人，而小规模纳税人税率为3%，故：

不含税销售额＝120.51÷（1＋3%）＝117（万元）

2. 进项税额的计算

进项税额是纳税人购进货物或者接受应税劳务和应税服务所支付或者负担的增值税税额。在同一项购销业务中，进项税额与销项税额相对应，即销售方收取的销项税额就是购买方支付的进项税额。正是这种对应关系，决定了一般纳税人的纳税采用抵扣法，即用收取的销项税额抵扣其支付的进项税额，余额就是纳税人实际缴纳的增值税税额。但需要注意，在计算应纳税额时，纳税人支付的进项税额并不是都能从销项税额中抵扣。

下列进项税额准予从销项税额中抵扣：

（1）从销售方取得的增值税专用发票上注明的增值税税额。

（2）从海关取得的海关进口增值税专用缴款书上注明的增值税税额。

(3) 纳税人购进农产品，除取得增值税专用发票或者海关进口增值税专用缴款书外，按照农产品收购发票或者销售发票上注明的农产品买价和13%的扣除率计算的进项税额。其进项税额计算公式为：

进项税额=买价×扣除率

3. 应纳税额的计算

增值税销项税额与进项税额确定后就可以得出实际应纳的增值税税额，增值税一般纳税人应纳税额的计算方法如下：

应纳税额=当期销项税额-当期进项税额

上式计算结果为正数，为当期应纳增值税；如果计算结果为负数，则形成留抵税额，待下期抵扣，下期应纳税额的计算公式变为：

应纳税额=当期销项税额-当期进项税额-上期留抵税额

【例1—4】 某增值税一般纳税人本月份购进物资300 000元，增值税进项税额51 000元，本月实现销售收入500 000元，增值税销项税额85 000元。计算该企业本月应缴纳的增值税税额。

解答：

本月应纳增值税=85 000-51 000=34 000（元）

【例1—5】 光辉有限公司是增值税一般纳税人，税率为17%，按月缴纳增值税，1月份增值税留抵税额为3 000元。2014年2月份发生下列经济业务：

(1) 2月3日购入A材料50 000千克，每千克单价为10元，增值税进项税额为85 000元，材料已入库，货款以银行存款支付。

(2) 2月6日外购机床一台，取得增值税专用发票，注明价款为100 000元，增值税税额为17 000元。

(3) 2月7日购入B材料50 000千克，取得的普通发票上注明金额为117 000元，材料已入库，货款以银行存款支付。

(4) 2月8日用支票直接向农场收购用于生产加工的农产品一批，已验收入库，经税务机关批准的收购凭证上注明价款为100 000元。

(5) 2月13日向乙公司销售M产品一批，开出增值税专用发票，注明销售额为600 000元，增值税税额为102 000元。

(6) 2月17日销售M产品5台，每台为40 000元，货款为200 000元，税款为34 000元，款项已存入银行。

要求： 计算该公司2014年2月份应缴纳的增值税税额。

解答：

1. 进项税额和销项税额的计算。

(1) 购进材料取得增值税专用发票，其进项税额允许抵扣，则：

允许抵扣进项税额=85 000（元）

(2) 购进生产经营用固定资产取得增值税专用发票，其进项税额允许抵扣，则：

允许抵扣进项税额=17 000（元）

(3) 购进B材料取得普通发票，其进项税额不允许抵扣。

(4) 向农场收购农产品，取得经税务机关批准的收购凭证，按农产品买价和13%的扣除率计算进项税额，则：

允许抵扣进项税额＝100 000×13%＝13 000（元）

(5) 销售产品按规定应计算缴纳增值税，则：

销项税额＝102 000（元）

(6) 销售产品按规定应计算缴纳增值税，则：

销项税额＝34 000（元）

2. 应纳税额的计算。

当期允许抵扣的进项税额合计＝85 000＋17 000＋13 000＝115 000（元）

当期销项税额合计＝102 000＋34 000＝136 000（元）

上期留抵税额＝3 000（元）

当期应纳税额＝136 000－115 000－3 000＝18 000（元）

（三）小规模纳税人应纳税额的计算

小规模纳税人销售货物或者应税劳务和应税服务，实行按照销售额和征收率计算应纳税额的简易办法，但不得抵扣进项税额。小规模纳税人应纳税额的计算公式为：

应纳税额＝销售额×征收率

按照税法有关规定，小规模纳税人销售货物只能开具普通销货发票，不能使用增值税专用发票，其购进货物不论是否取得增值税专用发票，都不能抵扣进项税额。

上述公式中的销售额为不含税销售额，纳税人采用价税合并销售货物的，应将含税销售额换算成不含税销售额，其计算公式为：

不含税销售额＝含税销售额÷（1＋3%）

【例1—6】某商业企业为增值税小规模纳税人，2014年3月份发生以下销售业务：

(1) 销售给某小型超市一批肥皂，含税销售收入1 330元。

(2) 将本月所购化妆品销售给消费者，含税销售收入10 000元。

(3) 销售给某制造企业货物一批，取得销货款15 000元，由税务机关代开增值税专用发票。

要求：计算该商业企业3月份应缴纳的增值税税额。

解答：

先将含税销售额换算为不含税销售额，即：

不含税销售额＝1 330÷（1＋3%）＋10 000÷（1＋3%）＝11 000（元）

本月应纳税额＝（11 000＋15 000）×3%＝780（元）

（四）进口货物应纳税额的计算

纳税人（无论是一般纳税人还是小规模纳税人）进口货物，按规定的组成计税价格计算增值税税额，不得抵扣任何税额。其计算公式为：

应纳税额＝组成计税价格×税率

组成计税价格有以下两种情况：

（1）进口货物只征收增值税的，其组成计税价格为：

组成计税价格＝关税完税价格＋关税

＝关税完税价格×（1＋关税税率）

（2）进口货物同时征收消费税的，其组成计税价格为：

组成计税价格＝关税完税价格＋关税＋消费税

＝关税完税价格×（1＋关税税率）÷（1－消费税税率）

【例 1—7】 某公司从美国一公司进口货物一批（非应税消费品），关税完税价格折合人民币 10 万元，该货物适用的关税税率为 15%，增值税税率为 17%。货物已验收入库，货款尚未支付。计算该公司应缴纳的增值税税额。

解答：

应纳关税＝100 000×15%＝15 000（元）

应纳增值税税额＝（100 000＋15 000）×17%＝19 550（元）

【例 1—8】 某进出口公司 2014 年 3 月进口了一批化妆品，经海关审定的货物价款为 700 万元。已知：化妆品关税税率为 20%，消费税税率为 30%，增值税税率为 17%。计算该批进口化妆品应缴纳的增值税税额。

解答：

应纳关税税额＝700×20%＝140（万元）

组成计税价格＝（700＋140）÷（1－30%）＝1 200（万元）

应纳增值税税额＝1 200×17%＝204（万元）

（五）增值税的缴纳

1. 纳税期限

增值税的纳税期限分别为 1 日、3 日、5 日、10 日、15 日、1 个月或者 1 个季度。纳税人的具体纳税期限，由主管税务机关根据纳税人应纳税额的大小分别核定；不能按照固定期限纳税的，可以按次纳税。

2. 纳税地点

（1）固定业户应当向其机构所在地的主管税务机关申报纳税。总机构和分支机构不在同一县（市）的，应当分别向各自所在地的主管税务机关申报纳税。

（2）非固定业户应当向销售地或者劳务发生地的主管税务机关申报纳税；未向销售地或者劳务发生地的主管税务机关申报纳税的，由其机构所在地或者居住地的主管税务机关补征税款。

（3）进口货物，应当向报关地海关申报纳税。

3. 一般纳税人的纳税申报

增值税一般纳税人进行纳税申报必须实行电子信息采集，使用防伪税控系统开具增值税专用发票的纳税人，必须在抄报税成功后，方可进行纳税申报。纳税人应从办理税务登记的次月 1 日起 15 日内，不论有无销售额，均应按主管税务机关核定的纳税期限按期向当地税务机关申报。申报期限遇最后一日为法定节假日的，顺延 1 日。纳税人进行纳税申报，除按规定报送电子信息外，还要报送通过电子申报软件打印的具有统一格式的纸质申报资料，便于税务申报大厅征收人员审核比对。

4. 小规模纳税人的纳税申报

小规模企业无论当月有无销售额，均应填报增值税纳税申报表（适用于小规模纳税人），于次月 15 日前报主管税务征收机关。

二、消费税的计算与缴纳

（一）消费税认知

1. 什么是消费税

消费税是对在我国境内从事生产、委托加工和进口应税消费品的单位和个人，就其应税消费品的销售额或销售量征收的一种税。消费税是增值税的配套税种，它是在普遍征收增值税的基础上，根据国家产业政策的要求，选择消费品中的特殊消费品、奢侈品、高能耗消费品和不可再生的资源消费品征收，发挥其特殊的调节作用。

2. 消费税的征税范围

目前消费税的征税范围集中于以下四个环节。

（1）生产销售应税消费品。生产销售应税消费品是消费税征收的主要环节。在生产销售环节征税后，因消费税是单一环节征税，货物不用再缴纳消费税。

（2）委托加工应税消费品。委托加工应税消费品是指委托方提供原料和主要材料，受托方只收取加工费和代垫部分辅助材料加工的应税消费品。

（3）进口应税消费品。单位和个人进口货物属于消费税征税范围的，在进口环节也要缴纳消费税。进口环节缴纳的消费税，由海关代征。

（4）零售应税消费品。金银首饰消费税在零售环节征税。

小思考：已征增值税的商品是否还要征收消费税？已征消费税的商品是否还要征收增值税？

3. 税目与税率

消费税目前有烟、酒、化妆品、贵重首饰及珠宝玉石、鞭炮焰火、成品油、摩托车、小汽车、高尔夫球及球具、高档手表、游艇、木制一次性筷子、实木地板 13 个税目（见表 1—2）。

消费税实行比例税率、定额税率和从量定额与从价定率相结合的复合计税 3 种形式。多数消费品采用比例税率，最高税率为 40%，最低税率为 1%；对成品油和黄酒、啤酒等实行定额税率；对卷烟和白酒实行从量定额与从价定率相结合计算应纳税额的复合计税办法。

表 1—2　　消费税税目、税率表

税目	税率
一、烟	
1. 卷烟	
(1) 甲类卷烟	56%加 0.003 元/支（生产环节）
(2) 乙类卷烟	36%加 0.003 元/支（生产环节）
(3) 批发环节	11%加 0.005 元/支
2. 雪茄烟	36%
3. 烟丝	30%
二、酒	
1. 白酒	20%加 0.5 元/500 克（或者 500 毫升）
2. 黄酒	240 元/吨
3. 啤酒	
(1) 甲类啤酒	250 元/吨
(2) 乙类啤酒	220 元/吨
4. 其他酒	10%
三、化妆品	30%
四、贵重首饰及珠宝玉石	
1. 金银首饰、铂金首饰和钻石及钻石饰品	5%
2. 其他贵重首饰和珠宝玉石	10%
五、鞭炮、焰火	15%
六、成品油	
1. 无铅汽油	1.12 元/升
2. 柴油	0.94 元/升
3. 航空煤油	继续暂缓征收消费税
4. 石脑油	1.12 元/升
5. 溶剂油	1.12 元/升
6. 润滑油	1.12 元/升
7. 燃料油	0.94 元/升
七、摩托车	
1. 气缸容量（排气量，下同）为 250 毫升的	3%
2. 气缸容量在 250 毫升以上的	10%
八、小汽车	
1. 乘用车	
(1) 气缸容量（排气量，下同）在 1.0 升（含 1.0 升）以下的	1%
(2) 气缸容量在 1.0 升以上至 1.5 升（含 1.5 升）的	3%
(3) 气缸容量在 1.5 升以上至 2.0 升（含 2.0 升）的	5%

续前表

税目	税率
(4) 气缸容量在2.0升以上至2.5升(含2.5升)的 (5) 气缸容量在2.5升以上至3.0升(含3.0升)的 (6) 气缸容量在3.0升以上至4.0升(含4.0升)的 (7) 气缸容量在4.0升以上的 2. 中轻型商用客车	9% 12% 25% 40% 5%
九、高尔夫球及球具	10%
十、高档手表	20%
十一、游艇	10%
十二、木制一次性筷子	5%
十三、实木地板	5%

(二) 消费税应纳税额的计算

1. 生产销售应税消费品应纳税额的计算

按照现行消费税法的规定，消费税应纳税额的计算主要分为从价计征、从量计征和从价从量复合计征三种方法。

(1) 从价计征。在从价定率计算方法下，消费税应纳税额的计算公式为：

应纳消费税税额=应税消费品销售额×消费税税率

应税消费品的销售额是纳税人销售应税消费品向购买方收取的全部价款，但是不包括收取的销项税额。这里的销售额与增值税确认的销售额相同。

【例1—9】 某企业2014年5月销售化妆品一批，开具增值税专用发票，取得不含税销售额40万元，增值税税额6.8万元。计算该企业应缴纳的消费税税额。

解答：

应纳消费税税额=40×30%=12(万元)

【例1—10】 某企业2014年5月销售化妆品一批，开具普通发票，取得含税销售额5.85万元。计算该企业应缴纳的消费税税额。

解答：

化妆品应税销售额=5.85÷(1+17%)=5(万元)

应纳消费税税额=5×30%=1.5(万元)

(2) 从量计征。在从量定额计算方法下，消费税应纳税额的计算公式为：

应纳消费税税额=应税消费品数量×单位税额

1) 应税消费品数量的确定。根据应税消费品的应税行为，应税消费品的数量具体规定为：

a. 销售应税消费品的，为应税消费品的销售数量；

b. 委托加工应税消费品的，为纳税人收回的应税消费品数量；

c. 进口的应税消费品，为海关核定的应税消费品进口征税数量。

2）计量单位的换算标准。《中华人民共和国消费税暂行条例》规定，黄酒、啤酒以吨为税额单位，汽油、柴油等成品油以升为计量单位。考虑到在实际销售过程中，一些纳税人会把吨或升这两个计量单位混用，为了规范不同产品的计量单位，以准确计算应纳税额，吨与升两个计量单位须进行换算（见表1—3）。

表1—3　　吨、升换算表

名称	单位换算	名称	单位换算
啤酒	1吨=988升	溶剂油	1吨=1 282升
黄酒	1吨=962升	润滑油	1吨=1 126升
汽油	1吨=1 388升	燃料油	1吨=1 015升
柴油	1吨=1 176升	航空煤油	1吨=1 246升
石脑油	1吨=1 385升		

【例1—11】某企业2014年5月销售啤酒200吨，取得不含税销售额10万元。计算该企业应缴纳的消费税税额。

解答：

销售的啤酒单价为每吨500元，为甲类啤酒，税率为每吨250元。

应纳消费税税额=200×250=50 000（元）

【例1—12】某企业2014年6月销售啤酒9.88万升，取得不含税销售额4万元。计算该企业应缴纳的消费税税额。

解答：

销售啤酒吨数=98 800÷988=100（吨）

销售啤酒单价为每吨400元，为甲类啤酒，税率为每吨250元。

应纳消费税税额=100×250=25 000（元）

（3）从价从量复合计征。现行消费税的征税范围中，实行复合征税方法的消费品有卷烟、白酒。其计算公式为：

应纳消费税税额=应税消费品销售额×比例税率+应税消费品数量×单位税额

生产销售卷烟、白酒从量定额的计税依据为实际销售数量。进口、委托加工卷烟、白酒从量定额的计税依据分别为海关核定的进口征税数量、委托方收回数量。

【例1—13】某企业2014年6月销售白酒2吨，取得不含税销售额10万元，增值税税额为1.7万元。计算该企业应缴纳的消费税税额。

解答：

应纳消费税税额=100 000×20%+2×2 000×0.5=22 000（元）

2. 委托加工应税消费品应纳税额的计算

（1）委托加工应税消费品计税依据的确定。委托加工的应税消费品，按照受托方的同类消费品的销售价格计算纳税。没有同类消费品销售价格的，按照组成计税价格计算纳税。组成计税价格计算公式为：

组成计税价格＝（材料成本＋加工费）÷（1－消费税税率）

上述公式中的“材料成本”，是指委托方所提供加工材料的实际成本；公式中的“加工费”，是指受托方加工应税消费品向委托方收取的全部费用（包括代垫辅助材料的实际成本，不包括增值税税额）。

（2）委托加工应税消费品应纳税额的计算。

1）受托方有同类消费品销售价格的，计算公式为：

应纳税额＝同类消费品销售价格×适用税率

2）受托方没有同类消费品销售价格的，计算公式为：

应纳税额＝组成计税价格×适用税率

【例1—14】 某企业2014年6月委托博克公司加工一批实木地板，提供的原材料金额为180万元，博克公司收取不含增值税的加工费10万元。

（1）若博克公司同类产品售价为220万元；

（2）若博克公司无同类产品售价。

分别按上述情况计算博克公司代收代缴的消费税税额。

解答：

（1）博克公司有同类产品售价。博克公司有同类产品售价，则按博克公司（受托方）同类产品售价代收代缴消费税税额。

应代收代缴的消费税税额＝220×5%＝11（万元）

（2）博克公司无同类产品售价。博克公司无同类产品售价，则按组成计税价格计算代收代缴消费税税额。

组成计税价格＝（180＋10）÷（1－5%）＝200（万元）

应代收代缴的消费税税额＝200×5%＝10（万元）

3. 进口应税消费品应纳税额的计算

纳税人进口应税消费品，按照组成计税价格计算应纳税额。

（1）从价定率计征应纳税额的计算。实行从价定率办法计算纳税的公式：

应纳税额＝组成计税价格×消费税比例税率

组成计税价格＝（关税完税价格＋关税）÷（1－消费税比例税率）

公式中所称的“关税完税价格”，是指海关核定的关税计税价格。

【例1—15】 资料同【例1—8】。计算该批进口货物应缴纳的消费税税额。

解答：

应纳关税税额＝700×20%＝140（万元）

组成计税价格＝（700＋140）÷（1－30%）＝1 200（万元）

应纳消费税税额＝1 200×30%＝360（万元）

（2）从量定额计征应纳税额的计算。实行从量定额办法计算纳税的公式：

应纳税额＝应税消费品数量×消费税定额税率

【例1—16】 某进出口公司2014年6月进口润滑油100万升，经海关审定的货物价款为500万元。已知：化妆品关税税率为20%，消费税税率为每升1.12元，增值税税率为

17%。计算该进出口公司应缴纳的消费税税额。

解答：

应纳消费税税额＝100×1.12＝112（万元）

（3）实行从价定率和从量定额复合征税办法应纳税额的计算。实行从价定率和从量定额复合征税计算纳税的公式：

应纳税额＝组成计税价格×消费税比例税率＋应税消费品数量×消费税定额税率

组成计税价格＝(关税完税价格＋关税＋进口数量×消费税定额税率）÷（1－消费税比例税率）

【例1—17】某进出口公司，2014年6月进口卷烟1万条，经海关审定的货物价款为100万元。卷烟关税税率为40%。计算该批进口卷烟应缴纳的消费税税额。

解答：

进口卷烟每条价格为100元，为甲类卷烟。

应纳关税税额＝100×40%＝40（万元）

组成计税价格＝（100＋40＋10 000×200×0.003÷10 000）÷（1－56%）

＝140.6÷（1－56%）＝319.55（万元）

应纳消费税税额＝319.55×56%＋10 000×200×0.003÷10 000

＝178.95＋0.6＝179.55（万元）

小思考：进口需要征收消费税的商品时，海关代征同一商品的消费税和增值税的计税依据（即组成计税价格）是否相同？

（三）消费税的缴纳

1. 纳税期限

消费税的纳税期限分别为1日、3日、5日、10日、15日、1个月或者1个季度。由主管税务机关根据纳税人应纳税额的大小分别核定其具体的纳税期限；如果不能按照固定期限纳税的，则可以按次纳税。

纳税人进口应税消费品，应当自海关填发海关进口消费税专用缴款书之日起15日内缴纳税款。

2. 纳税地点

（1）纳税人销售的应税消费品，应当向纳税人机构所在地或居住地主管税务机关申报纳税。

（2）委托加工的应税消费品，由受托方所在地主管税务机关代收代缴消费税税款。

（3）进口的应税消费品，由进口人或者其代理人向报关地海关申报纳税。

3. 消费税的纳税申报

纳税人无论当期有无销售或是否盈利，均应在次月1日至15日内根据应税消费品分别填写各类消费税纳税申报表，向主管税务机关进行纳税申报。

三、营业税的计算与缴纳

（一）营业税认知

1. 什么是营业税

营业税是对在中华人民共和国境内提供应税劳务、转让无形资产或销售不动产的单位和个人，就其取得的营业额所征收的一种税。

2. 营业税的征税范围

营业税的征税范围涉及建筑业、金融保险业（除有形动产融资租赁外）、文化体育业、娱乐业、服务业（除仓储业、广告业、有形动产经营租赁外）6 个行业以及转让无形资产（除转让商标权、专利权、非专利技术、著作权、商誉外）和销售不动产。

小思考：什么是不动产？

3. 税率

营业税实行行业差别比例税率，按照行业设置税率。其税目和税率如表 1—4 所示。

表 1—4　　营业税税目、税率表

序号	税目	税率
1	建筑业	3%
2	金融保险业	5%
3	文化体育业	3%
4	娱乐业	5%～20%
5	服务业	5%
6	转让无形资产	5%
7	销售不动产	5%

（二）营业税应纳税额的计算

1. 计税依据的一般规定

营业税的计税依据是营业额。营业额是指纳税人提供营业税应税劳务、转让无形资产或者销售不动产向对方收取的全部价款和价外费用。

营业税应纳税额的计算公式为：

应纳税额＝营业额×税率

2. 建筑业应纳税额的计算

建筑业的计税营业额为承接建筑、安装、修缮、装饰和其他工程作业向建设单位收取的工程价款及工程价款之外的各种费用。但应注意以下特殊规定：

(1) 建筑业的总承包人将工程分包或者转包给他人，以工程的全部承包额减去付给分包人或者转包人的价款后的余额为营业额。

(2) 自建行为和单位将不动产无偿赠与他人，由主管税务机关按规定核定营业额。

自建行为是指纳税人自己建造房屋的行为。纳税人自建自用的房屋不纳税，但如果纳税人将自建房屋对外销售，其自建行为应按建筑业缴纳营业税，再按销售不动产征收营业税。

【例1—18】某建筑公司2014年6月取得工程收入100万元，款项已存银行。要求：计算该公司当月应缴纳的营业税税额。

解答：

应纳营业税税额＝100×3%＝3（万元）

3. 金融保险业应纳税额的计算

（1）金融业。金融业的计税营业额是指贷款利息、融资租赁收益、金融商品转让收益及从事金融经纪业和其他金融业务的手续费收入。根据取得收入的方式不同，金融业营业额的确定有以下几种不同情况：

1）贷款业务。除人民银行对金融机构的贷款业务不征营业税外，其他不论是否为金融机构，只要发生将资金贷与他人使用的行为，都应视为发生贷款行为，按贷款业务征收营业税，一般贷款业务的营业额为贷款利息收入（包括各种加息、罚息等）。

2）金融企业从事外汇、有价证券、期货等金融商品买卖业务，以卖出价减去买入价后的余额为营业额，即营业额＝卖出价－买入价。卖出价是指卖出原价，不得扣除卖出过程中支付的各种费用和税金。买入价是指购进原价，不包括购进过程中支付的各种费用和税金。

（2）保险业。保险业的计税营业额是指利息收入、保费收入以及其他收入之和。但应注意以下几点：

1）办理初保业务。营业额为纳税人经营保险业务向对方收取的全部价款，即向被保险人收取的全部保险费。

2）中华人民共和国境内的保险人将其承保的以境内标的物为保险标的的保险业务向境外再保险人办理分保的，以全部保费收入减去分保保费后的余额为营业额。

【例1—19】某银行2014年6月取得利息收入200万元、手续费收入60万元。计算该银行当月应缴纳的营业税税额。

解答：

应纳营业税税额＝（200＋60）×5%＝13（万元）

【例1—20】某保险公司2014年6月取得保费收入400万元。计算该保险公司当月应缴纳的营业税税额。

解答：

应纳营业税税额＝400×5%＝20（万元）

4. 文化体育业应纳税额的计算

文化体育业的计税营业额是指经营文化、体育活动所取得的全部收入，具体包括演出收入、播映收入、其他文化收入以及经营游览场所收入和体育收入。其中，单位或个人进行演出，以全部票价收入或者包场收入减去付给提供演出场所的单位、演出公司或者经纪人的费用后的余额为营业额。

【例1—21】某歌星2014年6月举办演唱会，取得门票收入30万元、支付场地租金5

万元。要求：计算该歌星所在公司当月应缴纳的营业税税额。

解答：

应纳营业税税额＝（30－5）×3％＝0.75（万元）

5. 娱乐业应纳税额的计算

娱乐业的计税营业额为经营娱乐业向顾客收取的全部价款和价外费用，包括门票、台位费、点歌费、烟酒、饮料、茶水、鲜花、小吃等收费及经营娱乐业的其他各项收费。

【例1—22】 某歌舞厅2014年6月取得门票收入40万元、台位费收入5万元、烟酒饮料收入10万元、小吃收入5万元。要求：计算该歌舞厅当月应缴纳的营业税税额。

解答：

应纳营业税税额＝（40＋5＋10＋5）×20％＝12（万元）

6. 服务业应纳税额的计算

服务业的计税营业额是指纳税人提供代理业、旅店业、饮食业、旅游业或其他服务业的应税劳务向对方收取的全部价款和价外费用。但应注意以下几种情况：

（1）旅游业的计税营业额。旅游企业组织旅游团在境内旅游的，以收取的旅游费减去替旅游者支付给其他单位的房费、餐费、交通、门票和其他代付费用后的余额为计税营业额；旅游企业组织旅游团到境外旅游，在境外改由其他旅游企业接团的，应以全程旅游费减去付给接团企业的旅游费后的余额为计税营业额；旅游企业组织旅客在国内旅游，改由其他旅游企业接团的，按国外旅游规定处理。

（2）代理业以纳税人从事代理业务向委托方实际收取的报酬为计税营业额。

（3）从事物业管理的单位，以与物业管理有关的全部收入减去代业主支付的水、电、燃气以及代承租者支付的水、电、燃气、房屋租金的价款后的余额为营业额。

【例1—23】 某旅游公司组团广州6日游，收取全程旅游费共20万元，其中代旅游者支付交通费3万元、住宿费2万元、门票费4万元。计算该公司当月应缴纳的营业税税额。

解答：

应纳营业税税额＝（20－3－2－4）×5％＝0.55（万元）

【例1—24】 某饭店2014年6月取得餐饮收入60万元、住宿费收入40万元。计算该饭店当月应缴纳的营业税税额。

解答：

应纳营业税税额＝（60＋40）×5％＝5（万元）

7. 转让无形资产应纳税额的计算

转让无形资产的计税营业额是指转让无形资产向对方收取的全部价款及价外费用。

【例1—25】 某企业2014年6月将一商标转让给汇峰公司，转让收入为100万元。计算该企业应缴纳的营业税税额。

解答：

应纳营业税税额＝100×5％＝5（万元）

8. 销售不动产应纳税额的计算

销售不动产的计税营业额是指销售不动产的销售额，包括向对方收取的全部价款及价外费用。

【例 1—26】某企业 2014 年 6 月将一不需用的房屋转让给浩思公司，转让收入为 2 000 万元。计算该企业应缴纳的营业税税额。

解答：

应纳营业税税额＝2 000×5%＝100（万元）

9. 组成计税价格的规定

纳税人发生下列情形之一的：(1) 提供应税劳务、转让无形资产或者销售不动产价格明显偏低而无正当理由；(2) 单位或者个人将不动产或者土地使用权无偿赠送其他单位或者个人；(3) 单位或者个人自己新建建筑物后销售，其所发生的自建行为。

主管税务机关有权按下列顺序核定其营业额：

(1) 按纳税人最近时期发生的同类应税劳务或者销售的同类不动产的平均价格核定；

(2) 按其他纳税人最近时期发生的同类应税劳务或者销售的同类不动产的平均价格核定。

(3) 按下列公式核定计税价格：

计税营业额＝营业成本或工程成本×（1＋成本利润率）÷（1－营业税税率）

成本利润率由省、自治区、直辖市税务局确定。

【例 1—27】某公司自建的一幢房屋本月竣工出售，工程成本为 1 707.2 万元，成本利润率为 10%，出售收入为 3 000 万元。计算该公司应缴纳的营业税税额。

解答：

自建房屋并出售的，先按建筑业征收营业税，再按销售不动产征收营业税。

建筑业组成计税价格＝1 707.2×（1＋10%）÷（1－3%）＝1 936（万元）

建筑业部分应纳营业税税额＝1 936×3%＝58.08（万元）

销售不动产部分应纳营业税税额＝3 000×5%＝150（万元）

应纳营业税税额合计＝58.08＋150＝208.08（万元）

10. 特殊经营行为应纳税额的计算

(1) 兼营不同税目的应税行为。纳税人兼营不同税目的应税行为，应当分别核算不同税目的营业额、转让额、销售额，然后按各自的适用税率计算应纳税额；未分别核算的，将从高适用税率计算应纳税额。

(2) 混合销售行为。从事货物生产、批发或零售的企业、企业性单位及个体经营者的混合销售行为，视为销售货物，不征收营业税；其他单位或个人的混合销售行为，视为提供应税劳务，应征收营业税。

(3) 兼营应税行为和货物或非应税劳务行为。纳税人兼营应税行为和货物或非应税劳务的，应分别核算，其应税行为的营业额缴纳营业税，货物或非应税劳务的销售额不缴纳营业税；未分别核算的，由主管税务机关核定其应税行为营业额。

纳税人兼营免税、减税项目的，应单独核算免税、减税项目的营业额；未分别核算的，不得免税、减税。

小讨论

请用实例分析、比较兼营不同税目的应税行为、混合销售行为、兼营应税行为和货物或非应税劳务行为三者的内涵。

【例 1—28】 某建筑公司 2014 年 6 月发生下列业务：

(1) 承接一项住宅工程，取得工程收入 200 万元；

(2) 签订一项饭店装修工程，取得工程款 400 万元，其中 100 万元支付给转包的工程公司；

(3) 将闲置的房屋出租，合同注明月租金 2 万元，租期 1 年；

(4) 公司内设的非独立核算的宾馆取得了客房收入 10 万元、歌舞厅收入 5 万元、餐饮收入 20 万元。

要求： 计算该公司本月应缴纳的营业税税额。

解答：

住宅工程（建筑业）收入应纳税额＝200×3%＝6（万元）

装修工程（建筑业）收入应纳税额＝（400－100）×3%＝9（万元）

应代扣转包企业的营业税税额＝100×3%＝3（万元）

租金（服务业）收入应纳税额＝2×5%＝0.1（万元）

兼营行为：

客房、餐饮（服务业）收入应纳税额＝（10＋20）×5%＝1.5（万元）

歌舞厅（娱乐业）收入应纳税额＝5×20%＝1（万元）

应纳税额＝6＋9＋0.1＋1.5＋1＝17.6（万元）

该建筑公司 2014 年 6 月应缴纳的营业税为 17.6 万元，代收代缴营业税为 3 万元。

（三）营业税的缴纳

1. 纳税期限

营业税的纳税期限分别为 5 日、10 日、15 日、1 个月或者 1 个季度。纳税人的具体纳税期限，由主管税务机关根据纳税人应纳税额的大小分别核定；不能按照固定期限纳税的，可以按次纳税。

银行、财务公司、信托投资公司、信用社、外国企业常驻代表机构的纳税期限为 1 个季度，保险业的纳税期限为 1 个月。

2. 纳税地点

营业税的纳税地点原则上采取属地征收的方法，即纳税人在经营行为发生地缴纳应纳税款。具体规定如下：

(1) 纳税人提供应税劳务应当向其机构所在地或者居住地的主管税务机关申报纳税。

(2) 纳税人转让无形资产应当向其机构所在地或者居住地的主管税务机关申报纳税。但是，纳税人转让、出租土地使用权，应当向土地所在地的主管税务机关申报纳税。

(3) 纳税人销售、出租不动产应当向不动产所在地的主管税务机关申报纳税。

3. 营业税的纳税申报

纳税人无论取得的是应税的营业额还是免税的收入，都应在当期按照规定及时办理纳税申报手续，并如实填写营业税纳税申报表及附表。

四、关税的计算与缴纳

（一）关税认知

1. 什么是关税

关税是由海关对进出境的货物和物品征收的一种流转税。“境”是指关境，又称“海关境域”或“关税领域”，是国家海关法全面实施的领域。国境是一个国家以边界为界限，全面行使主权的境域，包括领土、领海和领空。一般情况下，一个国家的国境与关境是一致的，但当一个国家在国境内设立自由贸易港、自由贸易区、保税区等，关境就小于国境；当几个国家结成关税同盟，成员国之间相互取消关税，对外实行共同的关税税则时，就其成员国而言，关境就大于国境。

小思考：请说明我国是关境小于国境，还是关境大于国境？

2. 关税的征税对象

关税的征税对象是准许进出境的货物和物品。货物是贸易性商品，其纳税人是经营进出口货物的收、发货人；物品是指入境旅客随身携带的行李物品、个人邮递物品，运输工具服务人员携带的自用物品，以及其他方式进境的个人物品，其纳税人是物品的持有人、所有人或收件人。

3. 关税税率

关税税率是整个关税制度的核心要素。我国《进出口关税条例》规定，进出口货物应当依照税则规定的归类原则归入合适的税号，确定适用的税率。目前我国的关税税率主要有以下几种：

（1）进口关税税率。按征收关税的标准，可以分成从价税、从量税、复合税等。从价税是以货物的完税价格为计税依据，以应征税额占货物完税价格的百分比作为税率；从量税是以货物的重量、长度、体积、容量等为计税依据；复合税是对进口商品同时使用从价税和从量税计征关税。

（2）出口关税税率。为鼓励国内企业出口创汇，但同时又能够控制一些商品的盲目出口，我国对绝大部分出口货物不征收出口关税，只对少数产品征收出口关税。目前主要是对鳗鱼苗、部分有色金属矿砂及其精矿、生锑、磷、苯、山羊板皮、部分铁合金、钢铁废碎料、铜和铝原料及其制品、镍锭、锌锭、锑锭等商品征收出口关税。

（二）关税完税价格

关税完税价格是海关计征关税所使用的计税价格，是海关以进出口货物的实际成交价格为基础审定。实际成交价格不能确定时，完税价格由海关依法估定。所以，纳税人向海关申报的价格不一定等于完税价格，只有经海关审核并接受的申报价格才能作为完税价格。

1. 进口货物的关税完税价格

进口货物以海关审定的成交价格为基础的到岸价格为完税价格。到岸价格包括货价及货物运抵我国境内输入地点起卸前的运费、包装费、保险费和其他劳务费。我国境内输入地为入境海关地，包括内陆河、江口岸，一般为第一口岸。

【例1—29】某进出口公司2014年6月从美国进口一批商品，到达上海口岸的价格为50万元。请确定关税完税价格。

解答：

关税完税价格为50万元。

【例1—30】某进出口公司2014年6月从美国进口一批商品，国外买价为100万元，货物运抵我国入关前发生的运费为10万元、保险费为4万元。请确定关税完税价格。

解答：

关税完税价格＝100＋10＋4＝114（万元）

2. 出口货物的关税完税价格

出口货物的完税价格，由海关以该货物向境外销售的成交价格为基础审查确定，包括货物运至我国境内输出地点装卸前的运输及相关费用、保险费，但不包括出口关税税额。

出口货物完税价格的计算公式为：

关税完税价格＝离岸价格÷（1＋出口关税税率）

【例1—31】某进出口公司2014年6月出口一批商品，成交价格为离岸价120万元，关税税率为20％。请确定关税完税价格。

解答：

关税完税价格＝120÷（1＋20％）＝100（万元）

（三）关税应纳税额的计算

1. 进口货物应纳税额的计算

（1）从价税应纳税额的计算。

进口关税税额＝应税进口货物数量×单位完税价格×税率

【例1—32】某进出口公司2014年6月从美国进口一批商品，到岸价格为200万元，商品进口关税税率为15％。计算该公司进口该批货物应缴纳的关税。

解答：

关税完税价格＝200（万元）

应纳进口关税税额＝200×15％＝30（万元）

（2）从量税应纳税额的计算。

进口关税税额＝应税进口货物数量×单位货物税额

（3）复合税应纳税额的计算。我国目前实行的复合税都是先计征从量税，再计征从价税。

进口关税税额＝应税进口货物数量×单位货物税额＋应税进口货物数量×单位完

税价格×税率

2. 出口货物应纳税额的计算

(1) 从价税应纳税额的计算。

出口关税税额=应税出口货物数量×单位完税价格×税率

【例1—33】 某进出口公司出口产品一批，成交价格为离岸价550万元，关税税率为10%。计算该公司应缴纳的出口关税。

关税完税价格=550÷（1+10%）=500（万元）

应纳出口关税税额=500×10%=50（万元）

(2) 从量税应纳税额的计算。

出口关税税额=应税出口货物数量×单位货物税额

(3) 复合税应纳税额的计算。我国目前实行的复合税都是先计征从量税，再计征从价税。

出口关税税额=应税出口货物数量×单位货物税额+应税出口货物数量×单位完税价格×税率

(四) 货物报关与关税缴纳

1. 进出口货物报关时间

进口货物的纳税人应当自运输工具申报进境之日起14日内，向货物的进境地海关申报，如实填写海关进口货物报关单，并提交进口货物的发票、装箱清单、进口货物提货单或运单、关税免税或免予查验的证明文件等。

出口货物的发货人除海关特准外，应当在货物运抵海关监管区后装货的24小时以前，填报出口货物报关单，交验出口许可证和其他证件，申报出口，由海关放行，否则货物不得离境出口。

2. 关税的缴纳

(1) 缴纳地点。根据纳税人的申请及进出口货物的具体情况，关税既可在关境地缴纳，又可在主管地缴纳。关境地缴纳是指进出口货物在哪里通关，纳税人即在哪里缴纳关税，这是最常见的做法。主管地缴纳是指纳税人住址所在地海关监管其通关并征收关税，它只适用于集装箱运载的货物。

(2) 缴纳期限。纳税人应当自海关填发税款缴款书之日起15日内，向指定银行缴纳税款。如果关税缴纳期限的最后1日是周末或法定节假日，则关税缴纳期限顺延至周末或法定节假日过后的第1个工作日。

关税纳税人因不可抗力或者在国家税收政策调整的情形下，不能按期缴纳税款的，经海关总署批准，可以延期缴纳税款，但最长不得超过6个月。

3. 关税的强制执行

纳税人或其代理人应当在海关规定的缴款期限内缴纳税款，逾期未缴的即构成关税滞纳。为保证海关决定的有效执行和国家财政收入的及时入库，《中华人民共和国海关法》赋予了海关对滞纳关税的纳税人强制执行的权力。强制措施主要有两类：

（1）征收滞纳金。滞纳金自关税缴纳期限届满滞纳之日起，至纳税人缴纳关税之日止，按滞纳税款万分之五的比例按日征收，周末或法定节假日不予扣除。计算公式为：

关税滞纳金金额＝滞纳关税税额×0.05%×滞纳天数

（2）强制征收。纳税人自海关填发缴款书之日起3个月仍未缴纳税款的，经海关关长批准，海关可以采取强制措施扣缴。强制措施主要有强制扣缴和变价抵扣两种。强制扣缴即海关从纳税人在开户银行或者其他金融机构的存款中直接扣缴税款。变价抵扣即海关将应税货物依法变卖，以变卖所得抵缴应缴税款。

知识测试

一、判断题

1. 增值税的计税依据是不含增值税的价格，它的最终承担者是经营者。（　）
2. 混合销售是指销售多种产品或提供多种劳务的行为。（　）
3. 免征增值税的农业产品按照买价的10%的扣除率计算进项税额，准予抵扣。（　）
4. 增值税专用发票只限于增值税的一般纳税人和小规模纳税人领购使用，非增值税纳税人不得领购使用。（　）
5. 小规模纳税人一律按照销售额的3%的征收率计算应纳税款，不得抵扣进项税额。（　）
6. 一般纳税人与小规模纳税人的计税依据相同，都是不含税的销售额。（　）
7. 对应税消费品征收消费税后，不再征收增值税。（　）
8. 卷烟与酒类产品的计税办法实行从量定额与从价定率相结合的复合计税办法。（　）
9. 营业税的计税依据是营业额，营业额为纳税人提供应税劳务、转让无形资产或者销售不动产向对方收取的全部价款和价外费用。（　）
10. 一般贷款业务的营业额为贷款利息收入，但是不包括各种加息、罚息等。（　）
11. 某艺术团在演出时，共收到购票款10万元，支付场租、经纪人费用共2万元，营业税计税依据为8万元。（　）
12. 关税的征税对象是贸易性商品，不包括入境旅客携带的个人行李和物品。（　）
13. 关税完税价格是纳税人向海关申报的价格，即货物实际成交价格。（　）
14. 如一国境内设有自由贸易港时，关境大于国境。（　）

二、单项选择题

1. 下列货物适用17%税率的是（　）。

A. 生产销售啤酒　　B. 生产销售煤炭

C. 生产销售石油液化气　　D. 生产销售暖气

2. 我国对购进农产品的增值税扣除率为（　）。

A. 7%　　B. 10%　　C. 13%　　D. 17%

3. 纳税人销售的下列货物中，属于免征增值税的货物是（　　）。

A. 销售农业机械　　B. 销售煤炭

C. 销售日用百货　　D. 销售自产的农产品

4. 下列消费品中，实行从量征收的有（　　）。

A. 黄酒　　B. 实木地板　　C. 小汽车　　D. 高尔夫球

5. 委托加工应税消费品是指（　　）。

A. 由受托方以委托方名义购进原材料生产的产品

B. 由受托方提供原材料生产的产品

C. 由受托方将原材料卖给委托方，然后再接受加工的产品

D. 由委托方提供原材料和主要材料，受托方只收取加工费和代垫部分辅助材料加工的产品

6. 委托加工应税消费品的组成计税价格为（　　）。

A. （材料成本＋加工费）÷（1－消费税税率）

B. （材料成本＋利润）÷（1－消费税税率）

C. （材料成本＋加工费）÷（1＋消费税税率）

D. （材料成本＋利润）÷（1＋消费税税率）

7. 以下收入不缴纳营业税的是（　　）。

A. 网吧的经营收入　　B. 受委托加工卷烟收取的加工费

C. 公园销售门票的收入　　D. 体育馆出借场地的收入

8. 以下不属于营业税税率的是（　　）。

A. 5%　　B. 3%　　C. 17%　　D. 20%

9. 进出口货物的纳税人或代理人，应当自海关填发税款缴纳书之日起（　　）内缴纳税款。

A. 5 日　　B. 10 日　　C. 15 日　　D. 30 日

10. 某外贸企业收购一批货物出口，离岸价格为 15 万元，该批货物应纳出口关税（关税税率为 50%）为（　　）。

A. 5 万元　　B. 7.5 万元　　C. 10 万元　　D. 15 万元

三、多项选择题

1. 应缴纳增值税的行业是（　　）。

A. 商业　　B. 建筑业　　C. 交通运输业　　D. 制造业

2. 划分一般纳税人和小规模纳税人的标准有（　　）。

A. 销售额达到规定标准　　B. 经营效益好

C. 会计核算健全　　D. 有上级主管部门

3. 下列各项中，属于增值税征税范围的有（　　）。

A. 销售钢材　　B. 销售自来水　　C. 销售电力　　D. 销售房屋

4. 下列消费品中属于消费税征税范围的有（　　）。

A. 贵重首饰　　B. 鞭炮　　C. 木制一次性筷子　　D. 摩托车

5. 消费税纳税环节包括（　　）。

A. 批发环节　　B. 进口环节　　C. 零售环节　　D. 生产销售环节

6. 下列应税消费品中，采用复合计税方法计算消费税的有（　　）。

A. 烟丝　　B. 卷烟　　C. 白酒　　D. 啤酒

7. 某烟草商进口烟丝，报关时由海关征收的税种有（　　）。

A. 关税　　B. 增值税　　C. 营业税　　D. 消费税

8. 下列企业的营业行为，属于混合销售行为的有（　　）。

A. 某饭店既开设客房、餐厅，又开设商场，为顾客提供多方面服务

B. 某运输公司销售货物并负责运输所售货物

C. 某建筑公司为承建的工程既提供全部建筑材料，又承担建筑安装业务

D. 某餐厅既经营餐饮业，又经营娱乐业

9. 下列项目中，按5%计征营业税的有（　　）。

A. 租赁业取得的收入　　B. 体育表演比赛取得的收入

C. 经营保龄球馆取得的收入　　D. 提供咨询取得的收入

10. 关税的纳税人包括（　　）。

A. 进口货物的收货人　　B. 进口个人邮件的收件人

C. 进口货物的发货人　　D. 携带进境物品的携带人

四、技能训练题

1. 某公司为一般纳税人，2014 年 6 月发生下列业务：

(1) 向某商场销售彩色电视机 100 台，每台售价 2 850 元（不含税），销货款已收到。

(2) 购入电子元器件，价款 18 万元，取得增值税专用发票，注明的增值税进项税额为 30 600 元。

要求：计算电视机厂本月应缴纳的增值税税额。

2. 某机械厂为增值税一般纳税人，采用直接收款结算方式销售货物，2014 年 6 月发生下列业务：

(1) 开出增值税专用发票，销售甲产品 50 台，单价为 8 000 元，并交予购货方。

(2) 基本建设工程领用材料 1 000 千克，不含税单价为 50 元，计 50 000 元。

(3) 本月发生购进货物的全部进项税额为 70 000 元。购销货物增值税税率均为 17%。

要求：计算该机械厂本月应缴纳的增值税税额。

3. 某贸易公司从日本进口彩色电视机 200 台，海关审定的关税完税价格为每台 1 000 元，关税税率为 10%，增值税税率为 17%。请计算该公司该批进口彩电的增值税应纳税额。

4. 某黄酒厂 2014 年 5 月销售情况如下：

(1) 销售瓶装黄酒 100 吨，每吨 5 000 元（不含增值税）。

(2) 销售散装黄酒 40 吨，取得含增值税的价款 117 000 元。

(3) 作为福利发给职工黄酒 10 吨，计算价款为 40 000 元。

要求：计算该黄酒厂本月应缴纳的消费税税额。

5. A 卷烟厂 2014 年 6 月发生如下业务：

(1) 5 日购买一批原材料，取得增值税专用发票注明的价款为 10 万元，增值税为 1.7 万元。

(2) 20 日，A 卷烟厂销售卷烟 100 箱，每箱不含税售价为 50 000 元，款项存入银行。

要求：计算该厂当期应缴纳的增值税税额和消费税税额。

6. 某歌唱演员举行个人演唱会，取得门票收入 100 000 元，支付场地租赁费 8 000 元，付给演出公司劳务费 20 000 元，计算该演员应缴纳的营业税税额。

7. 某旅游公司组团杭州 4 日游，收取全程旅游费共 300 000 元，其中代旅游者支付交通费 40 000 元、住宿费 15 000 元、门票费 12 000 元，在杭州由当地旅游公司提供导游，共付费 10 000 元，计算该旅游公司应缴纳的营业税税额。

8. 某娱乐城 6 月取得门票收入 10 万元、包场收入 12 万元、点歌收入 3 万元，烟酒、饮料收入 15 万元。该企业适用的营业税税率为 10%，计算该娱乐城当月应缴纳的营业税税额。

9. 某市建筑公司承包一项建筑工程，工程总承包额为 5 000 万元，该建筑公司将其中的设备安装工程分包给甲设备安装公司，分包额为 1 000 万元，又将工程中的装饰工程分包给本市 A 装饰公司，转包费为 1 200 万元。计算该建筑公司承包此工程应缴纳的营业税税额以及扣缴的营业税税额。

10. 某公司从日本进口 1 000 吨化肥，货物以境外口岸离岸价格成交，每吨 20 000 元，货物运达我国境内输入地点起卸前的运输费、保险费和其他劳务费用为每吨人民币 1 000 元，关税税率为 10%，计算应缴纳的关税税额。

11. 某公司出口生丝一批，离岸价格为 450 万元人民币，关税税率为 50%，计算该公司应缴纳的出口关税税额。

12. 某外贸公司 2014 年 6 月发生以下业务：

经有关部门批准从境外进口小汽车 20 辆，每辆货价为 20 万元，运抵我国海关前的运输费、保险费为每辆 2 万元。公司向海关缴纳了相关税款，并取得了完税凭证。

该公司当月售出小汽车 16 辆，每辆含税销售额为 58.5 万元（小汽车关税税率为 20%、增值税税率为 17%、消费税税率为 5%）。

要求：

(1) 计算小汽车在进口环节应缴纳的关税、增值税和消费税。

(2) 计算该公司 6 月国内销售环节应缴纳的增值税。

任务 3 所得税的计算与缴纳

技能目标

1. 能判断居民企业与非居民企业或居民纳税人与非居民纳税人；
2. 会根据业务资料计算应缴纳的企业所得税税额；
3. 能为父母计算或说明其收入应缴的个人所得税税额。

知识目标

1. 熟悉企业所得税、个人所得税的基本法规知识；
2. 掌握企业所得税应税所得额的调整方法；
3. 掌握个人所得税各项目所得应纳税额的计算。

一、企业所得税的计算与缴纳

（一）企业所得税认知

1. 什么是企业所得税

企业所得税是对我国境内的企业和其他取得收入的组织的生产经营所得和其他所得征收的一种税。企业所得税的计税依据是应纳税所得，它以利润为主要依据，但不是会计利润，更不是收入总额。

2. 企业所得税的纳税人

企业所得税的纳税人为我国境内的企业和其他取得收入的组织（以下统称企业）。个人独资企业、合伙企业不征收企业所得税，而是征收个人所得税。

企业所得税的纳税人分为居民企业和非居民企业。

居民企业是指依照法律在中国境内成立，或者依照外国（地区）法律成立但实际管理机构在中国境内的企业。实际管理机构，是指对企业的生产经营、人员、账务、财产等实施实质性全面管理和控制的机构。例如：在我国注册成立的沃尔玛（中国）投资有限公司、通用汽车（中国）投资有限公司，就是我国的居民企业；在英国、百慕大群岛等国家或地区注册的公司，但实际管理机构在我国境内，也是我国的居民企业。

非居民企业是指按照外国（地区）法律成立且实际管理机构不在中国境内，但在中国境内设立机构、场所的，或者在中国境内未设立机构、场所，但有来源于中国境内所得的企业。例如：在我国设立的代表处及其他分支机构等外国企业。

小思考：在我国境内成立的外资企业是居民企业，还是非居民企业？

3. 企业所得税的征税对象

居民企业应当就其来源于中国境内、境外的所得缴纳企业所得税。非居民企业在中国境内设立机构、场所的，应当就其来源于中国境内的所得，以及发生在中国境外但与其所设机构、场所有实际联系的所得，缴纳企业所得税；非居民企业在中国境内未设立机构、场所的，或者虽设立机构、场所但取得的所得与其所设机构、场所没有实际联系的，应当就其来源于中国境内的所得缴纳企业所得税。

4. 企业所得税的税率

企业所得税实行比例税率。

（1）基本税率为25%。适用于居民企业和在中国境内设有机构、场所且所得与机构、场所有关联的非居民企业。

(2) 低税率为20%。适用于在中国境内未设立机构、场所，或者虽设立机构、场所但取得的所得与其所设机构、场所没有实际联系的非居民企业。但实际征税时使用10%的优惠税率。

(二) 应纳税所得额的确定

应纳税所得额是企业所得税的计税依据。应纳税所得额为纳税人每一纳税年度的收入总额减除不征税收入、免税收入、各项扣除以及允许弥补的以前年度亏损后的余额。基本计算公式为：

应纳税所得额＝收入总额－不征税收入－免税收入－各项扣除－允许弥补的以前年度亏损

1. 收入总额

企业的收入总额包括以货币形式和非货币形式从各种来源取得的收入，具体有：销售货物收入，提供劳务收入，转让财产收入，股息、红利等权益性投资收益，利息收入，租金收入，特许权使用费收入，接受捐赠收入，其他收入等。

2. 不征税收入

国家为了扶持和鼓励某些特殊的纳税人和特定的项目，或者避免因征税影响企业的正常经营，对企业取得的某些收入予以不征税，以减轻企业的负担，促进经济的发展。不征税收入包括财政拨款、行政事业性收费、政府性基金及其他不征税收入。

财政拨款是指各级人民政府对纳入预算管理的事业单位、社会团体等组织拨付的财政资金，但国务院财政、税务主管部门另有规定的除外。

行政事业性收费是指依照法律、行政法规等有关规定，按照国务院规定程序批准，在实施社会公共管理，以及在向公民、法人或者其他组织提供特定公共服务过程中，向特定对象收取并纳入财政管理的费用。

政府性基金是指纳税人依照法律、行政法规等有关规定，代政府收取的具有专项用途的财政资金。

其他不征税收入是指纳税人取得的，由国务院财政、税务主管部门规定专项用途并经国务院批准的财政性资金。

3. 免税收入

免税收入是指纳税人本年度发生的根据税法规定免征企业所得税的收入和所得，具体包括国债利息收入，居民企业之间的股息、红利等权益性投资收益，符合条件的非营利组织的收入和其他免税收入。

国债利息收入是指企业持有国务院财政部门发行的国债取得的利息收入。

居民企业之间的股息、红利等权益性投资收益是指居民企业直接投资于另一居民企业所取得的投资收益。

符合条件的非营利组织的收入是指同时符合下列条件的非营利组织的收入：依法履行非营利组织登记手续；从事公益性或者非营利性活动；取得的收入除用于与该组织有关的、合理的支出外，全部用于登记核定或者章程规定的公益性或者非营利性事业等。

其他免税收入是指纳税人除上述已列明免税收入以外的，按税收规定可以免税的其他收入。

小讨论

不征税收入与免税收入有何不同?

4. 准予扣除项目

(1) 准予扣除项目的范围。根据税法规定，企业实际发生的与取得收入有关的、合理的支出，包括成本、费用、税金、损失和其他支出，准予在计算应纳税所得额时扣除。

成本是指企业在生产经营过程中发生的销售成本、销货成本、业务支出以及其他耗费。

费用是指企业每一个纳税年度为生产、经营商品和提供劳务等所发生的销售费用、管理费用和财务费用。

税金是指企业发生的除企业所得税和允许抵扣的增值税以外的企业缴纳的各项税金及附加。

损失是指企业在生产经营活动中发生的固定资产和存货的盘亏、毁损、报废损失，财产转让损失，呆账损失，坏账损失，自然灾害等不可抗力因素造成的损失以及其他损失。

其他支出是指除成本、费用、税金、损失外，企业在生产经营活动中发生的与生产经营活动有关的、合理的支出。

(2) 准予扣除项目的标准。

1) 工资、薪金支出。工资、薪金支出是指企业每一纳税年度支付给在本企业任职或者受雇的员工的所有现金形式或者非现金形式的劳动报酬，包括基本工资、奖金、津贴、补贴、年终加薪、加班工资，以及与员工任职或者受雇有关的其他支出。企业发生的合理的工资、薪金支出，准予扣除，对明显不合理的工资、薪金，则不予扣除。

2) 工会经费支出、职工福利费支出、职工教育经费支出。企业发生的工会经费、职工福利费，分别按照工资薪金总额的2%、14%计算扣除；企业发生的职工教育经费按工资薪金总额的2.5%计算扣除，超过部分，准予在以后纳税年度结转扣除。

【例1—34】某公司2014年计入成本、费用中的实发工资总额200万元，拨缴职工工会经费3万元，支出职工福利费30万元，职工教育经费6万元。

解答：

(1) 可扣除的职工工会经费数额＝200×2%＝4（万元)。

实缴工会经费3万元低于可扣除的工会经费数，可以全额按实扣除。

(2) 可扣除的职工福利费＝200×14%＝28（万元)。

实际支出职工福利费30万元超过可扣除的职工福利费数，只能扣除28万元。

(3) 可扣除的职工教育经费＝200×2.5%＝5（万元)。

实际支出职工教育经费6万元超过可扣除的职工教育经费数，只能扣除5万元。但超支的 1 万元可结转以后年度扣除。

3）业务招待费。企业发生的与生产经营活动有关的业务招待费支出，按照发生额的 60%扣除，但最高不得超过当年销售（营业）收入的 5‰。

【例 1—35】 某公司 2014 年营业收入为 1 000 万元，发生业务招待费支出为 10 万元。

解答：

可扣除业务招待费数额＝1 000×5‰＝5（万元）

或 可扣除业务招待费数额＝10×60%＝6（万元）

根据税法规定，可扣除的业务招待费支出数为 5 万元。

4）广告费和业务宣传费。企业发生的符合条件的广告费和业务宣传费支出，除国务院财政、税务主管部门另有规定外，不超过当年销售（营业）收入 15%的部分，准予扣除；超过部分，准予在以后纳税年度结转扣除。

5）捐赠支出。捐赠支出分为公益性捐赠支出和非公益性捐赠支出。公益性捐赠是指企业通过公益性社会团体或者县级以上人民政府及其部门，用于《中华人民共和国公益事业捐赠法》规定的公益事业的捐赠。

企业发生的公益性捐赠支出，不超过年度会计利润总额 12%的部分，准予据实扣除。超过部分和非公益性捐赠支出不允许税前扣除。

【例 1—36】 某公司 2014 年会计利润为 1 000 万元，当年通过宋庆龄基金会向教育事业捐赠 150 万元，自行向某养老院捐赠 10 万元。

解答：

（1）通过宋庆龄基金会向教育事业的捐赠属于公益性捐赠。

可扣除的捐赠数额＝1 000×12%＝120（万元）

实际公益性捐赠支出超过可扣除的捐赠数额，只能扣除 120 万元。实际捐赠额超过可扣除的捐赠数额的部分，即 30 万元，不能扣除。

（2）自行向某养老院的捐赠额 10 万元，不属于公益性捐赠，不得扣除。

6）利息支出。在生产、经营期间，非金融企业向金融企业借款的利息支出、金融企业的各项存款利息支出和同业拆借利息支出、企业经批准发行债券的利息支出，按照实际发生数扣除；非金融企业向非金融企业借款的利息支出，不超过按照金融企业同期同类贷款利率计算的数额的部分，准予扣除。此外，纳税人逾期归还银行贷款，向银行支付的加收罚息，不属于行政性罚款，允许在税前扣除。

【例 1—37】 宏伟公司 2014 年对外负债情况如表 1—5 所示。

表 1—5　　宏伟公司 2014 年对外负债情况表

债权人名称	借款金额	借款年利率	起借日期	还款日期
工商银行	500 万元	6%	2013 年 1 月 1 日	2015 年 12 月 31 日
肯回公司	200 万元	8%	2013 年 7 月 1 日	2016 年 6 月 30 日
目多公司	100 万元	5%	2014 年 1 月 1 日	2016 年 12 月 31 日

解答：

（1）向工商银行借款的年利息均可以扣除。

（2）向肯回公司借款的年利息额＝200×8%＝16（万元）。

同期同类银行借款利息额＝200×6%＝12（万元）。

根据税法，向肯回公司借款的年利息只能扣除12万元，超过部分不得扣除。

（3）向目多公司借款的年利息额＝100×5%＝5（万元）。

根据税法，向肯回公司借款利率低于同期同类银行借款利率，按实扣除5万元。

7）各类保险基金、统筹基金和经济补偿。企业依照国务院有关主管部门或者省级人民政府规定的范围和标准为职工缴纳的基本养老保险费、基本医疗保险费、失业保险费、工伤保险费、生育保险费等基本社会保险费和住房公积金，准予扣除。超过规定范围和标准部分不得扣除。

企业为投资者或者职工支付的补充养老保险费、补充医疗保险费，在国务院财政、税务主管部门规定的范围和标准内，准予扣除。

除企业依照国家有关规定为特殊工种职工支付的人身安全保险费和国务院财政、税务主管部门规定可以扣除的其他商业保险费外，企业为投资者或者职工支付的商业保险费，不得扣除。

8）劳动保护费。企业发生的合理的劳动保护费支出，准予扣除。

9）汇兑损失。企业发生的汇兑损失，除已经计入资产成本以及与向所有者进行利润分配相关的部分外，准予扣除。

5. 不得扣除的项目

在计算应纳税所得额时，下列支出不得扣除：

（1）向投资者支付的股息、红利等权益性投资收益款项；

（2）企业所得税税款；

（3）税收滞纳金；

（4）罚金、罚款和被没收财物的损失；

（5）不符合税法规定的捐赠支出；

（6）赞助支出（指企业发生的各种非广告性质的赞助支出）；

（7）未经核定的准备金支出（指企业未经国务院财政、税务主管部门核定而提取的各项资产减值准备、风险准备等准备金支出）；

（8）企业之间支付的管理费、企业内营业机构之间支付的租金和特许权使用费，以及非银行企业内营业机构之间支付的利息；

（9）与取得收入无关的其他支出。

6. 亏损弥补

亏损是指企业依照税法规定，将每一纳税年度的收入总额减除不征税收入、免税收入和各项扣除后小于零的数额，即应纳税所得额为负数的金额。

小思考：当企业利润表上的利润总额为负数时，是否就是亏损？

企业某一年度发生的亏损可以用下一年度的所得弥补，即先补亏，再交所得税；下一年度的所得不足以弥补的，可以逐年延续弥补，但最长不超过5年。

【例1—38】恒开公司2010年至2014年会计利润与应纳税所得额如表1—6所示。

表 1—6 恒开公司 2010 年至 2014 年会计利润与应纳税所得额情况

项目	2010 年	2011 年	2012 年	2013 年	2014 年
会计利润	－100 万元	50 万元	－200 万元	20 万元	－300 万元
应纳税所得额	20 万元	－40 万元	－100 万元	30 万元	－180 万元

解答：

(1) 根据税法规定，确定是否亏损以应纳税所得额为准，所以恒开公司 2011 年、2012 年、2014 年属于亏损。

(2) 恒开公司 2011 年的亏损可以在 2012 年至 2016 年弥补，至 2016 年若还未弥补完，2017 年及以后不得再税前弥补。

恒开公司 2012 年的亏损可以在 2013 年至 2017 年弥补，至 2017 年若还未弥补完，2018 年及以后不得再税前弥补。

恒开公司 2014 年的亏损可以在 2015 年至 2019 年弥补，至 2019 年若还未弥补完，2020 年及以后不得再税前弥补。

(三) 应纳税额的计算

企业应缴纳的所得税税额等于应纳税所得额乘以适用税率，基本计算公式为：

应纳税额＝应纳税所得额×适用税率－减免税额－抵免税额

在实际过程中，应纳税所得额的计算有两种方法：

1. 直接计算法

在直接计算法下，企业的应纳税所得额的计算公式与前述相同，即为：

应纳税所得额＝收入总额－不征税收入－免税收入－各项扣除－允许弥补的以前年度亏损

2. 间接计算法

在间接计算法下，企业的应纳税所得额是在企业会计利润总额的基础上，加减纳税调整项目金额后计算得出。其计算公式为：

应纳税所得额＝会计利润总额±纳税调整项目金额

(1) 会计利润总额是指按会计准则计算的利润总额，此数据可直接从利润表中获得。

(2) 纳税调整项目金额包括两方面的内容：

一是企业的财务会计处理与税收规定不一致的应予以调整的金额。税法规定：在计算应纳税所得额时，企业财务、会计处理办法与税收法律、行政法规的规定不一致的，应当依照税收法律、行政法规的规定计算。纳税人按照会计准则、会计制度核算与税收规定不一致的项目，应当进行纳税调整。

二是企业按税法规定准予扣除的税收金额。

纳税调整项目金额包括纳税调增金额（计算时用“＋”）和纳税调减金额（计算时用“－”）。当会计上少计收入或多列支成本、费用时，应当调增应纳税所得额；当会计上多计收入或少列支成本、费用时，应当调减应纳税所得额。

【例 1—39】 恒开公司 2014 年会计利润为 500 万元。经核实，公司当年支付违反环保法规定罚款 100 万元，其他业务与税收不存在差异。请确定该公司 2014 年的应纳税所得额。

解答：

根据税法规定，企业因违法所支付的罚款不得扣除，应调增应纳税所得额，则：

应纳税所得额＝会计利润＋调增额＝500＋100＝600（万元）

【例 1—40】 恒开公司 2014 年会计利润为 300 万元。经核实，当年实发工资总额 200 万元，拨缴职工工会经费 5 万元，其他业务与税收不存在差异。请确定该公司 2014 年的应纳税所得额。

解答：

可扣除的职工工会经费＝200×2%＝4（万元）

该公司实缴工会经费超过税法规定的数额 1 万元，不得扣除，应调增应纳税所得额，则：

应纳税所得额＝会计利润＋调增额＝300＋1＝301（万元）

【例 1—41】 恒开公司 2014 年会计利润为 1 000 万元。经核实，当年取得国债投资收益 200 万元，其他业务与税收不存在差异。请确定该公司 2014 年的应纳税所得额。

解答：

根据税法规定，企业投资国债所取得的收益免税，应调减应纳税所得额，则：

应纳税所得额＝会计利润－调减额＝1 000－200＝800（万元）

【例 1—42】 好好公司为居民企业，2013 年经营业务如下：

(1) 取得销售收入 3 000 万元；

(2) 销售成本 1 200 万元；

(3) 发生销售费用 650 万元（其中广告费 500 万元），管理费用 500 万元（其中业务招待费 20 万元、新技术的研究开发费用为 40 万元），财务费用 60 万元；

(4) 销售税金 180 万元（含增值税 120 万元）；

(5) 营业外收入 70 万元，营业外支出 50 万元（含通过公益性社会团体向贫困山区捐款 30 万元，支付税收滞纳金 10 万元）。

好好公司 2013 年已预缴了企业所得税 50 万元。

要求： 计算该公司 2013 年应补交的所得税税额。

解答：

会计利润总额＝3 000－1 200－650－500－60－（180－120）＋70－50
＝550（万元）

(1) 广告费调增所得额＝500－3 000×15%＝500－450＝50（万元）

(2) 业务招待费可扣除额＝20×60%＝12（万元）

或 3 000×5‰＝15（万元）

业务招待费调增所得额＝20－12＝8（万元）

(3) 技术研究开发费用调减所得额＝40×50%＝20（万元）

(4) 捐赠支出可扣除额＝550×12%＝66（万元）

该公益性捐赠支出低于可扣除额，可全部扣除。

(5) 支付的税收滞纳金调增所得额＝10（万元）

(6) 应纳税所得额＝550＋50＋8－20＋10＝598（万元）

(7) 全年应纳所得税税额=598×25%=149.5（万元）

(8) 应补交所得税税额=149.5－50=99.5（万元）

(四) 企业所得税的税收优惠政策

1. 促进技术创新和科技进步的优惠政策

(1) 对国家需要重点扶持的高新技术企业，减按15%的税率征收企业所得税。

(2) 企业为开发新技术、新产品、新工艺发生的研究开发费用，未形成无形资产计入当期损益的，在按照规定据实扣除的基础上，按照研究开发费用的50%加计扣除；形成无形资产的，按照无形资产成本的150%摊销。

(3) 企业的固定资产由于技术进步等原因，确需加速折旧的，可以缩短折旧年限或者采取加速折旧的方法。

(4) 在一个纳税年度内，居民企业技术转让所得不超过500万元的部分，免征企业所得税；超过500万元的部分，减半征收企业所得税。

小计算：一居民企业2013年技术转让所得2 000万元，应缴纳多少所得税税额？

2. 鼓励基础设施建设的优惠政策

从事国家重点扶持的公共基础设施项目投资经营的所得，自项目取得第一笔生产经营收入所属纳税年度起，第1年至第3年免征企业所得税，第4年至第6年减半征收企业所得税。国家重点扶持的公共基础设施项目，是指港口码头、机场、铁路、公路、城市公共交通、电力、水利等项目。

3. 扶持农、林、牧、渔业发展的优惠政策

(1) 企业从事下列项目的所得，免征企业所得税：蔬菜、谷物、薯类、油料、豆类、棉花、麻类、糖料、水果、坚果的种植；农作物新品种的选育；中药材的种植；林木的培育和种植；牲畜、家禽的饲养；林产品的采集；灌溉、农产品初加工、兽医、农技推广、农机作业和维修等农、林、牧、渔服务业项目；远洋捕捞。

(2) 企业从事下列项目的所得，减半征收企业所得税：花卉、茶以及其他饮料作物和香料作物的种植；海水养殖、内陆养殖。

4. 从事符合条件的环境保护、节能节水项目的优惠政策

企业从事符合条件的环境保护、节能节水项目的所得，自项目取得第一笔生产经营收入所属纳税年度起，第1年至第3年免征企业所得税，第4年至第6年减半征收企业所得税。

5. 促进公益事业和照顾弱势群体的优惠政策

(1) 企业发生的公益性捐赠支出，在年度会计利润总额12%以内的部分，准予在计算应纳税所得额时扣除。

(2) 企业安置残疾人员的，在按照支付给残疾职工工资据实扣除的基础上，按照支付给残疾职工工资的100%加计扣除。

(3) 纳税人从事国家非限制和禁止行业并符合规定条件的小型微利企业减按20%的税

率征收。

(4) 民族自治地方的自治机关对本民族自治地方的企业应缴纳的企业所得税中属于地方分享的部分，可以决定减征或者免征。

企业同时从事适用不同企业所得税待遇的项目的，其优惠项目应当单独计算所得，并合理分摊企业的期间费用；没有单独计算的，不得享受企业所得税优惠。

(五) 企业所得税的缴纳

1. 纳税地点

居民企业以企业登记注册地为纳税地点；但登记注册地在境外的，以实际管理机构所在地为纳税地点。

非居民企业在中国境内设立机构、场所取得的所得以及发生在中国境外但与其所设机构、场所有实际联系的所得，应当以机构、场所所在地为纳税地点。

除国务院另有规定外，企业之间不得合并缴纳企业所得税。

2. 纳税期限

企业所得税实行按年计算，按月或季预缴，年终汇算清缴，多退少补的征收办法。纳税年度一般为公历年度，即公历 1 月 1 日至 12 月 31 日为一个纳税年度；纳税人在一个纳税年度的中间开业，或由于合并、关闭等原因使该纳税年度的实际经营期不足 12 个月的，以其实际经营期为一个纳税年度。

企业应当自年度终了之日起 5 个月内，无论盈利或亏损，向税务机关报送年度企业所得税纳税申报表，并汇算清缴，结清应缴应退税款。

3. 纳税申报

按月或按季预缴的，纳税人应当在月份或季度终了后 15 日内，向税务机关报送预缴企业所得税纳税申报表，预缴税款。

纳税人无论盈利还是亏损，均应向税务机关报送年度企业所得税纳税申报表、财务会计报告和其他有关资料。

二、个人所得税的计算与缴纳

(一) 个人所得税认知

1. 什么是个人所得税

个人所得税是以自然人取得的各项应税所得为征税对象征收的一种税，是政府利用税收对个人收入进行调节的一种手段。个人所得税的征税对象不仅包括个人，还包括具有自然人性质的企业。个人所得税是世界各国普遍征收的一个税种，是各国政府重要的财政收入。

2. 个人所得税的纳税人

个人所得税的纳税人包括中国公民、个体工商户、个人独资企业、合伙企业投资者、在中国境内取得所得的外籍人员和香港、澳门、台湾同胞。这些纳税人依据住所和居住时间两个标准，划分为居民纳税人和非居民纳税人，分别承担不同的纳税义务。居民纳税人承担无限纳税义务，即就来源于境内外的全部所得缴纳个人所得税；非居民纳税人承担有限纳税义务，即仅就来源于中国境内所得缴纳个人所得税。

（1）居民纳税人。居民纳税人是指在中国境内有住所，或者无住所而在中国境内居住满 1 年的个人。“在中国境内有住所”是指因户籍、家庭、经济利益关系，而在中国境内有习惯性居住的地方。所谓习惯性居住，是判定纳税义务人是居民或非居民的一个重要标准，不是指实际居住或在某一个特定时期内的居住地。例如：因学习、工作、探亲、旅游等而在中国境外居住的，在其原因消除之后，必须回到中国境内居住的个人，则中国即为该人习惯性居住地。“在中国境内居住满 1 年”是指在一个纳税年度内，在中国境内居住满 365 天。在计算居住天数时，对临时离境的（即在一个纳税年度中一次离境不超过 30 日或者多次离境累计不超过 90 日的），不扣减居住天数。

在现实生活中，居民纳税人有两种：一是在中国境内有住所的中国公民和外国侨民；二是在中国境内无住所但居住满 1 年的个人，包括外籍人员、海外侨胞和香港、澳门、台湾同胞。

（2）非居民纳税人。非居民纳税人是指不符合居民纳税人判定标准的纳税人，即在中国境内无住所又不居住，或者无住所而在中国境内居住不满 1 年但在中国境内取得所得的个人。在现实生活中，非居民纳税义务人，实际上只能是在一个纳税年度中没有在中国境内居住，或者在中国境内居住不满 1 年的外籍人员或香港、澳门、台湾同胞。

3. 个人所得税的征税范围

我国的个人所得税采用分类所得税制，即将个人取得的各项应纳税所得划分为 11 类，对 11 类所得分别适用不同的费用扣除标准、不同的税率和不同的计税方法。

（1）工资、薪金所得。工资、薪金所得是指个人因任职或受雇而取得的工资、薪金、奖金、年终加薪、劳动分红、津贴、补贴及与任职或者受雇有关的其他所得。工资、薪金所得是个人所从事的由他人指定、安排并接受管理的非独立个人劳动所得。

我国现行税法规定独生子女补贴、托儿补助费、差旅费津贴、午餐补助不属于工资、薪金税目征税范围。

（2）个体工商户生产、经营所得。个体工商户生产、经营所得包括：个体工商户从事工业、手工业、建筑业、交通运输业、商业、饮食业、服务业、修理业及其他行业取得的所得；个人经政府有关部门批准取得营业执照，从事办学、医疗、咨询以及其他有偿服务活动取得的所得；其他个人从事个体工商业生产、经营取得的所得；上述个体工商户和个人取得的与生产、经营有关的各项应税所得。

个人独资企业和合伙企业的生产、经营所得参照个体工商户生产、经营所得征税。

（3）对企事业单位的承包经营、承租经营所得。对企事业单位的承包经营、承租经营所得是指个人承包经营或承租经营以及转包、转租取得的所得。

但要注意，承包人、承租人对企业经营成果不拥有所有权，仅按合同（协议）规定取得一定所得的，其所得应按“工资、薪金所得”征税；承包人、承租人按合同（协议）的规定只向发包方、出租方缴纳一定费用，企业经营成果归承包人、承租人所有的，其取得的所得，应按“对企事业单位的承包经营、承租经营所得”征税。

（4）劳务报酬所得。劳务报酬所得是指个人独立从事各种非雇佣的劳务活动所取得的所得。具体指个人所从事的下列劳务活动：设计、装潢、安装、制图、化验、测试、医疗、法律、会计、咨询、讲学、新闻、广播、翻译、审稿、书画、雕刻、影视、录音、录像、演出、表演、广告、展览、技术服务、介绍服务、经纪服务、代办服务及其他劳务。

在实际工作中，要严格区分劳务报酬所得与工资、薪金所得，两者的区别在于：劳务报酬所得是个人独立从事自由职业或独立提供某种劳务所取得的报酬，不存在雇佣与被雇佣关系；而工资、薪金所得是个人从事非独立劳务活动，从所在单位领取的报酬，个人与所在单位存在雇佣与被雇佣关系。例如：演员从剧团领取工资应属于工资、薪金所得范围，而演员自己走穴取得的报酬则属于劳务报酬所得范围。

（5）稿酬所得。稿酬所得是指个人因其作品以图书、报刊形式出版、发表而取得的所得。

小提示：翻译、审稿所得属于劳务报酬所得，而不是稿酬所得。

（6）特许权使用费所得。特许权使用费所得是指个人提供专利权、商标权、著作权、非专利技术以及其他特许权的使用权取得的所得。

应注意：提供著作权的使用权取得的所得，不包括稿酬所得，对于作者将自己的文字作品手稿原件或复印件公开拍卖（竞价）取得的所得，应按特许权使用费所得征收个人所得税。

（7）财产租赁所得。财产租赁所得是指个人出租建筑物、土地使用权、机器设备、车船以及其他财产取得的所得。

（8）财产转让所得。财产转让所得是指个人转让有价证券、股权、建筑物、土地使用权、机器设备、车船以及其他财产取得的所得。对个人取得的各项财产转让所得，除股票转让所得外，都要征收个人所得税。对个人转让自用达5年以上并且是唯一的家庭居住用房取得的所得免征个人所得税。

（9）利息、股息、红利所得。利息是指个人拥有债权而取得的利息，包括存款利息（我国从2008年10月9日起暂免征收利息税）、贷款利息和各种债券的利息。股息、红利是个人拥有股权取得的股息、红利。

（10）偶然所得。偶然所得是指个人得奖、中奖、中彩以及其他偶然性质的所得。得奖是指参加各种有奖竞赛活动，取得名次得到的奖金；中奖、中彩是指参加各种有奖活动，如有奖销售、有奖储蓄，或者购买彩票，经过规定程序，抽中、摇中号码而取得的奖金。偶然所得应缴纳的个人所得税税款，一律由发奖单位或机构代扣代缴。

（11）经国务院财政部门确定征税的其他所得。除上述各项应税项目以外，其他所得有必要征税的，由国务院财政部门确定。

4. 个人所得税的税率

我国的个人所得税根据不同的征税项目分别采用超额累进税率和比例税率两种税率。

（1）工资、薪金所得适用税率。工资、薪金所得实行按月计征的方法，适用税率为3%～45%的7级超额累进税率。具体税率如表1—7所示。

表 1—7 工资、薪金所得个人所得税税率

级数	全月应纳税所得额	税率（%）	速算扣除数（元）
1	不超过 1 500 元的	3	0
2	超过 1 500 元至 4 500 元的部分	10	105
3	超过 4 500 元至 9 000 元的部分	20	555
4	超过 9 000 元至 35 000 元的部分	25	1 005
5	超过 35 000 元至 55 000 元的部分	30	2 755
6	超过 55 000 元至 80 000 元的部分	35	5 505
7	超过 80 000 元的部分	45	13 505

（2）个体工商户生产、经营所得和对企事业单位的承包经营、承租经营所得适用税率。个体工商户生产、经营所得和对企事业单位的承包经营、承租经营所得适用 5%～35%的 5 级超额累进税率，具体税率如表 1—8 所示。

表 1—8 个体工商户生产、经营所得和对企事业单位的承包经营、承租经营所得税税率

级数	全年应纳税所得额	税率（%）	速算扣除数（元）
1	不超过 15 000 元的	5	0
2	超过 15 000 元至 30 000 元的部分	10	750
3	超过 30 000 元至 60 000 元的部分	20	3 750
4	超过 60 000 元至 100 000 元的部分	30	9 750
5	超过 100 000 元的部分	35	14 750

个人独资企业和合伙企业的个人投资者取得的生产经营所得也适用 5%～35%的 5 级超额累进税率。

（3）劳务报酬所得适用税率。劳务报酬所得适用 20%的比例税率。同时税法规定，对劳务报酬所得一次收入畸高的，可以实行加成征收。“劳务报酬所得一次收入畸高”是指个人一次取得的劳务报酬，其应纳税所得额超过 20 000 元。对应纳税所得额超过 20 000 元～50 000 元的部分，加征 5 成；超过 50 000 元的部分，加征 10 成。因此，劳务报酬所得实际上适用 20%、30%、40%的 3 级超额累进税率（见表 1—9）。

表 1—9 劳务报酬所得税税率

级数	每次应纳税所得额	税率（%）	速算扣除数（元）
1	不超过 20 000 元的	20	0
2	超过 20 000 元至 50 000 元的部分	30	2 000
3	超过 50 000 元的部分	40	7 000

（4）稿酬所得适用税率。稿酬所得适用 20%的比例税率，并按应纳税额减征 30%，所以稿酬所得的实际税率为 14%。

（5）特许权使用费所得，利息、股息、红利所得，财产租赁所得，财产转让所得，偶然所得，其他所得适用税率。特许权使用费所得，利息、股息、红利所得，财产租赁所得，财产转让所得，偶然所得，其他所得适用 20%的比例税率。自 2008 年 10 月 9 日起暂免征收储蓄存款利息的个人所得税，对个人出租住房取得的所得减按 10%的税率征收个人所得税。

小提示：注意各项所得是按“年”、“月”还是“次”征税。

（二）个人所得税应纳税额的计算

1. 工资、薪金所得应纳税额的计算

（1）应纳税所得额的确定。工资、薪金所得以每月收入额减除费用 3 500 元后的余额为应纳税所得额。

但下列人员的工资、薪金所得可以享受附加扣除 1 300 元（即共计扣除 4 800 元）的优惠：

1）在中国境内的外商投资企业和外国企业工作的外籍人员；

2）应聘在中国境内的企业、事业单位、社会团体、国家机关工作的外籍专家；

3）在中国境内有住所而在中国境外任职或者受雇取得工资、薪金所得的个人；

4）华侨和香港、澳门、台湾同胞；

5）国务院财政、税务主管部门规定的其他人员。

同时应注意，企业和个人按照省级以上人民政府规定的比例提取并缴付的住房公积金、医疗保险费、基本养老保险费、失业保险费（简称“三费一金”），允许扣除，免征收个人所得税，超过规定比例部分并入个人当期的工资、薪金收入，计征个人所得税。

（2）工资、薪金所得应纳税额的计算公式。

应纳税所得额＝每月收入额－费用扣除标准（3 500 元或 4 800 元）

应纳税额＝应纳税所得额×适用税率－速算扣除数

【例 1—43】公民章光 2014 年 6 月工资为 6 000 元。计算其 6 月份应缴纳的个人所得税税额。

解答：

章光 6 月份应纳个人所得税税额＝（6 000－3 500）×10%－105＝145（元）

【例 1—44】一外国公民约翰 2014 年 6 月在我境内企业取得工资 10 000 元。计算其 6 月份应缴纳的个人所得税税额。

解答：

约翰 6 月份应纳个人所得税税额＝（10 000－4 800）×20%－555＝485（元）

2. 个体工商户生产、经营所得应纳税额的计算

（1）应纳税所得额的确定。个体工商户的生产、经营所得，应以其每一纳税年度的收入总额减除成本、费用和损失后的余额为应纳税所得额。其中：

1）收入总额是指个体工商户从事生产、经营以及与生产经营有关的活动所取得的各项收入。包括主营业务收入、其他业务收入和营业外收入。

2）成本、费用和损失是指个体工商户从事生产、经营活动所发生的各项直接费用、间接费用、期间费用和营业外支出。

（2）个体工商户生产、经营所得应纳税额的计算。

个体工商户生产、经营所得应纳税额的计算公式为：

应纳税额＝应纳税所得额×适用税率－速算扣除数

或　　应纳税额＝（全年收入总额－成本、费用以及损失）×适用税率－速算扣除数

对个体工商户个人所得计算征税时应注意以下规定：

1）个体工商户业主、个人独资企业和合伙企业投资者本人的费用扣除标准统一确定为42 000元/年。个体工商户、个人独资企业和合伙企业向其从业人员实际支付的合理的工资、薪金支出，允许在税前据实扣除。

2）个体工商户、个人独资企业和合伙企业拨缴的工会经费、发生的职工福利费、职工教育经费支出分别在工资薪金总额2%、14%、2.5%的标准内据实扣除。

3）个体工商户、个人独资企业和合伙企业每一纳税年度发生的广告费和业务宣传费用不超过当年销售（营业）收入15%的部分，可据实扣除；超过部分，准予在以后纳税年度结转扣除。

4）个体工商户、个人独资企业和合伙企业每一纳税年度发生的与其生产经营业务直接相关的业务招待费支出，按照发生额的60%扣除，但最高不得超过当年销售（营业）收入的5‰。

5）个体工商户在生产、经营期间借款的利息支出，凡有合法的证明，不高于按金融机构同类、同期贷款利率计算的部分，准予扣除。

6）个体工商户和从事生产经营的个人，取得与生产经营活动无关的各项所得，应分别适用各应税项目的规定计算征收个人所得税。

7）从事生产经营的纳税人未提供完整、准确的纳税资料，不能正确计算应纳税所得额的，由主管税务机关核定其应纳税所得额。

小讨论

请比较个人所得税与企业所得税在各费用扣除标准上有何异同。

【例1—45】某市一经营餐饮业的个人独资企业（投资者1人，其他从业人员10人），2013年发生营业收入500万元，营业成本300万元，营业税金及附加20万元，费用支出50万元。其中已在成本费用中列支的各项支出中，包括以下项目：

(1) 从业人员工资35万元，投资者个人工资8万元。

(2) 投资者本人生活开支及其家庭开支各为3万元和4万元。

(3) 发生的广告费12万元。

要求：请计算该投资者应纳个人所得税税额。

解答：

2013年投资者应纳个人所得税税额计算如下：

(1) 营业利润＝500－300－20－50＝130（万元）。

(2) 调整项目金额：

1）列支的职工工资可据实扣除；

投资者个人的工资实行限额扣除，需调增应纳税所得额：8－4.2＝3.8（万元）。

2）投资者本人生活开支及家庭开支不得在税前列支，应调增应纳税所得额7万元。

3）税法允许的广告费扣除限额为75万元（＝500×15%），大于实际扣除额12万元，无须调整。

(3) 应纳税所得额＝130＋3.8＋7＝140.8（万元）。

(4) 应纳个人所得税税额＝140.8×35%－1.475＝47.805（万元）。

3. 对企事业单位的承包经营、承租经营所得应纳税额的计算

(1) 应纳税所得额的确定。对企事业单位的承包经营、承租经营所得以每一纳税年度的收入总额，减除必要的费用后的余额为应纳税所得额。纳税年度的收入总额是指纳税人按照承包、承租经营合同规定分得的经营利润和工资、薪金性质所得；减除必要费用是指按月扣除3 500元。

(2) 对企事业单位的承包经营、承租经营所得应纳税额的计算公式为：

应纳税额＝应纳税所得额×适用税率－速算扣除数

【例1—46】 2013年1月1日，徐克与某单位签订承包合同经营招待所，合同约定承包期为3年，徐克每月固定工资为5 000元，每年上交承包费80 000元。2013年该招待所实现利润120 000元。请计算徐克2013年应纳个人所得税税额。

应纳税所得额＝（120 000－80 000＋5 000×12）－3 500×12＝58 000（元）

应纳税额＝58 000×20%－3 750＝7 850（元）

4. 劳务报酬所得应纳税额的计算

(1) 应纳税所得额的确定。劳务报酬所得实行按次征税，以每次取得的收入减除费用扣除标准后的余额为应纳税所得额。其费用扣除标准为：每次收入不超过4 000元的，减除费用为800元；4 000元以上的，减除20%的费用。

(2)“次”的确定。

1）只有一次性收入的，以取得该项收入为一次；

2）属于同一事项连续取得收入的，以一个月内取得的收入合计为一次。

(3) 劳务报酬所得应纳税额的计算公式。

1）每次收入不超过4 000元的：

应纳税额＝（每次收入额－800）×20%

2）每次收入超过4 000元且低于25 000元的：

应纳税额＝每次收入额×（1－20%）×20%

3）每次收入超过25 000元的：

应纳税额＝每次收入额×（1－20%）×适用税率－速算扣除数

【例1—47】 赵方2014年为某公司提供设计，取得收入3 000元。计算其应纳个人所得税税额。

解答：

应纳税额＝（3 000－800）×20%＝440（元）

【例1—48】 赵方2013年为某单位翻译一份资料，取得收入60 000元。计算其应纳个人所得税税额。

解答：

应纳税额＝60 000×（1－20％）×30％－2 000＝12 400（元）

5. 稿酬所得应纳税额的计算

（1）应纳税所得额的确定。稿酬所得按次征税，以每次取得的收入减除费用扣除标准后的余额为应纳税所得额。其费用扣除标准：每次收入不超过 4 000 元的，减除费用为 800 元；4 000 元以上的，减除 20％的费用。

（2）“次”的确定。稿酬所得以每次出版、发表取得的收入为一次，具体如下：

1）同一作品再版取得的所得，应视为另一次稿酬所得计征个人所得税；

2）同一作品在报刊上连载，以连载完后取得的所有收入合并为一次计征个人所得税；

3）同一作品在出版、发表时，以预付稿酬或分次支付稿酬等形式取得的收入，应合并一次计算；

4）同一作品出版、发表后，因添加印数而追加稿酬的，应与以前出版、发表时取得的稿酬合并为一次计征个人所得税；

5）同一作品先在报刊上连载，然后再出版，或先出版，再在报刊上连载的，应视为两次稿酬所得征税。即连载为一次，出版为另一次。

（3）稿酬所得应纳税额的计算公式。

1）每次收入不超过 4 000 元的：

应纳税额＝（每次收入额－800）×14％

2）每次收入超过 4 000 元的：

应纳税额＝每次收入额×（1－20％）×14％

【例 1—49】 公民刘得红在国内专业杂志上发表文章两篇，分别取得稿酬 1 800 元和 5 000元。计算其应纳个人所得税税额。

解答：

刘得红在国内专业杂志上发表两篇文章，应按两次分别纳税。

应纳税额＝（1 800－800）×14％＋5 000×（1－20％）×14％＝140＋560
＝700（元）

【例 1—50】 公民刘德宏写的一小说在国内某报纸上连载，按照协议报社支付刘德宏的报酬为 20 000 元，分别在 2013 年 3 月和 6 月支付一半。计算其应纳个人所得税税额。

解答：

小说在刊物上连载所获得的报酬分次支付的，应按一次纳税。

应纳税额＝20 000×（1－20％）×14％＝2 240（元）

6. 特许权使用费所得应纳税额的计算

（1）应纳税所得额的确定。特许权使用费所得按次征税，以每次取得的收入减除费用扣除标准后的余额为应纳税所得额。其费用扣除标准为：每次收入不超过 4 000 元的，减除费用为 800 元；4 000 元以上的，减除 20％的费用。

（2）特许权使用费所得应纳税额的计算公式。

1）每次收入不足 4 000 元的：

应纳税额＝（每次收入额－800）×20％

2）每次收入超过 4 000 元的：

应纳税额＝每次收入额×（1－20％）×20％

特许权使用费所得以每一项使用权的每次转让所取得的收入为一次，如果该次转让取得的收入是分笔支付的，则应将各笔收入相加计为一次。

【例 1—51】 公民章光 2014 年 6 月转让一专利权，取得收入 30 000 元。计算其应缴纳的个人所得税税额。

解答：

应纳税额＝30 000×（1－20％）×20％＝4 800（元）

7. 财产租赁所得应纳税额的计算

（1）应纳税所得额的确定。财产租赁所得按次计税，以一个月取得的收入为一次。其所得以每次取得的收入减除规定扣除费用后的余额为应纳税所得额。本所得的扣除费用包括：

1）财产租赁过程中缴纳的税费（必须提供完税凭证）。

2）由纳税人负担的出租财产实际开支的修缮费用（必须提供有效、准确的凭证），并且其扣除额以每次 800 元为限，一次扣除不完的，准予在下一次继续扣除，直到扣完为止。

3）税法规定的费用扣除标准：每次收入不超过 4 000 元的，减除费用为 800 元；4 000元以上的，减除 20％的费用。

同时应注意上述费用应按上述顺序依次扣除。

小思考：财产租赁所得费用的扣除若不按上述顺序依次扣除，应纳税额会是相同的吗？

（2）财产租赁所得应纳税额的计算公式。

1）每次收入不超过 4 000 元的：

应纳税额＝［每次收入额－准予扣除项目－修缮费用（800 元为限）－800］×20％

2）每次收入超过 4 000 元的：

应纳税额＝［每次（月）收入额－准予扣除项目－修缮费用（800 元为限）］×（1－20％）×20％

【例 1—52】 赵方 2013 年出租自有住房，月租金 3 000 元，租期 1 年。计算其全年应纳个人所得税税额。

解答：

每月应纳税额＝（3 000－800）×10％＝220（元）

全年应纳税额＝220×12＝2 640（元）

【例 1—53】 赵方 2013 年出租自有住房，月租金 3 000 元，租期 1 年。赵方出租前支付修缮费用 2 000 元。计算其全年应纳个人所得税税额。

解答：

1—2 月每月应纳税额＝（3 000－800－800）×10％＝140（元）

3 月应纳税额＝（3 000－400－800）×10％＝180（元）

4—12 月每月应纳税额＝（3 000－800）×10％＝220（元）

全年应纳税额＝140×2＋180＋220×9＝280＋180＋1 980＝2 440（元）

8. 财产转让所得应纳税额的计算

（1）应纳税所得额的确定。财产转让所得以转让财产的收入减除财产原值和合理费用后的余额为应纳税所得额。其计算公式如下：

应纳税所得额＝每次收入额－财产原值－合理费用

上式所指的财产原值，有价证券为买入价以及买入时按照规定缴纳的有关费用，建筑物为建造费用或者购进价格以及其他有关费用，土地使用权为取得土地使用权所支付的金额、开发土地的费用以及其他有关费用，机器设备、车船为购进价格、运输费、安装费以及其他有关费用。

上式所指的合理费用是指卖出财产过程中按规定支付的有关费用。

个人住房转让时，纳税人不能提供完整、准确的房屋原值凭证和合理费用的凭证时，税务机关可对其实行核定征税，即按纳税人住房转让收入的 1%～3%核定应纳个人所得税税额。

（2）财产转让所得应纳税额的计算公式：

应纳税额＝（每次收入额－财产原值－合理费用）×20％

【例 1—54】赵方 2013 年出售一住房，售价 120 万元，缴纳税费 3 万元。该住房原购价 80 万元，支付税费 2 万元。计算其应纳个人所得税税额。

解答：

应纳税所得额＝120－（80＋2）－3＝35（万元）

应纳税额＝35×20％＝7（万元）

9. 利息、股息、红利所得和偶然所得应纳税额的计算

（1）应纳税所得额的确定。利息、股息、红利所得和偶然所得按次纳税，以每次收入额为应纳税所得额，不作任何费用扣除。

利息、股息、红利所得以支付利息、股息、红利时取得的收入为一次；偶然所得以每次收入为一次。

（2）利息、股息、红利所得和偶然所得应纳税额的计算公式：

应纳税额＝每次收入额×20％

【例 1—55】公民章纲 2013 年 10 月取得一公司股权分红 20 000 元，购买的国债取得利息收入 2 000 元，购买企业债券取得利息收入 4 000 元，取得银行存款利息收入 3 000 元。计算其应纳个人所得税税额。

解答：

公民章纲取得的国债利息、银行存款利息收入，免征个人所得税。

应纳税额＝（20 000＋4 000）×20％＝4 800（元）

【例 1—56】公民章纲 2014 年 5 月购买体育彩票，中得奖金 100 000 元。计算其应纳个人所得税税额。

解答：

应纳税额=100 000×20%=20 000（元）

10. 个人所得税若干特殊情况应纳税额的计算

（1）个人取得全年一次性奖金应纳税额的计算。个人取得全年一次性奖金按以下规定执行：

1）纳税人取得全年一次性奖金，单独作为一个月工资、薪金所得按以下计税办法计算纳税。

首先，将雇员当月内取得的全年一次性奖金，除以 12 个月，按其商数确定适用税率和速算扣除数。如果在发放年终一次性奖金的当月，雇员当月工资、薪金所得低于税法规定的费用扣除额，应将全年一次性奖金减除“雇员当月工资、薪金所得与费用扣除额的差额”后的余额，按上述办法确定全年一次性奖金的适用税率和速算扣除数。

其次，将雇员个人当月内取得的全年一次性奖金，按上述确定的适用税率和速算扣除数计算征税，计算公式如下：

a. 如果雇员当月工资、薪金所得高于（或等于）税法规定的费用扣除额的，适用公式为：

应纳税额=雇员当月取得全年一次性奖金×适用税率-速算扣除数

b. 如果雇员当月工资、薪金所得低于税法规定的费用扣除额的，适用公式为：

应纳税额=（雇员当月取得全年一次性奖金-雇员当月工资、薪金所得与费用扣除额的差额）×适用税率-速算扣除数

2）在一个纳税年度内，对每一个纳税人，该计税办法只允许采用一次。

3）雇员取得除全年一次性奖金以外的其他各种名目奖金，如半年奖、季度奖、加班奖、先进奖、考勤奖等，一律与当月工资、薪金收入合并，按税法规定缴纳个人所得税。

【例 1—57】 2014 年 1 月，公民徐克取得当月工资 7 000 元，并取得 2013 年全年奖金 60 000 元。计算徐克 1 月份应纳个人所得税税额。

解答：

（1）1 月份工资应纳税额=（7 000-3 500）×10%-105=245（元）。

（2）1 月份取得的全年奖金应纳税额。

适用税率的确定：60 000÷12=5 000（元），适用税率为 20%。速算扣除数为 555 元。

应纳税额=60 000×20%-555=11 445（元）

（3）1 月份取得的全年奖金应纳税额。

1 月份应纳税额合计=245+11 445=11 690（元）

（2）个人发生公益、救济性捐赠应纳税额的计算。个人将其所得通过中国境内的社会团体、国家机关向教育和其他社会公益事业以及遭受严重自然灾害地区、贫困地区捐赠，捐赠额未超过纳税人申报的应纳税所得额 30%的部分，可以从其应纳税所得额中扣除。

【例 1—58】 张表 2013 年 9 月 8 日购买福利彩票，中得奖金 200 000 元。张表领奖时拿出 30 000 元捐赠给希望工程。请计算张表应纳的个人所得税税额。

解答：

捐赠支出扣除限额=200 000×30%=60 000（元）

纳税人实际捐赠支出 30 000 元低于捐赠支出扣除限额 60 000 元，可全部在税前扣除。

应纳税额＝（200 000－30 000）×20%＝34 000（元）

（3）两个或两个以上的纳税人共同取得同一项所得应纳税额的计算。两个或两个以上的纳税人共同取得同一项所得的，可以对每一个人分得的收入分别减除费用，并计算各自的应纳税额。

【例 1—59】 甲、乙两人合著一本书，共取得稿费收入 20 000 元。其中，甲分得 17 000元，乙分得 3 000 元。试分别计算甲、乙两人应缴纳的个人所得税税额。

解答：

甲应纳税额＝17 000×（1－20%）×14%＝1 904（元）

乙应纳税额＝（3 000－800）×14%＝308（元）

（4）一人兼有多项应税所得。纳税人同时取得两项或两项以上应税所得时，除按税法规定应同项合并计税的外，其他应税项目应就其所得分项分别计算纳税。

【例 1—60】 公民牛曾道 12 月份取得工资、薪金所得 4 000 元；为某建筑工程设计图纸，取得设计费 5 000 元；取得股息收入 2 000 元；取得特许权使用费 6 000 元。计算牛曾道 12 月份应缴纳的个人所得税税额。

解答：

（1）工资、薪金所得应纳税额＝（4 000－3 500）×3%＝15（元）。

（2）劳务报酬所得应纳税额＝5 000×（1－20%）×20%＝800（元）。

（3）股息所得应纳税额＝2 000×20%＝400（元）。

（4）特许权使用费所得应纳税额＝6 000×（1－20%）×20%＝960（元）。

（5）12 月份应纳个人所得税税额合计＝15＋800＋400＋960＝2 175（元）。

（三）个人所得税的税收优惠政策

（1）省级人民政府、国务院部委和中国人民解放军军以上单位，以及外国组织、国际组织颁发的科学、教育、技术、文化、卫生、体育、环境保护等方面的奖金免征个人所得税。

（2）按照国务院规定发给的政府特殊津贴和国务院规定免纳个人所得税的补贴、津贴，免征个人所得税；发给中国科学院资深院士和中国工程院资深院士每人每年 1 万元的资深院士津贴免征个人所得税。

（3）根据国家有关规定发给的福利费、抚恤金、救济金免征个人所得税。

（4）保险赔款免征个人所得税。

（5）军人的转业费、复员费免征个人所得税。

（6）按照国家统一规定发给干部、职工的安家费、退职费、退休工资、离休工资、离休生活补助费免征个人所得税。但是离休、退休干部和职工利用一技之长和经验，再就业取得的工资、薪金所得，应依法征收个人所得税。

（四）个人所得税的缴纳

个人所得税的纳税办法，有扣缴申报和自行申报纳税两种。

1. 个人所得税的扣缴申报

扣缴申报是指按照税法规定负有扣缴税款义务的单位或者个人，在向个人支付应纳税所得时，应计算应纳税额，并从其所得中扣除，同时向税务机关报送扣缴个人所得税报告表。这种做法的目的是控制税源，防止漏税和逃税。

（1）扣缴义务人。税法规定，凡支付个人应纳税所得的企业（公司）、事业单位、机关单位、社团组织、军队、驻华机构、个体户等单位或者个人，都是个人所得税的扣缴义务人。

（2）代扣代缴的范围。扣缴义务人向个人支付下列所得时，应代扣代缴个人所得税：工资、薪金所得；对企事业单位的承包经营、承租经营所得；劳务报酬所得；稿酬所得；特许权使用费所得；利息、股息、红利所得；财产租赁所得；财产转让所得；偶然所得；经国务院财政部门确定征税的其他所得。

（3）扣缴个人所得税报告表的编制。扣缴义务人每月所扣的税款，应当在次月 7 日内缴入国库，并向主管税务机关报送扣缴个人所得税报告表。

2. 个人所得税的自行申报纳税

自行申报纳税是指由纳税人自行在税法规定的纳税期限内，向税务机关申报取得的应税所得项目和数额，如实填写个人所得税纳税申报表，并按照税法规定计算应纳税额，据此缴纳个人所得税的一种方法。

（1）自行申报纳税的纳税义务人。

1）年所得 12 万元以上的。

2）从中国境内两处或者两处以上取得工资、薪金所得的。

3）从中国境外取得所得的。

4）取得应税所得，没有扣缴义务人的。

5）国务院规定的其他情形。

年所得 12 万元以上的纳税人，无论取得的各项所得是否已足额缴纳了个人所得税，均应按规定向主管税务机关办理纳税申报。

（2）自行申报纳税的地点。

1）年所得 12 万元以上的纳税人，纳税申报地点分别为：

a. 在中国境内有任职、受雇单位的，向任职、受雇单位所在地主管税务机关申报。

b. 在中国境内无任职、受雇单位的，向户籍所在地主管税务机关申报。

2）从两处或者两处以上取得工资、薪金所得的，选择并固定向其中一处单位所在地主管税务机关申报。

3）从中国境外取得所得的，向中国境内户籍所在地主管税务机关申报。

4）个体工商户向实际经营所在地主管税务机关申报。

5）除以上情形外，纳税人应当向取得所得所在地主管税务机关申报。

纳税人不得随意变更纳税申报地点，因特殊情况变更纳税申报地点的，须报原主管税务机关备案。

（3）自行申报纳税的期限。

1）年所得 12 万元以上的纳税人，在纳税年度终了后 3 个月内向主管税务机关办理纳税申报。

2）个体工商户和个人独资、合伙企业投资者取得的生产、经营所得应纳的税款，分月预缴的，纳税人在每月终了后 7 日内办理纳税申报；分季预缴的，纳税人在每个季度终了后 7 日内办理纳税申报。纳税年度终了后，纳税人在 3 个月内进行汇算清缴。

3）纳税人年终一次性取得对企事业单位的承包经营、承租经营所得的，自取得所得之日起 30 日内办理纳税申报；在 1 个纳税年度内分次取得承包经营、承租经营所得的，在每次取得所得后的次月 7 日内申报预缴，纳税年度终了后 3 个月内汇算清缴。

4）从中国境外取得所得的纳税人，在纳税年度终了后 30 日内向中国境内主管税务机关办理纳税申报。

5）纳税人取得其他各项所得须申报纳税的，在取得所得的次月 7 日内向主管税务机关办理纳税申报。

(4) 自行申报纳税的方式。纳税人可以采取数据电文、邮寄等方式申报，也可以直接到主管税务机关申报，或者采取符合主管税务机关规定的其他方式申报。

知识测试

一、判断题

1. 企业所得税的纳税人仅指企业，不包括社会团体。（　　）

2. 企业自产产品的广告宣传费均可在企业所得税前列支。（　　）

3. 企业取得的所有技术服务收入均可暂免征收企业所得税。（　　）

4. 企业所得税法也适用于个人独资企业、合伙企业。（　　）

5. 纳税人在生产、经营期间的借款利息支出作为费用，在计算应纳税所得时，可以按实际发生数扣除。（　　）

6. 某内资企业当年应纳税所得额为 50 万元，但上一年度利润表上亏损 48 万元，则当年应缴纳企业所得税 5 000 元。（ ）

7. 年度终了，某企业填报的利润表反映全年利润总额为－17 万元，因此，当年不需要缴纳企业所得税。（　　）

8. 对于居民纳税人而言，如果既有境内所得，又有境外所得，应将境内外所得合并计算应纳税额，在我国缴纳个人所得税。（　　）

9. 两个或两个以上个人共同取得同一项所得的，应先就其全部收入减除费用计算征收个人所得税，然后将其税后所得在各纳税人之间分配。（　　）

10. 同一作品在报刊上连载取得的收入，应当以每次连载取得的全部收入为一次，计征个人所得税。（　　）

11. 个体工商户生产经营所得的个人所得税税率为 25%的比例税率。（　　）

12. 个人取得应纳税所得，没有扣缴义务人的或者扣缴义务人未按规定扣缴税款的，均应自行申报缴纳个人所得税。（　　）

二、单项选择题

1. 下列利息收入中，不计入企业所得税应纳税所得额的是（　　）。

A. 企业债券利息　　B. 外单位欠款付给的利息收入

C. 购买国库债券的利息收入　　D. 银行存款利息收入

2. 企业缴纳的下列税种，在计算企业所得税应纳税所得额时，不准从收入总额中扣除的是（　　）。

A. 增值税　　B. 消费税　　C. 营业税　　D. 土地增值税

3. 在一个纳税年度内，居民企业技术转让所得不超过（　　）的部分，免征企业所得税，超过部分，减半征收企业所得税。

A. 5 万元　　B. 10 万元　　C. 20 万元　　D. 500 万元

4. 纳税人通过国内非营利的社会团体、国家机关的公益、救济性捐赠，在年度（　　）12%以内的部分准予扣除。

A. 收入总额　　B. 利润总额　　C. 应纳税所得额　　D. 应纳所得税额

5. 下列所得一次收入畸高可以实行加成征收个人所得税的是（　　）。

A. 稿酬所得　　B. 劳务报酬所得　　C. 偶然所得　　D. 股息红利所得

6. 居民王某 2013 年出租自有居住用房，租期 1 年，全年租金收入为 36 000 元。计算其全年应缴纳的个人所得税为（　　）元。

A. 2 640　　B. 5 280　　C. 960　　D. 1 920

7. 某外国人 2011 年 1 月 12 日来华工作，2012 年 2 月 15 日回国，2012 年 3 月 15 日返回中国，2012 年 11 月 15 日至 2012 年 11 月 30 日期间因工作需要去了日本和新加坡，后来于 2013 年 7 月离华回国。该纳税人（　　）。

A. 2011 年度为居民纳税人，2012 年度为非居民纳税人

B. 2012 年度为居民纳税人，2013 年度为非居民纳税人

C. 2012 年度和 2013 年度均为非居民纳税人

D. 2011 年度和 2012 年度均为居民纳税人

8. 对于劳务报酬所得，若同一事项连续取得收入的，其收入“次”数的确定方法是（　　）。

A. 以取得收入时为一次

B. 以一个月内取得的收入为一次

C. 以一个季度内取得的收入为一次

D. 以事项完成后取得的所有收入合并为一次

9. 年所得 12 万元以上的纳税人，在纳税年度终了后（　　）个月内向主管税务机关办理纳税申报。

A. 7　　B. 15　　C. 30　　D. 3

10. 某作家的一部小说，第一次出版获得稿酬 12 000 元，后因出版社加印又获得稿酬 3 000元，则该作家出版该小说的稿酬收入应缴所得税总额为（　　）元。

A. 1 344　　B. 1 680　　C. 1 652　　D. 1 988

三、多项选择题

1. 下列项目中，在会计利润的基础上应调整增加应纳税所得额的项目有（　　）。

A. 职工教育经费支出超标准　　B. 利息费用支出超标准

C. 公益救济性捐赠超标准　　D. 国债利息收入

2. 下列项目中，在会计利润的基础上应调整减少应纳税所得额的项目有（　　）。

A. 残疾人员工资　　B. 多提的职工福利费

C. 国库券利息收入　　D. 多列的无形资产摊销费

3. 下列支出项目不得列为成本、费用和损失的有（　　）。

A. 无形资产的受让支出

B. 资本的利息

C. 对外投资所发生的投资费用或损失

D. 违法经营的罚款和被没收财物的损失

4. 下列纳税人中，工资、薪金所得适用附加费用扣除标准的有（　　）。

A. 境外任职或受雇的中国公民

B. 内地中外合资企业任职的华侨

C. 内地国外常设机构工作的中方人员

D. 内地无住所、居住不满 1 年的外籍人员

5. 下列项目中，直接以每次收入额为应纳税所得额计算缴纳个人所得税的有（　　）。

A. 稿酬所得　　B. 利息、股息、红利所得

C. 偶然所得　　D. 特许权使用费所得

6. 下列所得适用超额累进税率的有（　　）。

A. 工资、薪金所得

B. 个体工商户生产、经营所得

C. 对企事业单位的承包经营、承租经营所得

D. 财产转让所得

7. 下列各项所得中，应当缴纳个人所得税的有（　　）。

A. 个人的贷款利息　　B. 个人取得的企业债券利息

C. 个人取得的国库券利息　　D. 个人取得的股息

8. 下列情况中，应由纳税人自行申报纳税的有（　　）。

A. 年所得 12 万元以上的

B. 从中国境内两处或者两处以上取得工资、薪金所得的

C. 从中国境外取得所得的

D. 取得应税所得，没有扣缴义务人的

四、技能训练题

1. 2013 年度，某企业产品销售收入 800 万元、劳务收入 40 万元。该企业全年发生产品销售成本 400 万元、销售费用 80 万元、管理费用 20 万元、财务费用 10 万元、营业外支出 5 万元（其中缴纳税收滞纳金 2 万元），按税法规定缴纳增值税 90 万元，其他税金 10

万元。已知该企业适用的所得税税率为25%。

要求：

(1) 计算该企业2013年度应纳税所得额。

(2) 计算该企业2013年度应纳所得税税额。

2. 假如某生产企业2013年度生产经营情况如下：产品销售收入500万元、产品销售成本300万元、产品销售费用40万元、发生管理费用35万元（其中业务招待费5万元）、购买国债取得利息收入10万元、准许税前扣除的有关税费30万元、经批准向企业职工集资100万元、支付年息15万元，同期银行贷款利率为10%。

要求：计算该企业2013年度应缴纳的企业所得税税额。

3. 假定某企业为居民企业，2013年经营业务如下：

(1) 取得销售收入2 500万元。

(2) 销售成本1 100万元。

(3) 发生销售费用670万元（其中广告费450万元）、管理费用480万元（其中业务招待费15万元）、财务费用60万元。

(4) 销售税金160万元（含增值税120万元）。

(5) 计入成本、费用中的实发工资总额150万元，拨缴职工工会经费3万元，支出职工福利费和职工教育经费29万元。

要求：计算该企业2013年度实际应缴纳的企业所得税税额。

4. 某歌星2014年1月参加一场演出，取得出场费80 000元，并通过民政局将此出场费中的20 000元捐赠给"希望工程"。计算该歌星应缴纳的个人所得税税额。

5. 高级工程师王某2013年12月有4笔收入：一是领取了全年12个月的奖金8 400元；二是一次性取得建筑工程设计费40 000元，从中拿出10 000元通过民政局向灾区捐赠；三是取得了投资股利5 000元；四是取得单位工资50 000元。计算王某12月份应缴纳的个人所得税税额。

6. 有一中国公民，1月至12月从中国境内取得工资薪金收入39 600元，取得稿酬收入20 000元，计算该纳税人应缴纳的个人所得税税额。

7. 某公司为居民企业，2013年会计利润为800万元。税务机关经查有如下业务：

(1) 广告费支出500万元（当年销售收入3 000万元）；

(2) 业务招待费30万元；

(3) 新技术的研究开发费用60万元；

(4) 通过公益性社会团体向贫困山区捐款40万元，支付税收滞纳金7万元。

要求：计算该公司2013年应缴纳的企业所得税税额。

8. 某公司为居民企业，2013年会计利润为400万元。税务机关经查有如下业务：

(1) 业务招待费30万元（当年销售收入3 000万元）；

(2) 支付人员工资60万元（含残疾人员工资5万元），支付职工福利费10万元，支付职工教育经费2万元；

(3) 转让一项技术获得收入30万元；

(4) 获得国债投资收益5万元。

要求：计算该公司 2013 年应缴纳的企业所得税税额。

9. 某公民 2013 年取得如下收入：

(1) 每月工资 4 000 元；

(2) 出租一住房，月租金 3 000 元，租期 6 个月；

(3) 为一公司提供咨询服务，获得收入 20 000 元；

(4) 获得国债利息收入 3 000 元。

要求：计算该公民 2013 年应缴纳的个人所得税税额。

10. 某公民 2013 年取得如下收入：

(1) 全年工资收入 60 000 元（每月工资相同）；

(2) 出售一住房，售价 150 万元，支付费用 2 万元，原价为 100 万元；

(3) 购买体育彩票中奖，中得奖金 10 万元，当即向希望工程捐赠 4 万元；

(4) 为某企业讲课，获得收入 1 000 元。

要求：计算该公民 2013 年应缴纳的个人所得税税额。

其他税种的计算与缴纳

1. 能根据相关业务和资产，判断企业是否缴纳城市维护建设税、教育费附加、房产税、城镇土地使用税、车船税、印花税；

2. 能正确计算城市维护建设税、教育费附加、房产税、城镇土地使用税、车船税、印花税的应纳税额。

1. 了解城市维护建设税、教育费附加、房产税、城镇土地使用税、车船税、印花税的基本知识。

2. 掌握城市维护建设税、教育费附加、房产税、城镇土地使用税、车船税、印花税应纳税额的计算方法。

一、城市维护建设税的计算与缴纳

（一）城市维护建设税认知

1. 什么是城市维护建设税

城市维护建设税是国家对缴纳增值税、消费税、营业税的单位和个人就其实际缴纳的“三税”税额为计税依据而征收的一种税。该税是一种具有附加税性质的税种，按“三税”

税额附加征收，其本身没有特定的、独立的课税对象，目的是筹集城市公用事业和公共设施的维护、建设资金，加快城市开发建设步伐。

2. 城市维护建设税的征税范围

城市维护建设税的征税范围与增值税、消费税、营业税的征税范围相同。

3. 城市维护建设税的纳税人

负有缴纳增值税、消费税、营业税义务的单位与个人是城市维护建设税的纳税人。

4. 城市维护建设税的税率

城市维护建设税采用比例税率。按纳税人所在地的不同，设置三档差别比例税率（见表1—10）。

表1—10　　城市维护建设税税率表

纳税人所在地区	税率
市区	7%
县城和镇	5%
市区、县城和镇以外的其他地区	1%

（二）城市维护建设税应纳税额的计算

1. 计税依据

城市维护建设税的计税依据是指纳税人实际缴纳的增值税、消费税、营业税税额，但不包括纳税人违反“三税”有关税法而加收的滞纳金和罚款。城市维护建设税以“三税”税额为计税依据并同时征收，如果免征或减征“三税”，也就同时免征或减征城市维护建设税。但对出口商品退还增值税、消费税时，不退还已缴纳的城市维护建设税。

2. 应纳税额的计算

城市维护建设税的应纳税额是按纳税人实际缴纳的“三税”税额计算的，其计算公式为：

应纳税额＝纳税人实际缴纳的增值税、消费税、营业税税额×适用税率

【例1—61】某一市区企业2013年9月实际缴纳增值税60 000元，缴纳消费税10 000元，缴纳营业税20 000元。计算该企业应缴纳的城市维护建设税税额。

解答：

应纳税额＝（60 000＋10 000＋20 000）×7%＝6 300（元）

（三）城市维护建设税的优惠政策

城市维护建设税原则上不单独减免，但因其具有附加税性质，当主税发生减免时，城市维护建设税也相应发生减免。具体有以下几种情况：

（1）随“三税”的减免而减免。

（2）随“三税”的退库而退库。

（3）海关对进口产品代征的增值税、消费税，不征收城市维护建设税。

（4）对“三税”实行先征后返、先征后退、即征即退办法的，除另有规定外，对随

“三税”附征的城市维护建设税和教育费附加，一律不予退（返）还。

（四）城市维护建设税的缴纳

1. 纳税地点

城市维护建设税分别与“三税”同时缴纳。所以，纳税人缴纳“三税”的地点，就是该纳税人缴纳城市维护建设税的地点。

2. 纳税期限

由于城市维护建设税是由纳税人在缴纳“三税”时同时缴纳的，因此其纳税期限分别与“三税”的纳税期限一致。

3. 纳税申报

城市维护建设税与“三税”同时申报缴纳，纳税人应按照有关税法的规定，如实填写城市维护建设税纳税申报表。

二、教育费附加的计算与缴纳

（一）教育费附加认知

1. 什么是教育费附加

教育费附加是对缴纳增值税、消费税、营业税的单位和个人征收的一种专项附加费，属于政府行政收费。国务院于 1986 年 4 月 28 日发布了《征收教育费附加的暂行规定》，并于同年 7 月 1 日起实施。该税的目的是多渠道筹集教育经费，改善中小学办学条件，促进地方教育事业的发展。

2. 教育费附加的纳税人

负有缴纳增值税、消费税、营业税义务的单位与个人是教育费附加的纳税人。

3. 教育费附加的征收率

教育费附加的征收率为 3%。

（二）教育费附加应纳税额的计算

1. 计税依据

教育费附加的计税依据与城市维护建设税的计税依据相同，即以纳税人实际缴纳的增值税、消费税、营业税税额为计税依据。

2. 应纳税额的计算

教育费附加的应纳税额是按纳税人实际缴纳的“三税”税额计算的，其计算公式为：

应纳税额＝纳税人实际缴纳的增值税、消费税、营业税税额×适用税率

【例 1—62】某一市区企业 2013 年 9 月实际缴纳增值税 60 000 元，缴纳消费税 10 000 元，缴纳营业税 20 000 元。计算该企业应缴纳的教育费附加数额。

解答：

应纳税额＝（60 000＋10 000＋20 000）×3%＝2 700（元）

（三）教育费附加的税收优惠政策

教育费附加的税收优惠政策与城市维护建设税相同。

（四）教育费附加的缴纳

1. 纳税地点

由于教育费附加分别与“三税”同时缴纳，因此纳税人缴纳“三税”的地点，就是该纳税人缴纳教育费附加的地点。

2. 纳税期限

教育费附加是纳税人在缴纳“三税”时同时缴纳的，其纳税期限分别与“三税”的纳税期限一致。

3. 纳税申报

教育费附加与“三税”同时申报缴纳，纳税人应按照有关税法的规定，如实填写教育费附加申报表。

三、房产税的计算与缴纳

（一）房产税认知

1. 什么是房产税

房产税是以房产为征税对象，依据房产价值或房产租金收入向房产所有人或经营人征收的一种税。该税是一种财产性质的税种，目的是运用税收杠杆加强对房产的管理，提高房产使用效率，合理调节房产所有人和经营人的收入。

2. 房产税的纳税人

房产的产权所有人是房产税的纳税人。产权属于国家的，由经营管理单位缴纳；产权属于集体和个人所有的，由集体和个人缴纳；产权出典的，由承典人缴纳；产权所有人、承典人不在房产所在地的，或者产权未确定及租典纠纷未解决的，由房产代管人或使用人缴纳。

3. 房产税的征税范围

房产税的征税范围是城市、县城、建制镇和工矿区的房产，不包括农村的房产。城市，是指经国务院批准设立的市。城市的征税范围为市区和郊区。县城，是指县人民政府所在地。县城的征税范围为县人民政府所在地的城镇。建制镇，是指经省、自治区、直辖市人民政府批准设立的镇。建制镇的征税范围为镇人民政府所在地。工矿区，是指工商业比较发达、人口比较集中，符合国务院规定的建制镇标准，但尚未设立建制镇的大中型工矿企业所在地。

4. 房产税的税率

我国房产税采用的是比例税率。由于房产税的计税依据分为从价计征和从租计征两种形式，因此房产税的税率也有两种。采用从价计征的，税率为 1.2%；采用从租计征的，税率为12%。从2001年1月1日起，对个人按市场价格出租的居民住房，用于居住的，可暂减按4%的税率征收房产税。

（二）房产税应纳税额的计算

1. 计税依据

房产税的计税依据为房产的计税价值或房产的租金收入。按房产的计税价值征税的，称为从价计征；按房产的租金收入计征的，称为从租计征。

（1）从价计征。采用从价计征的，计税依据是房产原值减除一定比例后的余值。房产原值是“固定资产”账户中记载的房屋原价；减除一定比例是省、自治区、直辖市人民政府确定的10%～30%的扣除比例。

（2）从租计征。采用从租计征的，计税依据为房产租金收入，即房屋产权所有人出租房产使用权所得的报酬，包括货币收入和实物收入。

小思考：对企业出租的房屋，是按从价计征，还是从租计征，或是由企业自由选择？

2. 应纳税额的计算

（1）从价计征。从价计征是按房产原值减除一定比例后的余值计征，其计算公式为：

应纳税额＝应税房产原值×（1－扣除比例）×1.2%

（2）从租计征。从租计征是按房产的租金收入计征，其计算公式为：

应纳税额＝租金收入×12%

【例1—63】某公司2012年12月31日房屋原始价值为1 000万元。2013年3月底公司将其中的200万元房产出租给外单位使用，租期2年，每年收取租金10万元。当地政府规定，从价计征房产税的，扣除比例为20%。房产税按年计算，分半年缴纳。计算该公司2013年上半年应纳房产税税额。

解答：

（1）从价计征部分房产应缴纳的税额：

应纳房产税税额＝800×（1－20%）×1.2%÷2＋200×（1－20%）×1.2%÷4
＝3.84＋0.48＝4.32（万元）

（2）从租计征部分房产应缴纳的税额：

应纳房产税税额＝10÷4×12%＝0.3（万元）

（3）根据上述两部分应缴纳的税额，得：

上半年应纳房产税税额＝4.32＋0.3＝4.62（万元）

（三）房产税的税收优惠政策

目前，房产税的税收优惠政策主要有：

（1）国家机关、人民团体、军队自用的房产免税。但上述免税单位的出租房屋以及非自身业务使用的生产、经营用房，不属于免税范围。

（2）由国家财政部门拨付经费的单位，其自身业务范围内使用的房产免税。

（3）宗教寺庙、公园、名胜古迹自用的房产免税。

（4）个人所有非营业用的房产免税。

（5）经财政部批准免税的其他房产。

（四）房产税的缴纳

1. 纳税期限

房产税实行按年计算、分期缴纳的征税方法，具体纳税期限由各省、自治区、直辖市人民政府确定。各地一般按季度或半年征收一次，在季度或半年内规定某一月份征收。

2. 纳税义务发生时间

（1）纳税人将原有房产用于生产经营的，从生产经营之月起计征房产税。

（2）纳税人自行新建房屋用于生产经营的，自建成之次月起计征房产税。

（3）纳税人委托施工企业建设的房屋，从办理验收手续之次月起计征房产税。

（4）纳税人购置新建商品房，自房屋权属交付使用之次月起计征房产税。

（5）纳税人购置存量房，自办理房屋权属转移、变更登记手续，房地产权属登记机关签发房屋权属证书之次月起计征房产税。

（6）纳税人出租、出借房产，自交付出租、出借房产之次月起计征房产税。

3. 纳税地点

房产税的纳税地点为房产所在地。房产不在同一地方的纳税人，应按房产的坐落地点分别向房产所在地的税务机关纳税。

4. 纳税申报

纳税人应按照条例的要求，将现有房屋的坐落地点、结构、面积、原值、出租收入等情况，如实向房屋所在地税务机关办理纳税申报，如实填写房产税纳税申报表。

四、城镇土地使用税的计算与缴纳

（一）城镇土地使用税认知

1. 什么是城镇土地使用税

城镇土地使用税是对城市、县城、建制镇和工矿区范围内使用土地的单位和个人，按实际占用土地面积所征收的一种税。该税是一种资源税性质的税种，有利于合理使用城镇土地，用经济手段加强对土地的控制和管理，变土地的无偿使用为有偿使用。

2. 城镇土地使用税的纳税人

我国境内城市、县城、建制镇和工矿区范围内使用土地的单位和个人是城镇土地使用税的纳税人。拥有土地使用权的纳税人不在土地所在地的，由该土地的代管人或实际使用人缴纳；土地使用权未确定或权属纠纷未解决的，由实际使用人纳税；土地使用权为多方共有的，由共有各方分别纳税。

3. 城镇土地使用税的征税范围

城镇土地使用税在城市、县城、建制镇和工矿区征收。城市、县城、建制镇、工矿区的具体征税范围由各省、自治区、直辖市人民政府规定。

4. 城镇土地使用税的税率

城镇土地使用税采用定额税率，即采用有幅度的差别税额，按大、中、小城市和县城、建制镇、工矿区分别规定每平方米土地使用税年应纳税额。城镇土地使用税税率如表1—11所示。

表1—11 城镇土地使用税税率表

级 别	人口（人）	每平方米税额（元）
大城市	50万以上	1.5～30
中等城市	20万～50万	1.2～24
小城市	20万以下	0.9～18
县城、建制镇、工矿区	—	0.6～12

各省、自治区、直辖市人民政府可根据市政建设情况和经济繁荣程度在规定幅度内，确定所辖地区的适用税额幅度。经济落后地区土地使用税的适用税额标准可适当降低，但降低额不得超过上述规定最低税额的30%，经济发达地区的适用税额标准可以适当提高，但须报财政部批准。

（二）城镇土地使用税应纳税额的计算

1. 计税依据

城镇土地使用税的征税对象是城市、县城、建制镇和工矿区内国家所有和集体所有的土地，以纳税人实际占用的土地面积为计税依据。土地面积的计量标准为每平方米，按下列办法确定：

（1）由省、自治区、直辖市人民政府确定的单位组织测定土地面积的，以测定的面积为准。

（2）尚未组织测量，但纳税人持有政府部门核发的土地使用证书的，以证书确认的土地面积为准。

（3）尚未核发土地使用证书的，应由纳税人据实申报土地面积，据以纳税，待核发土地使用证以后再作调整。

2. 应纳税额的计算

城镇土地使用税的应纳税额可以通过纳税人实际占用的土地面积乘以该土地所在地段适用税额求得，其计算公式为：

全年应纳税额＝实际占用应税土地面积（平方米）×适用税额

【例1—64】物美企业坐落于某中等城市，占用土地20 000平方米，其中企业自办的托幼机构占用土地1 000平方米，当地政府核定的土地使用税税额为每平方米4元。计算该企业当年应缴纳的土地使用税税额。

解答：

全年应纳土地使用税税额＝（20 000－1 000）×4＝76 000（元）

（三）城镇土地使用税的税收优惠政策

下列土地免征城镇土地使用税：

（1）国家机关、人民团体、军队自用的土地。

（2）由国家财政部门拨付事业经费的单位自用土地。

（3）宗教寺庙、公园、名胜古迹自用的土地。

（4）市政街道、广场、绿化地带等公共用地。

（5）直接用于农、林、牧、渔业的生产用地。

（6）经批准开山填海整治的土地和改造的废弃土地，从使用之月起免交土地使用税 5 年至 10 年。

（7）非营利性医疗机构、疾病控制机构和妇幼保健机构等卫生机构自用的土地，自 2000 年 7 月起免征城镇土地使用税。对营利性医疗机构自用的土地自取得执照之日起免征城镇土地使用税 3 年。

（8）企业办学校、医院、托儿所、幼儿园，其用地能与企业其他用地明确区分的，免征城镇土地使用税。

（9）免税单位无偿使用纳税单位的土地。如公安、海关等单位使用铁路、民航等单位的土地免税；但纳税单位无偿使用免税单位的土地，纳税单位应依法缴纳城镇土地使用税。

（10）下列土地由省级地方税务局确定减免土地使用税：个人所有的居住房屋及院落用地，单位职工家属的宿舍用地，集体和个人办的学校、医院、托儿所及幼儿园用地，基建项目在建期间使用的土地以及城镇集贸市场用地等。

（四）城镇土地使用税的缴纳

1. 纳税期限

城镇土地使用税实行按年计算、分期缴纳的征收方法，具体纳税期限由省、自治区、直辖市人民政府确定。

2. 纳税义务发生时间

（1）纳税人购置新建商品房，自房屋交付使用之次月起，缴纳城镇土地使用税。

（2）纳税人购置存量房，自办理房屋权属转移、变更登记手续，房地产权属登记机关签发房屋权属证书之次月起，缴纳城镇土地使用税。

（3）纳税人出租、出借房产，自交付出租、出借房产之次月起，缴纳城镇土地使用税。

（4）纳税人新征用的耕地，自批准征用之日起满 1 年时开始缴纳城镇土地使用税。

（5）纳税人新征用的非耕地，自批准征用次月起缴纳城镇土地使用税。

（6）纳税人以出让或转让方式有偿取得土地使用权的，应由受让方从合同约定交付土地时间的次月起缴纳城镇土地使用税；合同未约定交付时间的，由受让方从合同签订的次月起缴纳城镇土地使用税。

3. 纳税地点

城镇土地使用税的纳税地点为土地所在地，由土地所在地地方税务机关征收。纳税人使用的土地不属于同一省、自治区、直辖市管辖的，由纳税人分别向土地所在地的税务机关申报缴纳。

4. 纳税申报

城镇土地使用税的纳税人应按照条例的有关规定及时办理纳税申报，如实填写城镇土地使用税纳税申报表。

五、车船税的计算与缴纳

（一）车船税认知

1. 什么是车船税

车船税是指对我国境内的车辆、船舶的所有人或者管理人按照规定缴纳的一种税。

2. 车船税的纳税人

在我国境内，车辆、船舶的所有人或者管理人是车船税的纳税人。车船所有人是指在我国境内拥有车辆、船舶的单位和个人；管理人是指对车辆、船舶具有管理使用权，但不具有所有权的单位。

3. 车船税的征税对象

车船税的征税对象是依法应当在我国车船管理部门登记的车辆和船舶，车辆包括机动车辆和非机动车辆，船舶包括机动船舶和非机动船舶。

4. 车船税的税率

车船税实行定额税率，即对征税的车辆、船舶规定单位固定税额。由于车辆与船舶的行驶情况不同，因此车船税的税额也有所不同（见表1—12）。

表1—12　　车船税税目、税额表

税目	计税单位	年基准税额（元）	备注	
乘用车［按发动机汽缸容量（排气量）分档］	1.0升（含）以下的	每辆	60～360	核定载客人数9人（含）以下
	1.0升以上至1.6升（含）的		300～540	
	1.6升以上至2.0升（含）的		360～660	
	2.0升以上至2.5升（含）的		660～1 200	
	2.5升以上至3.0升（含）的		1 200～2 400	
	3.0升以上至4.0升（含）的		2 400～3 600	
	4.0升以上的		3 600～5 400	
商用车	客车	每辆	480～1 440	核定载客人数9人以上，包括电车
	货车	整备质量每吨	16～120	1. 包括半挂牵引车、三轮汽车和低速载货汽车等；2. 挂车按货车税额的50%计算

续前表

税目	计税单位	年基准税额（元）	备注	
其他车辆	专用作业车	整备质量每吨	16～120	不包括拖拉机
	轮式专用机械车			
摩托车		每辆	36～180	
船舶	机动船舶	净吨位每吨	3～6	拖船、非机动驳船分别按照机动船舶税额的 50% 计算
	游艇	艇身长度每米	600～2 000	

国务院财政部门、税务主管部门可以根据实际情况，划分子税目，并明确车辆的子税目税额幅度和船舶的具体适用税额。车辆的具体适用税额由省、自治区、直辖市人民政府在规定的税额幅度内确定。

（二）车船税应纳税额的计算

1. 计税依据

车船税的计税依据具体规定如下：

（1）车船税实行从量计税的办法，分别选择了四种单位的计税标准，即辆、净吨位、整备质量和米。

（2）所涉及的核定载客人数、整备质量、净吨位、马力、米等计税标准，以车船管理部门核发的车船登记证书或者行驶证书的相应项目所载数额为准。纳税人未到车船管理部门办理登记手续的，上述计税标准以车船出厂合格证明或者进口凭证相应项目所载数额为准；不能提供车船出厂合格证明或者进口凭证的，由税务机关根据车船自身状况并参照同类车船核定。

2. 应纳税额的计算

车船税应根据不同类型的车船和其适用的计税标准分别计算。

（1）载客汽车和摩托车：

应纳税额＝应纳税车辆数量×单位税额

（2）货车、其他车辆和船舶：

应纳税额＝应纳税车船的整备质量或净吨位或米的数量×单位税额

【例 1—65】 通友运输公司拥有载货汽车 40 辆（每辆车整备质量均为 10 吨），税额为 80 元/整备质量每吨；拥有载客汽车 10 辆，核定载客人数每辆 30 人，客车单位税额为 600 元/辆。计算该公司全年应纳车船税税额。

解答：

全年应纳车船税税额＝40×10×80＋10×600

＝32 000＋6 000＝38 000（元）

（三）车船税的税收优惠政策

下列车船免征车船税：

（1）捕捞、养殖渔船。

（2）军队、武警专用的车船。

（3）警用车船。

（4）依照我国有关法律和我国缔结或者参加的国际条约的规定应当予以免税的外国驻华使馆、领事馆和国际组织驻华机构及其有关人员的车船。

对节约能源、使用新能源的车船可以减征或者免征车船税。

此外，省、自治区、直辖市人民政府可以根据当地实际情况，对公共交通车船、农村居民拥有并主要在农村地区使用的摩托车、三轮汽车和低速载货汽车给予定期减税、免税。

（四）车船税的缴纳

1. 纳税期限

车船税按年申报，分月计算，一次性缴纳。纳税年度自公历 1 月 1 日至 12 月 31 日止。具体纳税期限由省、自治区、直辖市人民政府确定。

2. 纳税义务发生时间

车船税的纳税义务发生时间为取得车船所有权或者管理权的当月，以购买车船的发票或其他证明文件所载日期的当月为准。

3. 纳税地点

车船税的纳税地点为车船的登记地或者车船税扣缴义务人所在地。

4. 纳税申报

从事机动车交通事故责任强制保险业务的保险机构为机动车车船税的扣缴义务人，应当依法代收代缴车船税。

纳税人应按照规定及时办理纳税申报，如实填写车船税纳税申报表。

六、印花税的计算与缴纳

（一）印花税认知

1. 什么是印花税

印花税是对经济活动和经济交往中书立、使用、领受具有法律效力的凭证的单位和个人征收的一种税。该税是一种具有行为税性质的税种，具有覆盖面广、税率低、税负轻以及实行“三自”纳税办法（纳税人自行计算应纳税额、自行购买印花税票并贴花、自行盖章注销或画销）等特点。

2. 印花税的纳税人

凡在中国境内书立、使用、领受印花税法所列举的应税凭证的单位和个人是印花税的纳税人。按书立、使用、领受应税凭证的不同，分为立合同人、立据人、立账簿人、领受人、使用人和各类电子应税凭证的签订人。

3. 印花税的征税范围

印花税的征税范围是税法列举的各种应税凭证，即合同或具有合同性质的凭证，产权转移书据，营业账簿，权利、许可证照，财政部确定的其他应税凭证。列入税目的就要征税，未列入税目的就不征税。印花税共有 13 个税目。

4. 印花税的税率

由于印花税的税率设计遵循税负从轻、共同负担的原则，因此，税率比较低，凭证的当事人都应就其所持凭证依法纳税。

印花税采用比例税率和定额税率两种形式。在印花税的 13 个税目中，“权利、许可证照”税目、“营业账簿”税目中的其他账簿，适用定额税率，按件贴花，税额为每件 5 元；其他的税目，均采用比例税率。印花税税目、税率如表 1—13 所示。

表 1—13　　印花税税目、税率表

税　目	范围	税率	纳税人	说明
1. 购销合同	包括供应、预购、采购、购销结合及协作、调剂、补偿等合同	按购销金额的万分之三贴花	立合同人	
2. 加工承揽合同	包括加工、定做、修缮、修理、印刷、广告、测绘、测试等合同	按加工或承揽收入的万分之五贴花	立合同人	
3. 建设工程勘察设计合同	包括勘察、设计合同	按收取费用的万分之五贴花	立合同人	
4. 建筑安装工程承包合同	包括建筑、安装工程承包合同	按承包金额的万分之三贴花	立合同人	
5. 财产租赁合同	包括租赁房屋、船舶、飞机、机动车辆、机械、器具、设备等合同	按租赁金额的千分之一贴花、税额不足 1 元的按 1 元贴花	立合同人	
6. 货物运输合同	包括民用航空、铁路运输、海上运输、内河运输、公路运输和联合运输等合同	按运输费用的万分之五贴花	立合同人	单据作为合同使用的，按合同贴花
7. 仓储保管合同	包括仓储、保管合同	按仓储保管费用的千分之一贴花	立合同人	仓单或栈单作为合同使用的，按合同贴花
8. 借款合同	银行及其他金融机构和借款人（不包括银行同业拆借）所签订的借款合同	按借款金额的万分之零点五贴花	立合同人	单据作为合同使用的，按合同贴花
9. 财产保险合同	包括财产、责任、保证、信用等保险合同	按保险费收入的千分之一贴花	立合同人	单据作为合同使用的，按合同贴花
10. 技术合同	包括技术开发、转让、咨询、服务等合同	按所载金额的万分之三贴花	立合同人	
11. 产权转移书据	包括财产所有权和版权、商标专用权、专利权、专有技术使用权等转移书据	按所载金额的万分之五贴花	立合同人	

续前表

税　目	范围	税率	纳税人	说明
12. 营业账簿	生产经营用账册	记载金额的账簿，按"实收资本"、"资本公积"两项合计金额的万分之五贴花，其他账簿按件贴花5元	立账簿人	记载资金的账簿按"实收资本"、"资本公积"两项合计金额贴花后，以后年度资金总额比已贴花资金总额增加的，增加部分应按规定贴花
13. 权利、许可证照	包括政府部门发给的房屋产权证、工商营业执照、商标注册证、专利证、土地使用证	按件贴花5元	领受人	

（二）印花税应纳税额的计算

1. 计税依据

印花税的计税依据是应税凭证的计税金额或应税凭证的件数，具体为：

（1）购销合同的计税依据为购销金额。

（2）加工承揽合同的计税依据为加工或承揽收入的金额。

（3）建设工程勘察设计合同的计税依据为收取的费用。

（4）建筑安装工程承包合同的计税依据为承包金额。

（5）财产租赁合同的计税依据为租赁金额；经计算，税额不足1元的，按1元贴花。

（6）货物运输合同的计税依据为运输费用，但不包括装卸费、保险费。

（7）仓储保管合同的计税依据为仓储、保管费用。

（8）借款合同的计税依据为借款金额。

（9）财产保险合同的计税依据为保险费，不包括所保财产的金额。

（10）技术合同的计税依据为合同所载金额、报酬或使用费。

（11）产权转移书据的计税依据为合同所载金额。

（12）营业账簿税目中记载金额的账簿的计税依据为"实收资本"与"资本公积"两项的合计金额。其他账簿的计税依据为应税凭证件数。

（13）权利、许可证照的计税依据为应税凭证件数。

同一凭证，载有两个或以上经济事项而适用不同税目税率，如分别记载金额的，应分别计算应纳税额，相加后按合计税额贴花；如未分别记载金额的，按税率高的计税贴花。

2. 应纳税额的计算

根据应税凭证的性质，印花税的计算可采用从价定率计算和从量定额计算两种方法，其计算公式为：

应纳税额＝应税凭证计税金额×适用税率

或　　　　＝应税凭证件数×适用税额

【例1—66】某企业2013年6月开业，当年发生以下有关业务事项：领受房屋产权证、工商营业执照、土地使用证各1件；订立一份商品购销合同，合同金额为100万元；订立借款合同一份，所载金额为 100 万元；企业记载资金的账簿，“实收资本”为 500 万元，“资本公积”为 100 万元；其他账簿 20 本。计算该企业当年应缴纳的印花税税额。

(1) 企业领受权利、许可证照应纳税额：

应纳税额＝3×5＝15（元）

(2) 企业订立购销合同应纳税额：

应纳税额＝1 000 000×0.3‰＝300（元）

(3) 企业订立借款合同应纳税额：

应纳税额＝1 000 000×0.05‰＝50（元）

(4) 企业记载资金的账簿应纳税额：

应纳税额＝（5 000 000＋1 000 000）×0.5‰＝3 000（元）

(5) 企业其他营业账簿应纳税额：

应纳税额＝20×5＝100（元）

(6) 企业当年应纳印花税税额：

应纳印花税税额＝15＋300＋50＋3 000＋100＝3 465（元）

(三) 印花税的税收优惠政策

下列凭证免征印花税：

(1) 已缴纳印花税的凭证的副本或抄本。但以副本或者抄本视同正本使用的，则应另贴印花。

(2) 财产所有者将财产赠给政府、社会福利机构、学校所书立的书据。

(3) 国家指定的收购部门与村民委员会、农民个人书立的农副产品收购合同。

(4) 无息、贴息贷款合同。

(5) 外国政府或国际金融组织向我国政府及国家金融机构提供优惠贷款所书立的合同。

(6) 房地产管理部门与个人签订的用于生活居住的租赁合同。

(7) 农牧业保险合同。

(8) 特殊的货运凭证，如军需物资运输凭证、抢险救灾物资运输凭证、新建铁路的工程临管线运输凭证。

(四) 印花税的缴纳

1. 纳税方法

根据印花税应纳税额的大小、纳税次数的多少，以及税收征收管理的需要，分别采用以下三种纳税方法。

(1) 自行贴花办法。这种办法一般适用于应税凭证较少或纳税次数较少的纳税人，使用范围较为广泛。纳税人书立、领受或者使用印花税法列举的应税凭证的同时，纳税义务即已产生，应当根据应税凭证的性质和适用的税目税率，自行计算应纳税额，自行向当地税务机关购买印花税票，并在应税凭证上一次贴足印花税票并加以注销或划销，纳税义务才算全部履行完毕。这就是印花税的“三自”纳税办法。应纳税额不足 1 角的免纳印花税，应纳税额在1角以上的，其税额尾数不满5分的不计，满5分的按1角计算缴纳。

(2) 汇贴或汇缴办法。这种办法一般适用于应税税额较大或贴花次数频繁的纳税人。一份凭证应纳税额超过500元的，应向当地税务机关申请填写缴款书或者完税证明，将其中一联粘贴在凭证上或由税务机关在凭证上加注完税标记代替贴花。这就是通常所说的“汇贴”办法。

对同一种凭证需频繁贴花的，纳税人可根据实际情况自行决定是否采用按期汇总缴纳印花税的方式。汇总缴纳的期限最长不得超过一个月。

(3) 委托代征。委托代征是发放或者办理应税凭证的单位受税务机关的委托，代为征收印花税税款。纳税人在办理应税凭证相关业务时，由上述受托单位代为征收印花税税款，要求纳税人购花并贴花。

2. 纳税环节

印花税应当在应税凭证书立或领受时贴花。具体是指在权利、许可证照领取时贴花，合同在签订时贴花，产权转移书据是在立据时贴花，营业账簿是在启用时贴花。

3. 纳税地点

印花税一般实行就地纳税。如果是全国性订货会所签合同应纳的印花税，由纳税人回其所在地办理贴花；对地方主办，不涉及省际关系的订货会、展销会上所签合同的印花税，由省级政府自行确定纳税地点。

4. 纳税申报

印花税的纳税人应按照条例的规定及时办理纳税申报，并如实填写印花税纳税申报表。

知识测试

一、判断题

1. 发生增值税、消费税、营业税减征时，不减征城市维护建设税。(　　)

2. 对应税凭证，凡由两方或以上当事人共同订立的，由当事人协商确定其中一方为印花税纳税人。(　　)

3. 对于多贴印花税票者，可以向当地税务机关申请退税或者抵用。(　　)

4. 同一应税凭证载有两项经济事项，并分别记载金额，可按两项金额合计和最低的适用税率，计税贴花。(　　)

5. 对城市征收城镇土地使用税不包括其郊区的土地。(　　)

6. 农民在农村开设的商店占地，不缴纳城镇土地使用税。(　　)

7. 对个人按市场价格出租的居民住房，可暂按其租金收入的4%征收房产税。(　　)

8. 宗教寺庙附设的营业单位使用的房产，免征房产税。(　　)

9. 车辆、船舶的所有人是车船税的纳税人。(　　)

二、单项选择题

1. 下列情况应缴纳城市维护建设税的是(　　)。

A. 外贸单位进口货物　　B. 外贸单位出口货物
C. 内资企业销售免征增值税货物　　D. 旅行社取得营业收入

2. 纳税人所在地在县城的，其适用的城市维护建设税税率是（　　）。
A. 1%　　B. 3%　　C. 5%　　D. 7%

3. 对于获准汇总缴纳印花税的纳税人，其汇总缴纳的期限，最长不得超过（　　）。
A. 1 个月　　B. 2 个月　　C. 3 个月　　D. 半个月

4. 甲公司向乙公司租入 2 辆载重汽车，签订的合同规定，汽车总价值为 20 万元，租期为 2 个月，租金为 1.28 万元，则甲公司应纳印花税税额为（　　）元。
A. 3.2　　B. 12.8　　C. 60　　D. 240

5. 经济落后地区城镇土地使用税的适用税额标准降低幅度为（　　）。
A. 10%　　B. 20%　　C. 30%　　D. 40%

6. 某企业占用土地面积 1 万平方米，经税务部门核定，该土地税额为每平方米 5 元，则该企业全年应缴纳土地使用税（　　）万元。
A. 5　　B. 7.5　　C. 6.25　　D. 60

7. 按照房产租金收入计算房产税所适用的税率是（　　）。
A. 12%　　B. 10%　　C. 2%　　D. 1.2%

8. 我国不征收房产税的地方是（　　）。
A. 城市的市区　　B. 县城　　C. 农村　　D. 城市的郊区

9. 下列项目中以“净吨位”为计税单位的是（　　）元。
A. 载客汽车　　B. 摩托车　　C. 船舶　　D. 载货汽车

三、多项选择题

1. 对出口产品退还（　　）的，不退还已缴纳的城市维护建设税。
A. 增值税　　B. 关税　　C. 营业税　　D. 消费税

2. 城市维护建设税的计税依据有（　　）。
A. 纳税人缴纳的增值税税额　　B. 纳税人缴纳的营业税税额
C. 纳税人缴纳的消费税税额　　D. 纳税人缴纳的所得税税额

3. 适用于印花税定额税率的有（　　）。
A. 借款合同　　B. 产权转移书据　　C. 其他账簿　　D. 权力、许可证照

4. 记载资金的账簿，印花税的计税依据是（　　）的合计数。
A. 实收资本　　B. 注册资本　　C. 资本公积　　D. 盈余公积

5. 下列项目中，税法明确规定免征城镇土地使用税的有（　　）。
A. 市妇联办公楼用地　　B. 寺庙开办的旅店用地
C. 街道绿化地带用地　　D. 个人居住房屋用地

6. 房产税的纳税人有（　　）。
A. 产权所有人　　B. 承典人　　C. 房产使用人　　D. 经营管理人

7. 房产税的计税依据有（　　）。
A. 房产净值　　B. 房产的租金收入
C. 房产余值　　D. 房产的计税价值

8. 下列关于车船税的说法正确的有（　　）。

A. 征税对象不包括非机动车船　　B. 实行定额税率

C. 计税标准有辆、净吨位和米三种　　D. 按年申报，分月计算，一次性缴纳

四、技能训练题

1. 某市区一公司2014年6月缴纳增值税100万元、消费税50万元，补缴上月应纳消费税10万元，计算该公司应缴纳的城市维护建设税和教育费附加。

2. 甲建筑公司与某企业签订了一项金额为2 000万元的工程承包合同后，又将其中的500万元工程分包给了乙建筑公司，并签订了正式合同。计算甲建筑公司应纳印花税税额。

3. 某公司2013年5月开业，领受房屋产权证、工商营业执照各一件；签订借款合同一份，金额为200万元；资金账簿中载明实收资本500万元，资本公积300万元，其他账簿15本。计算该公司应纳印花税税额。

4. 某公司实际占用土地面积6 000平方米，其中自办幼儿园占地1 000平方米，经当地税务机关核定适用的税额为每平方米6元。计算该公司应纳土地使用税税额。

5. 某公司2014年1月1日的房产原值为2 000万元，7月1日将其中原价为500万元的房产出租给某企业使用，月租金为5万元，当地政府规定的扣除比例为20%。计算该公司当年应纳房产税税额。

6. 某运输公司拥有载货汽车20辆（每辆整备质量吨位数为5吨），单位税额为90元/整备质量吨；拥有载客汽车8辆，核定载客人数每辆为30人，客车单位税额为600元/辆。计算该公司全年应纳车船税税额。

7. 某运输公司于2013年7月1日开业，领取了房屋产权证、工商营业执照、税务登记证各1件。该公司记载资金的账簿中载明实收资本为800万元，并开设其他账簿20本，账簿中载明：该公司拥有的房产原值为500万元，占用土地面积2 800平方米，拥有载货汽车10辆，签订的销售合同取得收入600万元。已知：货车的车船税单位税额为100元/整备质量吨，房产税扣除标准为20%，土地使用税税额为每平方米5元。

要求：

(1) 思考该公司需缴纳哪些税。

(2) 计算各税种应缴纳的税额。

项目二
会计基础

任务1 认识会计

技能目标

1. 能正确认识会计；
2. 能运用会计核算基础。

知识目标

1. 理解会计的含义和职能；
2. 熟悉会计职能和基本前提；
3. 知晓会计核算方法，理解会计核算基础；
4. 了解会计工作的组织和会计人员职业道德。

一、会计的性质

（一）会计的概念

在人类社会发展的历史上，会计不是一开始就有的，作为一种管理活动，它是在社会生产实践中产生，并随着生产的发展和经济管理要求的提高而不断发展起来的。

生产活动是人类最基本的实践活动，是人类赖以生存和发展的基础。人们进行有目的的生产活动，总是力求以尽可能少的劳动耗费，取得尽可能多的劳动成果，即对生产过程中的耗费和成果进行比较。最初阶段人类只是凭头脑来记忆，但随着生产规模的不断扩大和社会化，人类只有借助其他工具，才能对劳动耗费和劳动成果进行记录、计算、比较和分析，于是会计随之而产生。可见，会计是社会生产发展到一定阶段的产物。

最初的会计只是生产职能的附带部分。随着生产力水平的发展和生产关系的变革，私有财产的出现，特别是文字和货币的产生，对生产过程的计量和记录逐渐过渡到用货币形式进行，会计便逐步从生产职能中分离出来，形成独立的职能，并不断发展和完善，直到形成目前人们运用的现代会计。

所以，会计是在社会生产实践中因经济管理的需要而产生，并随着生产力水平的提高和生产关系的变革而发展的。正如马克思所说："过程越是按社会的规模进行，越是失去纯粹个人的性质，作为对过程的控制和观念总结的簿记就越是必要；因此，簿记对资本主义生产，比对手工业和农业的生产更为必要，对公有生产，比对资本主义生产更为必要。"

会计是以货币为主要计量单位，以合法的凭证为依据，运用专门的技术方法，对一定主体的经济活动进行连续、系统、全面的核算和监督，以提高经济效益为目标的一种经济管理活动。

（二）会计的特点

会计作为一种经济管理活动，与其他经济管理活动相比，它具有以下特点：

1. 以货币为主要计量单位

会计是从数量方面反映经济活动的，会计计量需要应用一定的计量单位。常用的计量单位有：劳动量度、实物量度和货币量度三种。采用劳动量度和实物量度不能进行综合比较，只有采用货币量度才能满足会计全面、综合核算的需要。因此，会计是以货币作为主要计量单位，辅以劳动量度和实物量度进行核算的。

2. 以合法的凭证为核算依据

企业发生的各种会计事项必须取得或者填制凭证。凭证是证明经济业务已经发生或完成，明确经济责任的书面证明。会计以合法的凭证为核算的依据，可保证会计事项的真实性和会计信息的可靠性。

3. 运用一系列科学的专门方法

会计在其发展过程中，经过长期实践，逐渐形成了一系列既相互联系、又相互制约的科学系统的专门方法。会计运用这些专门方法，为经济管理提供必要的会计信息。

4. 核算和监督具有连续性、系统性和全面性

要系统反映企业的经济活动过程和结果，必须对经济活动进行连续的、不间断的记录和监督，通过分类、汇总和加工整理，取得并提供综合性的会计信息。可见，对经济活动进行连续、系统、全面的核算和监督是加强经济管理的必然要求。

5. 为提高经济效益服务

提高经济效益是企业经营的目标，也是会计的基本目标。会计在完成核算任务的同时能参与经营决策，为提高企业经济效益服务。这也是现代会计的一大特点。

二、会计的基本职能

会计的职能是指会计在经济管理中所具有的功能和能发挥的作用。会计职能随着其在经济管理活动中作用范围的扩大，职能不断增多，但其基本职能是核算和监督。马克思所说的对生产“过程的控制和观念总结”，就是指会计对经济活动的核算和监督。

（一）会计核算职能

会计核算职能是指以货币为主要计量单位，对一定主体一定时期的经济活动进行连续、系统、完整的记录、计算和报告。它具有以下特点：

第一，会计主要利用货币计量，综合反映各单位的经济活动情况，为经济管理提供信息。

第二，会计核算具有完整性、连续性和系统性。所谓完整性，是指对属于会计对象的所有经济活动都要记录；所谓连续性，是指对各种经济业务应按其发生的时间顺序依次记录。所谓系统性，是指对会计提供的资料应当按照科学的方法进行分类，系统地加工、整理、汇总，以便为经济管理提供所需的会计信息。

第三，会计核算主要记录已发生的经济业务，但也要面向未来，为各单位的决策和控

制提供依据。

（二）会计监督职能

会计监督职能是指依据监督标准，利用会计核算所提供的会计信息对一定主体经济活动全过程的合法性、合理性和有效性进行的控制和检查。它具有以下特点：

第一，会计监督主要利用价值指标进行货币监督。

第二，会计监督既要对正在发生和已经发生的经济业务进行事中监督、事后监督，还要对未来经济活动进行事前监督。

第三，会计是单位内部的监督，是外部监督不可替代的，并同外部监督一起构成一个完整的监督体系，以保证各单位的经济活动依法、有序、高效地开展。

会计核算和会计监督两个基本职能之间存在密切的内在联系，它们相辅相成，缺一不可。会计核算职能是会计监督职能的基础，会计不能离开核算而孤立地进行监督，离开了核算，监督就没有依据；同时，会计监督职能又贯穿于会计核算的全过程，只有通过监督才能进行有效核算，保证核算资料的真实、可靠，离开了监督，核算就没有保证。因而，会计既要核算，又要监督。

会计不仅具有会计核算和会计监督两个基本职能，而且随着会计发挥作用范围的扩大，会计从事后的记账、算账，逐步转向事前的预测、事中控制和分析经济效果、参与决策等管理活动。因此，会计还具有预测、决策、控制、分析等职能。

小知识：会计职能是与经济发展不同阶段对会计的要求密切相关的，随着经济的发展，它对会计的要求会越来越高，会计职能也将不断发展。

三、会计核算的基本前提

会计核算的基本前提又称会计假设，它是对会计核算所处的时间和空间环境所作的合理假定。由于会计所处的会计经济环境较为复杂，会计核算的基础条件处于不断变化中，如不加以合理的假定，企业的会计工作将无法正常进行。我国企业会计核算的基本前提有会计主体、持续经营、会计分期和货币计量四个。

（一）会计主体

会计主体是指会计信息所反映的特定单位。会计主体这一假设为日常会计处理提供了范围和依据。在会计处理中，必须分清各会计主体之间的界限，同时应将会计主体的经济活动与企业所有者自身的经济活动严格区分开来，企业只核算和反映本会计主体的经济业务。会计主体假设明确了会计工作的空间范围。

会计主体与法律主体不同，每个法人都是一个会计主体，但会计主体不一定都具有法人的资格。例如：个人独资和合伙企业都是会计主体，但不是法律主体；集团公司是由若干个独立法人企业组成的，在编制公司合并会计报表时，实质上是把各个会计主体看成一个会计主体来反映。

（二）持续经营

持续经营是指会计核算应以企业持续、正常的生产经营活动为前提。在正常情况下，会计主体的生产经营活动将按当前的规模和状态无限期地继续经营下去，在可以预见的未来不考虑停业、破产清算的因素。这样企业的资产就能按历史成本计价和结转，负债就要按期偿还，费用就能定期按权责发生制原则进行分配。可见，持续经营的前提是保证会计主体恰当核算和报告财务会计信息的重要条件。企业应定期对其持续经营状况进行分析和判断。企业一旦出现不符合持续经营前提，就应当改变会计核算的方法。持续经营假设明确了会计工作的时间范围。

（三）会计分期

会计分期是指将会计主体持续不断的生产经营活动人为地划分为一定的期间，据以结算盈亏和编制财务会计报告，故会计分期又称会计期间。以一年为期的会计期间称为会计年度。世界大多数国家均以公历年度作为会计年度，但也有以业务年度作为会计年度的。我国《企业会计准则》规定：会计期间均按公历起止日期确定。会计年度自公历 1 月 1 日起至 12 月 31 日止。会计期间分为会计年度和会计中期。凡是短于一年的会计期间统称为会计中期，包括半年度、季度、月度。

会计分期假设有着重要的意义。正因为有了会计分期，才产生了本期与非本期的区别，才产生了收付实现制和权责发生制、配比原则等。只有正确区分会计期间，才能准确地提供信息，并进行信息的对比分析。

（四）货币计量

货币计量是指会计以货币作为主要计量单位，对企业生产经营活动和财务状况进行综合反映。企业的财产物资可以采用不同的量度，如实物量度、劳动量度、货币量度等，但只有采用货币计量单位，才能全面、连续、系统地记录和汇总企业的经济业务活动和财务成果。在我国，企业的会计核算以人民币为记账本位币。业务收支以人民币以外的货币为主的企业，也可以选定其中一种外币作为记账本位币，但编制的财务会计报告应当折算为人民币。在境外设立的中国企业向国内报送的财务会计报告，也应当折算为人民币。

四、会计核算基础

会计核算以持续经营、会计分期假设为前提，企业在持续不断的生产经营过程中，不断取得收入和发生费用，而每一会计期间必须将本期的收入和费用相配比以正确计算本期的财务成果，但是，收入和费用的权益和责任发生期与款项的实际收支期有时并不一致，所以必须明确以什么标准来确定本期的收入和费用。权益和责任发生期是指应获得收入和应负担费用的会计期间；收支期是指实际收到款项和支付款项的会计期间。

会计核算基础就是指确定一个会计期间收入和费用的标准。会计核算基础有两种：收付实现制和权责发生制。

（一）收付实现制

收付实现制又称实收实付制，是指以收入和费用款项的实收实付为标准来确认本期收入和费用的会计核算基础。采用这一基础进行会计核算时，凡是本期实际收到的收入都作为本期的收入，凡是本期实际支付的费用都作为本期的费用；反之，凡是本期实际未收到和未支付的款项就不能作为本期的收入和费用。例如：某企业在 2014 年 6 月预收 7 月的租金 1 000 元，则这 1 000 元就是 6 月的收入而不作为 7 月的收入。又如：某企业在 2014 年 11 月以银行存款支付下一年度的预订报刊费 6 000 元，则这 6 000 元就作为 11 月的费用。

采用收付实现制时，只按照款项的收付日期确定收入和费用的归属期，而不考虑取得收入的权益和费用的受益期，不利于切实反映企业的实际经营状况，不能准确计算和确定各个会计期间的经营成果，不适用于企业。一般行政单位的会计核算实行收付实现制，事业单位会计也可根据单位实际情况和核算要求采用收付实现制和权责发生制。由于收付实现制基础下，实收的收入和实付的费用均已登记入账，因此期末不需要对收入和费用进行期末账项调整。

（二）权责发生制

权责发生制又称应收应付制，是指以应收应付作为确定本期收入和费用的标准。凡是当期已经实现的收入和已经发生或应当负担的费用，不论款项是否收付，都应当作为当期的收入和费用；凡是不属于当期的收入和费用，即使款项已在当期收付，也不应当作为当期的收入和费用。

企业发生的款项收付业务与收入、费用的归属期有时不一定一致。例如：销售已经实现但款项并未收到，款项已收到但货物还未销售，款项已支付但受益期并不是本期等。例如，某企业在 2014 年 6 月销售一批产品，货款为 10 000 元，6 月底尚未收到货款，于 8 月收到货款，则这 10 000 元不属于 8 月的收入而属于 6 月的收入。又如：某企业在 2014 年 12 月按协议规定支付本季度的利息 9 000 元（每月 3 000 元），则这 9 000 元不完全属于 12 月的费用，12 月的费用只能记入 3 000 元，10 月、11 月虽然没有实际支付但也要负担利息费用，应每月确认财务费用 3 000 元。为了正确核算企业的收入和费用，应明确确认标准，而权责发生制原则能够科学、合理地反映某一会计期间的经营成果，因此，要求企业在进行会计核算时要以权责发生制为基础。

采用权责发生制，可以科学、合理地反映各个会计期间实现的收入和实现收入所负担的费用，从而将本期的收入和相应的费用配比，正确计算本期损益。权责发生制主要适用于企业单位。根据权责发生制基础的要求，日常的账簿记录不能完整地反映本期的收入和费用，期末要进行账项调整，即将本期应收未收的收入和应付未付的费用记入账簿，将本期已收到款项的预收收入和已支付款项的预付费用在本期和以后各期之间进行分摊记入账簿。

【例 2—1】某企业 2014 年 12 月的部分经济业务如下，要求分别按收付实现制和权责发生制计算 12 月的收入、费用和利润。

① 收到上月提供的劳务收入 800 元；
② 销售产品 30 000 元，货款尚未收到；
③ 预付下一年的租金 10 000 元；
④ 收到购货单位汇来的预付款 20 000 元；
⑤ 本月设备修理费 2 600 元，约定下月付款；
⑥ 支付 11 月的借款利息 2 000 元；
⑦ 本月分摊报刊费 400 元（2013 年年底已付款预订）。

解答：

（1）收付实现制：

本月的收入＝800＋20 000＝20 800（元）
本月的费用＝10 000＋2 000＝12 000（元）
本月的利润＝20 800－12 000＝8 800（元）

（2）权责发生制：

本月的收入＝30 000（元）
本月的费用＝2 600＋400＝3 000（元）
本月的利润＝30 000－3 000＝27 000（元）

收入、费用和利润计算如表 2—1 所示：

表 2—1 **收入、费用和利润计算表**

业务	收付实现制		权责发生制	
	收入	费用	收入	费用
①	800			
②			30 000	
③		10 000		
④	20 000			
⑤				2 600
⑥		2 000		
⑦				400
合计	20 800	12 000	30 000	3 000
利润	8 800		27 000	

五、会计核算方法

会计核算方法主要包括：设置会计科目和账户、复式记账、填制和审核会计凭证、登记账簿、成本计算、财产清查、编制财务会计报告七种专门方法。

（一）设置会计科目和账户

设置会计科目和账户是对会计对象的具体内容进行分类核算和监督的一种专门方法。任何单位会计对象的内容既广又多，为了取得连续、系统、全面的会计资料，通过设置会计科目对会计对象进行科学分类，并根据会计科目设置账户，分门别类地登记经济业务，以满足会计核算和监督的需要。

（二）复式记账

复式记账是对每一项经济业务都以相等的金额同时在两个或两个以上相互联系的账户中进行登记。任何一项经济业务活动都涉及资金来路和去向的变化，引起至少两个方面资金的增减变动。例如：以银行存款 6 000 元购买材料，一方面引起银行存款减少 6 000 元，另一方面引起材料增加 6 000 元。复式记账通过作双重记录，可以清楚地反映每项经济业务引起资金变化的来龙去脉，能相互联系地反映经济业务的全貌。

（三）填制和审核会计凭证

会计凭证是具有一定格式、用以记录经济业务发生和完成情况的书面证明。填制和审核会计凭证是会计核算的一种专门方法，办理每一项经济业务都必须填制或取得会计凭证，会计人员必须按照规定审核会计凭证，只有经过审核，正确无误的会计凭证才能作为记账的依据，从而保证会计工作的质量，并明确经济责任。

（四）登记账簿

账簿是由具有一定格式的账页组成的，以会计凭证为依据，对经济业务进行连续、系统、完整的记录和核算的簿籍。登记账簿是会计人员根据会计凭证，在账簿上记录经济业务的一种专门方法。经济业务发生后，首先是编制会计凭证，然后按照经济业务发生的时间先后顺序，分门别类地记入有关账簿，并定期进行对账、结账，加工成系统、完整的会计资料，为编制会计报表提供依据。

（五）成本计算

成本计算是按一定的成本对象，对生产经营过程中所发生的成本费用进行归集和分配，计算各对象的总成本和单位成本的一种专门方法。通过成本计算，可以准确了解成本构成，分析和考核成本计划的完成情况，寻找成本费用升降的原因，促使企业加强成本核算和管理，节约支出，提高经济效益。

（六）财产清查

财产清查是对各项财产物资进行实物盘点、账面核对以及对各项往来款项进行查询、核对，以保证账账、账实相符的一种专门方法。在实际工作中，往往因为某些主客观原因，造成账面记录与实际结存不相符，为了保证账簿记录的正确性，保护财产安全，企业应定期或不定期地进行财产清查，并根据财产清查结果，查明原因，明确责任，并调整账簿记录，保证账实一致。

（七）编制财务会计报告

财务会计报告是用来反映企业财务状况和经营成果的总结性书面文件。编制财务会计报告是及时提供真实、准确、完整的会计信息的重要环节，它将账簿记录定期以表格形式总括地予以反映，供国家有关部门、投资人、经营管理者等方面了解本单位财务状况和经营成果，以便据以作出正确决策。

会计核算的各种专门方法是相互联系、密切结合的，构成了一个完整的方法体系。在会计核算工作中，必须正确地运用会计核算方法。

在会计核算过程中，设置会计科目和账户、复式记账、填制和审核会计凭证是开始环节，登记账簿、成本计算、财产清查是中间环节，编制财务会计报告是终结环节。会计核算各方法间的关系如图 2—1 所示。

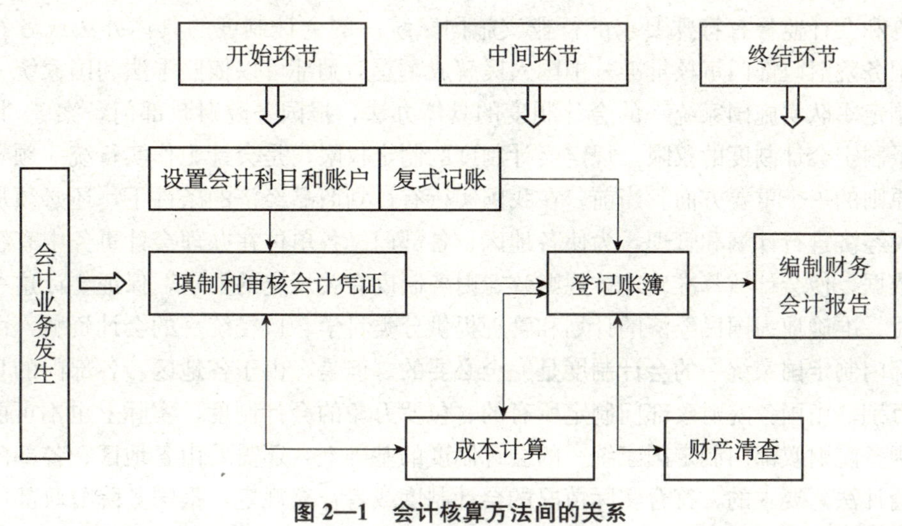

图 2—1　会计核算方法间的关系

六、会计工作管理

会计工作是一项经济管理活动，为了规范会计工作，政府部门应在宏观上进行必要的指导、监督和管理，包括：会计政策、会计标准的制定，政策、标准贯彻执行情况的检查，会计专业技术资格的确认和会计从业资格的管理，督促基层单位加强会计工作和提高会计工作水平等。这些内容构成了我国会计工作管理体制。

(一) 会计工作的主管部门

国务院财政部门主管全国的会计工作，县级以上地方各级人民政府财政部门管理本行政区域内的会计工作。

《中华人民共和国会计法》（以下简称《会计法》）第 7 条规定："国务院财政部门主管全国的会计工作。县级以上地方各级人民政府财政部门管理本行政区域内的会计工作。"以法律形式规定了会计工作由各级财政部门主管，在管理体制上实行统一领导、分级管理的原则。新中国成立以来，会计工作一直由财政部门管理，有了一定的基础，积累了一定的工作经验。同时，财务会计工作同国家财政收支的关系十分密切，它是财政的一项基础工作。所以，《会计法》规定了会计工作由各级财政部门管理的体制。除了政府部门外，会计学术界、职业界和其他会计组织都不具备管理会计工作的行政职能。

（二）会计工作管理的具体内容

我们从三个层面来介绍会计工作管理具体包括的内容：一是会计制度的制定权限，二是会计人员的管理，三是单位内部的会计工作管理。

1. 会计制度的制定权限

《会计法》第8条规定："国家实行统一的会计制度。国家统一的会计制度由国务院财政部门根据本法制定并公布。国务院有关部门可以依照本法和国家统一的会计制度制定对会计核算和会计监督有特殊要求的行业实施国家统一的会计制度的具体办法或者补充规定，报国务院财政部门审核批准。中国人民解放军总后勤部可以依照本法和国家统一的会计制度制定军队实施国家统一的会计制度的具体办法，报国务院财政部门备案。"其中明确规定了制定会计制度的权限。规定会计制度的制定权限，是会计工作实行统一领导、分级管理原则的一个重要方面。当前，在我国实行有计划商品经济的条件下，还必须从宏观上对国民经济进行计划和管理，为使各地区、各部门、各单位在办理会计事务中有统一的制度作依据，使会计核算准确地体现财政、财务制度有关规定的要求，保证会计这一信息系统及时、准确地为国民经济的计划和管理提供分类科学、口径统一的会计资料，由国务院财政部门制定国家统一的会计制度是完全必要的。但是，由于各地区、各部门的具体情况千差万别，由国务院财政部门制定所有的、包罗万象的会计制度，实际上也不可能。因此，在国务院财政部门制定国家统一的会计制度的基础上，还需要由各地区、各部门制定符合《会计法》要求的、符合实际情况的会计制度或者补充规定，报国务院财政部门审核批准或者备案后实行。

2. 会计人员的管理

从事会计工作的人员，必须取得会计从业资格证书。担任单位会计机构负责人（会计主管人员）的，除取得会计从业资格证书外，还应当具备会计师以上专业技术职务资格或者从事会计工作3年以上经历。财政部门负责会计从业资格管理、会计专业技术职务资格管理、会计人员评优表彰奖惩，以及会计人员继续教育等。

加强对会计人员的管理是维护会计和经济秩序的重要手段。会计人员的法制观念、业务素质、职业道德水平提高了，对于会计工作水平的提高、会计秩序的正常运行都会起到积极的作用。

3. 单位内部的会计工作管理

单位负责人负责单位内部的会计工作管理，应当保证会计机构、会计人员依法履行职责，不得授意、指使、强令会计机构和会计人员违法办理会计事项，对本单位的会计工作和会计资料的真实性、完整性负责。单位负责人是指单位法定代表人或者法律、行政法规规定代表单位行使职权的主要负责人。

（1）各单位应当根据会计业务的需要，设置会计机构，或者在有关机构中设置会计人员并指定会计主管人员；不具备设置条件的，应当委托经批准设立从事会计代理记账业务的中介机构代理记账。国有的和国有资产占控股地位或者主导地位的大、中型企业必须设置总会计师。总会计师的任职资格、任免程序、职责权限由国务院规定。

（2）会计机构内部应当建立稽核制度。出纳人员不得兼任稽核、会计档案保管和收入、支出、费用、债权债务账目的登记工作。

(3) 会计人员应当遵守职业道德，提高业务素质。对会计人员的教育和培训工作应当加强。

(4) 因有提供虚假财务会计报告，做假账，隐匿或者故意销毁会计凭证、会计账簿、财务会计报告，贪污，挪用公款，职务侵占等与会计职务有关的违法行为，被依法追究刑事责任的人员，不得参加会计从业资格考试，不得取得或者重新取得会计从业资格证书。因违法违纪行为被吊销会计从业资格证书的人员，自被吊销会计从业资格证书之日起5年内，不得重新取得会计从业资格证书。

(5) 会计人员调动工作或者离职，必须与接管人员办清交接手续。一般会计人员办理交接手续，由会计机构负责人（会计主管人员）监交；会计机构负责人（会计主管人员）办理交接手续，由单位负责人监交，必要时主管单位可以派人会同监交。

七、会计人员的职业道德

（一）职业道德的概念

职业道德的概念有广义和狭义之分。广义的职业道德是指从业人员在职业活动中应该遵循的行为准则，涵盖了从业人员与服务对象、职业与职工、职业与职业之间的关系。狭义的职业道德是指在一定职业活动中应遵循的、体现一定职业特征的、调整一定职业关系的职业行为准则和规范。

职业道德的本质是：(1) 职业道德是社会经济关系所决定的社会意识形态。社会主义社会以公有制为主体，集体主义是社会主义职业道德的基本原则，强调奉献社会，把社会利益放在首位。(2) 职业道德是职业活动对职业行为的道德要求，与职业活动的要求密切相关。针对从事不同职业的人们，对其职业行为提出的不同道德要求，形成了不同的职业道德规范。(3) 职业道德是调节职业活动形成的各种职业关系的手段。职业关系是一般社会关系在职业或行业方面的特定表现，具体表现为从业人员之间、职业之间和职业与社会之间的各种关系。

职业道德具有以下三个特征：(1) 职业性。每一种职业道德都只能规范本行业从业人员的职业行为，在特定的职业范围内发挥作用。(2) 实践性。职业道德总是与具体的职业活动紧密联系，偏重于实用性，容易形成条文，有的甚至被纳入法律规范。(3) 继承性。同一种职业因服务对象、服务手段、职业利益、职业责任和义务相对稳定，职业行为的道德要求的核心内容将被继承和发扬，从而形成了被不同社会发展阶段普遍认同的职业道德规范。

（二）会计职业道德的概念

会计职业道德是一般社会公德在会计工作中的具体体现，是引导、制约会计行为，调整会计人员与社会、会计人员与不同利益集团以及会计人员之间关系的社会规范。会计人员作为特殊从业人员，不仅要有良好的业务素质，还要有较强的原则性、政策观念和职业道德水平。会计人员的原则性、责任感对搞好一个单位的会计工作和提高会计信息质量，起着重要的作用。《会计法》规定："会计人员应当遵守职业道德，提高业务素质。"这一规定对会计人员的职业道德水准提出了总体要求，对当前会计队伍建设具有很强的针对性。

（三）会计职业道德的基本内容

1. 会计职业道德的原则要求

《会计基础工作规范》中对会计人员应当具备的职业道德提出了原则要求。主要是：(1) 敬业爱岗，即会计人员应当热爱本职工作，努力钻研业务，使自己的知识和技能适应所从事的工作要求。(2) 熟悉法规，即会计人员应当熟悉财经法律、法规、规章和国家统一会计制度，并结合会计工作进行广泛宣传。(3) 依法办事，即会计人员应当按照会计法律、法规和国家统一会计制度规定的程序和要求从事会计工作，保证所提供的会计信息合法、真实、准确、及时、完整。(4) 客观公正，即会计人员办理会计事务，应当实事求是、客观公正。(5) 搞好服务，即会计人员应当熟悉本单位的生产经营和业务管理情况，运用掌握的会计信息和会计方法，为改善单位的内部管理、提高经济效益服务。(6) 保守秘密，即会计人员应当保守本单位的商业秘密。除法律规定和单位领导同意外，不能私自向外界提供或泄露单位的会计信息。

2. 会计职业道德与会计法律制度的关系

会计职业道德与会计法律制度有着共同的目标、相同的调整对象、承担着同样的职责。两者的联系主要表现在：

(1) 二者在作用上相互补充、相互依托：基本的会计行为必须运用会计法律制度强制遵守，但不需要或不宜用会计法律制度进行规范的行为，可通过会计职业道德规范来实现。

(2) 二者在内容上相互渗透、相互重叠：会计法律制度中含有会计职业道德规范的内容，会计职业道德规范中也包含会计法律制度的某些条款。

(3) 二者在地位上相互转化、相互吸收：最初的会计职业道德逐渐被吸收到会计法律制度中，会计法律制度是会计职业道德的最低要求。

(4) 二者在实施上相互作用、相互促进：会计职业道德是会计法律制度正常运行的社会和思想基础，会计法律制度是促进会计职业道德规范形成和遵守的制度保障。

3. 会计职业道德建设的基本途径

(1) 加强会计职业道德教育，增强会计人员使命感。会计人员的道德修养，一方面依靠自我教育，另一方面还要依靠社会教育来强化。具体措施是：各类设有会计专业的学校，应开设"会计职业道德"课程；在职会计人员继续教育中应进行职业道德教育，并且摆在突出位置；注册会计师考试、会计从业资格考试内容中应包括会计职业道德内容；利用大众传播媒介宣传正反面典型，加以舆论引导；在会计职业道德教育中，还要进行政治思想、法制、政策水平、心理素质等方面的教育。

(2) 加强业务素质训练，提高会计人员执业能力。会计人员要努力钻研业务，重视理论知识和专业知识的学习，在学习内容上要不断地更新，在学习方法上要不断地突破，提高对职业环境的适应能力。会计人员要训练自己文明、规范的言谈举止和仪表，使自己的知识和技能适应所从事工作的要求。同时，还必须熟悉本单位的生产经营和业务管理情况，运用掌握的会计信息和会计方法，为改善单位内部管理、提高经济效益服务。

(3) 健全职业道德评价系统，建立激励约束机制。首先，建立健全监测、评价系统。建立会计职业道德跟踪监测系统，及时发现会计职业道德状况的新动向；建立健全会计职业道德评价系统，成立道德委员会。其次，制定会计职业道德评价标准和恰当的评价方法。大众传播媒介等使会计人员的职业道德状况始终置于各单位内部和社会公众的督导之下，充分显示出“道德法庭”的强大威力；对会计人员职业道德的执行情况，建立检查、考核、评价、奖罚制度，并与岗位资格、聘任职务、提职、晋级结合起来；建立健全选拔机制，选拔政治品质好、事业心强、工作认真负责、讲道德、守纪律、具有会计知识和技能的人从事会计工作，并定期对其进行培训。

(4) 深化政治经济体制改革，营造一种良好的会计环境。会计人员不仅在会计领域中工作，更是在社会大环境中生活，其职业道德不可避免地要受到社会各种不良因素的影响和干扰，因此营造一种良好的会计环境，不能光靠会计职业界的努力，还要依托于社会各方面的变革与协调，要与各行各业的职业道德建设同步。

知识测试

一、判断题

1. 一个法律主体可能是一个会计主体，也可能包含有几个会计主体。(　　)
2. 未来交易或事项可能产生的结果可以确认为企业的资产。(　　)
3. 企业实现的利润和发生的亏损，都属于企业的财务成果。(　　)
4. 不具备会计机构设置条件的单位，可以委托会计师代理记账。(　　)
5. 会计的任务取决于会计核算和监督的内容。(　　)
6. 会计主体假设为会计核算规定了时间范围。(　　)
7. 货币计量单位是会计核算的唯一计量尺度。(　　)
8. 会计人员的主要职责就是进行会计核算，即记账、算账、报账。(　　)
9. 会计的方法就是指会计核算的方法。(　　)
10. 可比性原则是为了不同企业间的会计信息的可比。(　　)

二、单项选择题

1. 会计应以（　　）为主要计量单位。

A. 实物　　B. 货币　　C. 劳动　　D. 其他

2. 会计的一般对象可以概括为（　　）。

A. 以货币表现的财产物资　　B. 经营资金的运动

C. 企业社会再生产过程中的资金及其运动　　D. 企业的经济活动过程和成果

3. 会计的本质是（　　）。

A. 反映与分析　　B. 核算与监督

C. 一种管理活动　　D. 记账、算账、报账

4. 会计的基本职能是（　　）。

A. 记录和计算　　B. 核算和监督

C. 分析和检查　　D. 决算和预算

5.（　　）是会计核算方法体系中的中心环节。

A. 填制和审核会计凭证　　B. 复式记账

C. 登记账簿　　D. 编制会计报表

6. 企业将融资租入固定资产视同自有固定资产核算，体现的是会计核算的（　　）原则。

A. 客观性　　B. 一致性　　C. 可比性　　D. 实质重于形式

三、多项选择题

1. 会计的基本职能是（　　）。

A. 核算职能　　B. 监督职能　　C. 管理职能　　D. 决策职能

2. 下列各项目中，属于会计职能的有（　　）。

A. 会计预测　　B. 会计决策　　C. 会计核算　　D. 会计监督

3. 下列项目中，可以作为会计主体的有（　　）。

A. 学校　　B. 集团公司

C. 某集团公司的分公司　　D. 个体户

4. 下列方法中属于会计核算方法的是（　　）。

A. 会计分析　　B. 成本计算　　C. 财产清查　　D. 复式记账

5. 会计人员继续教育的方式有（　　）。

A. 函授　　B. 录像　　C. 面授　　D. 网络

6. 根据《会计专业职务试行条例》的规定，会计专业职务分为（　　）。

A. 会计员　　B. 高级会计师　　C. 会计师　　D. 助理会计师

7. 企业核算的基本前提包括（　　）。

A. 会计主体　　B. 持续经营　　C. 会计分期　　D. 货币计量

8. 下列经济活动中不需要进行会计核算的有（　　）。

A. 订立经济合同　　B. 确定企业投资方案

C. 制定财务收支计划　　D. 发放工资

四、技能训练题

某企业 2014 年 3 月发生如下经济业务，按收付实现制和权责发生制分别计算 3 月的收入、费用和利润。

(1) 收到上月应收货款 11 700 元，款项存入银行。

(2) 支付 4～6 月房屋租金 6 000 元。

(3) 销售一批产品价款 46 800 元，其中已收到 30 000 元存入银行，其余款项未收到。

(4) 支付本月发生的业务招待费 6 000 元。

（5）收到购货单位的预付货款 20 000 元存入银行，合同约定下月发货。

（6）预付购买材料的货款 20 000 元。

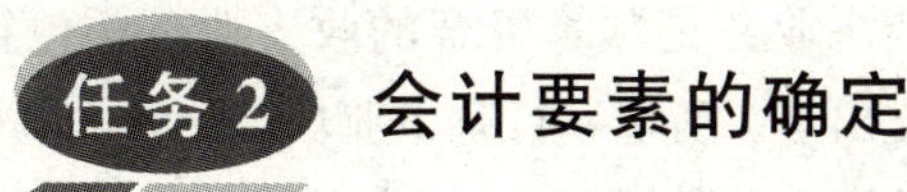

任务 2 会计要素的确定

技能目标

1. 能正确辨析会计要素；
2. 能灵活掌握会计等式。

知识目标

1. 熟悉会计要素及其数量关系；
2. 知晓会计的恒等式及其变化类型。

一、会计对象

会计对象即会计的客体，是指会计所要核算和监督的内容。明确会计对象，就是要明确会计工作的内容，以便明确会计工作的职责范围，更好地发挥会计职能作用。

会计对象从不同角度分析，可以分为会计的一般对象和会计的具体对象。

（一）会计的一般对象

会计的一般对象是指各单位会计工作内容的共同点。首先，任何单位开展经济业务活动，都必须具备一定的财产物资作为基础，其价值的货币形式是会计工作的内容。其次，企业经济活动中的实物运动必然引起价值运动，发生价值的增减变化，这些能够用价值形式来表现的经济活动正是会计核算和监督的内容。最后，各单位的大部分经济活动都与社会再生产过程中的产品生产、交换、分配和消费各环节有关，是社会再生产过程的组成部分。

综上所述，会计的一般对象可概括为各单位在社会再生产过程中的资金及其运动，包括静态和动态两大方面。

（二）会计的具体对象

会计的具体对象是指各单位会计工作的具体内容。由于各个企业的经济业务不同，其资金及其运动的表现形式也有所不同。

企业单位的主要经济业务是组织生产经营活动。工业企业的主要生产经营过程分为供应、生产和销售三个阶段，其经济业务包括筹资、采购、生产、销售、分配、结算等。商品流通企业的经营过程分购进、销售两个阶段，其经济业务包括筹资、采购、销售、分配、结算等。企业会计的具体对象是生产经营过程中发生的各项业务活动引起的资金及其运动。

行政事业单位的主要经济业务是预算资金的收支业务，包括预算内收入、预算外收入，预算内支出、预算外支出等。所以，行政事业单位会计的具体对象是管理活动中发生的预算内外收支活动引起的资金及其运动。

二、会计要素

会计要素是对会计对象进行的基本分类，是会计核算对象的具体化。《企业会计准则——基本准则》将会计要素分为六项，即资产、负债、所有者权益、收入、费用和利润。其中，资产、负债、所有者权益三个会计要素表现了资金运动的相对静止状态，它们是反映企业财务状况的要素；收入、费用和利润三个会计要素表现了资金运动的变动状态，它们是反映企业财务成果的要素。

（一）资产

资产是指企业过去的交易或者事项形成的，并由企业拥有或者控制的、预期会给企业带来经济利益的资源。

1. 资产的特征

资产必须具备以下基本特征：

（1）资产是由过去的交易或事项所形成的。资产必须是现实的，而非预期的，预期在未来发生的交易或事项不形成资产。

（2）资产是企业拥有或者控制的资源。一项资源要作为企业的资产予以确认，企业应该拥有此项资源的所有权。但在某些条件下，对一些由特殊方式形成的资产，企业虽不拥有所有权，但能够控制的，也可作为企业资产。

（3）资产预期会给企业带来经济利益。这是资产最重要的特征。所谓带来经济利益，是指具有直接或间接地增加流入企业的现金或现金等价物的潜力。如果预期不能带来经济利益，就不能确认为企业的资产。

2. 资产的分类

资产按其流动性可分为流动资产和非流动资产。

（1）流动资产。流动资产是指预计在一个营业周期内变现、出售或者耗用，或者主要为交易目的而持有，或者预计在一个资产负债表日起一年内（含一年）变现的资产，以及自资产负债表日起一年内交换其他资产或清偿负债的能力不受限制的现金或现金等价物。流动资产主要包括库存现金、银行存款、交易性金融资产、应收及预付款项、应收股利、存货等。

（2）非流动资产。非流动资产是指流动资产以外的资产。主要包括持有至到期投资、长期应收款、长期股权投资、投资性房地产、固定资产、在建工程、无形资产、长期待摊费用、可供出售金融资产等。

（二）负债

负债是指企业过去的交易或者事项形成的、预期会导致经济利益流出企业的现时义务。

1. 负债的特征

负债应具备以下基本特征：

（1）负债是因过去的交易或事项而产生的。只有因过去的交易或事项而产生的负债才能予以确认偿还义务，正在筹划的未来交易或事项是不会产生负债的。

（2）负债是企业承担的现时义务。义务一方面产生于具有约束力的合同或法定要求，另一方面可能产生于正常的业务活动、习惯以及为了保障良好的业务关系或公平处事的愿望。

（3）负债通常应清偿。负债通常是在未来某一时日通过交付资产或提供劳务来清偿。

（4）履行该义务将导致经济利益流出企业。现时义务的履行通常关系到企业放弃含有经济利益的资产，以满足对方的要求。

2. 负债的分类

负债按其流动性可分为流动负债和非流动负债。

（1）流动负债。流动负债是指预计在一个营业周期内偿还，或者主要为交易目的而持有，或者自资产负债表日起一年内（含一年）到期应予以清偿，或者企业无权自主地将清偿推迟至资产负债表日后一年以上的负债。流动负债主要包括短期借款、应付账款、应付票据、应付职工薪酬、应交税费、应付股利等。

（2）非流动负债。非流动负债是指流动负债以外的负债。如长期借款、应付债券、长期应付款等。

（三）所有者权益

所有者权益是指企业资产扣除负债后由所有者享有的剩余权益。其金额为资产减去负债后的余额。包括实收资本（或股本）、资本公积、盈余公积和未分配利润。在股份制企业又称为股东权益。所有者权益是企业投资人对企业净资产的所有权。它受总资产和总负债变动的影响而发生增减变动。所有者以其出资额的比例分享企业利润、承担企业经营风险。

1. 实收资本

实收资本是指投资者按照企业章程或合同、协议的约定，实际投入企业的资本。

2. 资本公积

资本公积是指投资者或者他人投入企业，所有权归属于投资者并且金额超过法定资本部分的资本或者资产。

3. 盈余公积

盈余公积是指企业按照国家规定从税后利润中提取的各种公积金。

4. 未分配利润

未分配利润是企业实现的净利润经过弥补亏损、提取盈余公积和向投资者分配利润后留存在企业的、历年结存的利润。

一般来说，实收资本和资本公积是由所有者直接投入的，而盈余公积和未分配利润则是由企业在生产经营过程中实现的利润留存在企业中形成的，所以又称为留存收益。

负债和所有者权益统称为权益，即对企业资产可以提出的权利。负债是债权人对企业资产的要求权，称为债权人权益。所有者权益是企业所有者对企业净资产的要求权。

资产、负债、所有者权益反映了企业会计对象的静态方面，也叫静态会计要素。

(四) 收入

收入是指企业在日常生活中形成的、会导致所有者权益增加的、与所有者投入资本无关的经济利益的总流入。包括销售商品收入、劳务收入、利息收入等。收入必须是企业完成其经营目标而从事的所有活动，以及与之相关的其他活动中取得的现金或最终能转化为现金的非现金资产。

收入具有以下特点：

(1) 收入是由企业的日常活动形成的。收入应是由企业的日常活动形成的，偶发的交易或者事项中产生的经济利益不确认为收入。

(2) 收入具有不确定性。收入可能表现为企业资产的增加，也可能表现为企业负债的减少。

(3) 收入能导致企业所有者权益的增加。

(4) 收入只包括本企业经济利益的流入，不包括为第三者或者客户代收的款项。

收入按性质可分为销售商品收入、提供劳务收入和让渡资产使用权收入等。收入按企业经营业务的主次可分为主营业务收入和其他业务收入等。

(五) 费用

费用是指企业在日常生活中发生的、会导致所有者权益减少的、与向所有者分配利润无关的经济利益的总流出。费用是企业为销售商品、提供劳务等日常活动所发生的经济利益的流出。实质上费用是资产的耗费，最终会导致企业资源减少和所有者权益减少。

费用按照其性质可分为营业成本和期间费用。

营业成本是指销售商品或提供劳务的成本，它包括主营业务成本和其他业务成本。

期间费用是指企业在日常活动中发生的，应当直接计入当期损益的费用，它包括销售费用、管理费用和财务费用。

（六）利润

利润是指企业在一定会计期间的经营成果。它包括收入减去费用后的净额、直接计入当期利润的利得和损失等。利润包括营业利润、利润总额和净利润等。

营业利润是营业收入减去营业成本、营业税金及附加、期间费用、资产减值损失，加上公允价值变动净收益、投资净收益后的金额。

利润总额是指营业利润加上营业外收入，减去营业外支出后的金额。

净利润是指利润总额减去所得税费用后的金额。

收入、费用、利润反映了企业会计对象的动态方面，也叫动态会计要素。

会计要素的分类如图 2—2 所示。

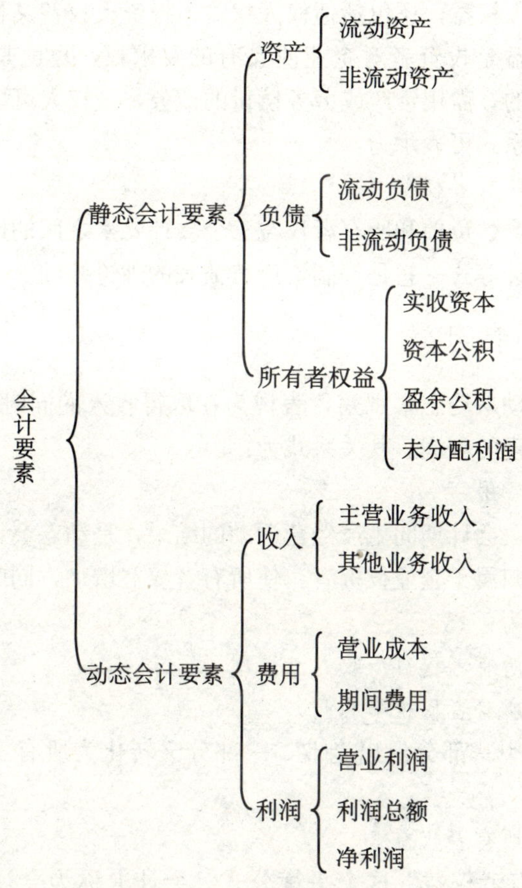

图 2—2　会计要素分类图

三、会计等式

会计的六个要素反映了资金运动的静态和动态两个方面，它们在数量上存在特定的平衡关系，我们称之为会计等式。

（一）资产＝负债＋所有者权益

企业要从事生产经营活动，必须拥有一定数量的财产物资，即资产，如房屋、设备、材料、现金等。为企业提供资产的投资人具有对该企业资产的要求权，即权益，其价值就是投资额。例如：某厂只有一个投资人，投资金额为500 000元，他拥有的权益金额也是500 000元。如果是两个投资人为企业投资，各出资250 000元，共计500 000元，则每人拥有的权益金额为250 000元。可见，资产和权益是一个事物的两个方面，没有权益就不会有资产，没有资产就无所谓权益，两者互相依存，互为条件。其表现构成基本关系式如下：

资产＝权益　　(2.1)

权益不仅包括投资人权益，还包括债权人权益，投资人权益又称所有者权益，债权人权益即负债。所有者权益是投资者对企业所具有的要求权，也就是对企业净资产的所有权。负债是企业所承担的，需用资产或劳务偿付的债务，债权人可以在将来要求企业进行偿还。这样上述基本关系式可表示为：

资产＝负债＋所有者权益　　(2.2)

上述等式反映了资产、负债和所有者权益三个会计要素之间的内在数量关系，是基本的会计等式，是静态会计等式。它是编制资产负债表的理论基础。

（二）利润＝收入－费用

企业的生产经营活动从动态来观察，表现为在取得收入的同时又要发生相应的费用，并可据以计算出当期实现的利润。其关系式为：

利润＝收入－费用　　(2.3)

该等式是企业在某一会计期间生产经营活动的结果，是动态会计等式。它是编制利润表的理论基础。利润应归属于企业投资者，使所有者权益增加，同时资产也等额增加。所以基本会计等式又转化为：

资产＝负债＋所有者权益＋收入－费用

或　资产＝负债＋所有者权益＋利润　　(2.4)

利润经过分配，其中一部分退出企业，一部分又转化为所有者权益，上述等式又表现为：

资产＝负债＋所有者权益　　(2.5)

“资产＝负债＋所有者权益”这个平衡公式，会计上称为会计等式，又称为会计恒等式。

（三）经济业务的发生对会计等式的影响

企业的经济业务多种多样，并且是不断变化的，随着经济业务的发生，企业的资产、负债和所有者权益会不断发生增减变动。下面按经济业务的类型，分别说明经济业务的发生对会计等式的影响。经济业务的发生必然引起会计要素的增减变动，归纳起来，经济业务的基本类型有四种，如表2—2所示。

表 2—2 **经济业务的四种基本类型**

类型	会计要素增减变动
①	资产和负债及所有者权益同时等额增加
②	资产和负债及所有者权益同时等额减少
③	资产之间有增有减，增减的金额相等
④	负债及所有者权益之间有增有减，增减的金额相等

以上四种类型经济业务引起的会计要素变化情况，如图 2—3 所示。

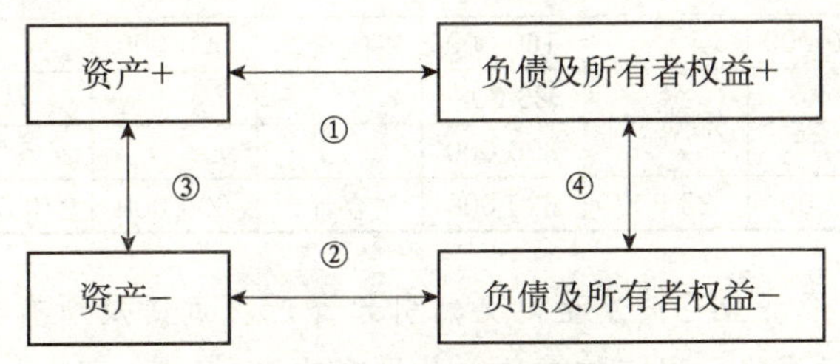

图 2—3 会计要素变化图

由此可见，企业无论发生何种经济业务，都会引起有关会计要素的各种变化，但是这些变化都不会破坏会计等式的平衡关系。

【例 2—2】假设丰华公司期初的资产、负债及所有者权益状况如表 2—3 所示。

表 2—3 **资产、负债及所有者权益状况表** 单位：元

资产	金额	负债及所有者权益	金额
库存现金	5 000	应付票据	80 000
银行存款	149 000	应付账款	20 000
原材料	120 000	实收资本	500 000
应收账款	26 000		
固定资产	300 000		
合　计	600 000	合　计	600 000

上表资产和负债及所有者权益各为 600 000 元，双方金额相等。本期发生如下经济业务：

(1) 向供货单位购入原材料 40 000 元，货款暂欠。

这笔经济业务使资产方“原材料”增加 40 000 元，同时使负债方“应付账款”也增加 40 000 元，结果双方总额仍保持平衡。

(2) 以银行存款 20 000 元偿付前欠货款。

这笔经济业务使资产方“银行存款”减少 20 000 元，同时使负债方“应付账款”也减少 20 000 元，结果双方总额仍保持平衡。

(3) 从银行存款中提取现金 3 000 元备用。

这笔经济业务使资产方“库存现金”增加 3 000 元，同时使资产方“银行存款”减少 3 000 元，结果双方总额仍保持平衡。

(4) 商业承兑汇票 30 000 元到期无力支付，转应付账款。

这笔经济业务，使负债方“应付账款”增加 30 000 元，同时使负债方“应付票据”

减少 30 000 元，结果双方总额仍保持平衡。

上述四笔经济业务所引起的资产、负债及所有者权益状况变动情况，如表 2—4 所示。

表 2—4　　资产、负债及所有者权益状况变动表

资产	期初余额	本期发生额		期末余额	负债及所有者权益	期初余额	本期发生额		期末余额
		增加	减少				增加	减少	
库存现金	5 000	③3 000		8 000	应付票据	80 000		④30 000	50 000
银行存款	149 000		②20 000 ③ 3 000	126 000	应付账款	20 000	①40 000 ④30 000	②20 000	70 000
原材料	120 000	①40 000		160 000	实收资本	500 000			500 000
应收账款	26 000			26 000					
固定资产	300 000			300 000					
合计	600 000	43 000	23 000	620 000	合计	600 000	70 000	50 000	620 000

由表 2—4 可见，经济业务的发生，必然引起资产、负债及所有者权益相应项目发生增减变化，但无论如何变化，双方的总额总是平衡的。

企业经济业务的类型在前述四种基本类型的基础上，还可以根据会计要素增减变动的情况细分为以下九种，如表 2—5 所示。

表 2—5　　经济业务的九种情况

情况	会计要素变动情况
1	一项资产增加，另一项资产减少
2	一项资产增加，一项负债增加
3	一项资产增加，一项所有者权益增加
4	一项负债减少，一项资产减少
5	一项负债减少，另一项负债增加
6	一项负债减少，一项所有者权益增加
7	一项所有者权益减少，一项资产减少
8	一项所有者权益减少，一项负债增加
9	一项所有者权益减少，另一项所有者权益增加

以上经济业务的发生引起的会计要素增减变动对会计等式的影响如表 2—6 所示。

表 2—6　　会计要素增减变动表

经济业务	资产	=	负债	+	所有者权益
1	(+) (−)				
2	(+)		(+)		
3	(+)				(+)
4	(−)		(−)		
5			(+) (−)		
6			(−)		(+)
7	(−)				(−)
8			(+)		(−)
9					(+) (−)

从经济业务的九种情况可以看出，经济业务的发生会引起会计等式左右两边发生等额

增加或减少，或者引起会计等式的左边或右边内部要素的等额增减。前者会使会计等式的总额发生增加或减少，后者会使会计等式一边的组成内容发生变动而两边总额不变。可见，无论哪种经济业务的发生都不会破坏会计等式的平衡关系。

会计等式“资产=负债+所有者权益”的平衡关系，反映了资产的归属关系和会计要素间的依存关系，它既是资金平衡的理论依据，又是设置会计账户、复式记账和编制会计报表的基本理论依据。

知识测试

一、判断题

1. 即使是亏损企业，其资产总额也必然会等于权益总额。（ ）

2. 任何一项经济业务都不会破坏会计等式的平衡关系，只会使资产和权益总额发生同增或同减的变化。（ ）

3. 资产是指企业现时的交易或者事项形成的、由企业拥有或者控制的、预期会给企业带来经济利益的资源。（ ）

4. 负债是现在交易或事项所引起的现有义务。（ ）

5. 某项经济资源虽能给企业带来未来经济利益，但企业不拥有其所有权，则企业不能将其视为自有资产核算。（ ）

二、单项选择题

1. 下列几项会计要素中，（ ）是会计的基本要素。

A. 利润　　B. 收入
C. 资产　　D. 负债及所有者权益

2. 下列项目中属于流动资产的是（ ）。

A. 存货　　B. 厂房　　C. 机器设备　　D. 专利权

3. 从特定企业看，下列各项目中，属于流动负债的是（ ）。

A. 生产设备　　B. 预付账款
C. 将于3年后偿还的借款　　D. 将于6个月后偿还的借款

4. 下列肯定会引起所有者权益总额增加的情况是（ ）。

A. 资产与负债同增　　B. 资产与负债同减
C. 资产增加、负债减少　　D. 资产减少、负债增加

5. 某企业期初资产总额为100 000元，期末负债总额比期初减少10 000元，所有者权益比期初增加30 000元。则企业期末资产总额是（ ）。

A. 90 000元　　B. 100 000元　　C. 120 000元　　D. 130 000元

6. 记账之后，在月末结账之前，会计等式的表现形式为（ ）。

A. 资产=负债+所有者权益
B. 资产=负债+所有者权益+（收入－费用）
C. 资产=负债+所有者权益+利润

D. 资产－负债＝所有者权益

7. 当一笔经济业务只涉及负债要素发生增减变化时，会计等式两边的金额（　　）。

A. 同增　　B. 同减

C. 不变　　D. 一方增加，一方减少

三、多项选择题

1. 下列属于所有者权益项目的有（　　）。

A. 实收资本　　B. 应收账款　　C. 资本公积　　D. 留存收益

2. 一项资产减少的同时，引起另一方面变动的可能是（　　）。

A. 另一项资产的增加　　B. 负债的减少

C. 权益的减少　　D. 所有者权益的减少

3. 下列（　　）经济业务会使资产和权益总额发生同时增加的变化。

A. 用银行存款购入固定资产　　B. 赊购原材料

C. 向银行借入短期借款　　D. 收到所有者投资的设备

4. 下列（　　）经济业务的发生不会使得"资产＝负债＋所有者权益"这一会计等式左右双方的总额发生变动。

A. 用资本公积转增实收资本　　B. 从银行提取现金

C. 赊购固定资产　　D. 用银行存款归还短期借款

四、技能训练题

1. 练习业务类型，并验算会计等式左右两边的总额是否平衡。

资料：假设该企业 2014 年 2 月仅发生以下经济业务：

（1）向购货单位收回其所欠的货款 52 000 元存入银行。（　　）

（2）用银行存款归还欠供应单位的货款 10 000 元。（　　）

（3）用银行存款归还银行短期贷款 30 000 元。（　　）

（4）外单位投资给该企业一台新车床，价值 20 000 元。（　　）

（5）把库存现金 2 000 元存入银行。（　　）

（6）用银行存款购买原材料 50 000 元。（　　）

要求：根据资料确定各业务分别属于哪种业务类型，填入括号内，并填列下表 2—7，若有相同项目，先合并再填列，检查两边是否平衡（假设各项目均无期初余额）。

表 2—7　　**资产负债表**

2014 年 2 月 28 日

资产	期末数	负债及所有者权益	期末数
合计		合计	

2. 掌握会计等式，了解资产、负债、所有者权益的基本内容。

资料：某工厂2014年创办时，取得国家以固定资产形式进行的投资350 000元，以流动资产方式进行的投资280 000元，其中原材料96 000元，其余均为银行存款。另外取得长期借款100 000元，已存入银行。

要求：

(1) 计算该厂资产总额是多少。

(2) 计算该厂负债总额和所有者权益总额分别是多少。

任务3 企业日常业务的核算

技能目标

1. 能正确设置会计科目、会计账户；
2. 能正确核算企业各项日常经济业务。

知识目标

1. 理解会计科目、会计账户的含义，熟悉其分类；
2. 理解会计账户与会计科目的关系；
3. 理解各会计科目的用法。

一、会计科目与账户

(一) 会计科目的设置

1. 会计科目的概念

会计科目是对会计要素的具体内容进行分类核算的项目。它是按照经济业务的内容和经营管理要求而设置的。每个会计科目都反映一个特定的经济内容。例如：企业的主要劳动手段，如机器设备、房屋等，设置“固定资产”科目反映；企业的劳动对象，如钢材等，设置“原材料”科目反映；投资者对企业的投资，设置“实收资本”科目反映。

设置会计科目是会计核算的一种专门方法。通过设置会计科目，可以将各项会计要素的增减变化分类归集，可以全面地、系统地反映各项经济内容在一定时期的综合变化，提供一系列具体的分类信息，便于投资人、债权人以及其他会计信息使用者掌握和分析企业的财务状况、经营成果和现金流量。

2. 设置会计科目的原则

会计科目设置的合理与否直接关系到会计信息的质量，它对于提高会计工作的质量和会计核算效率有着重要意义。因此，设置会计科目时，应遵循以下原则：

（1）科学性原则。设置会计科目，必须科学地反映会计要素的具体内容。各企业应根据自身业务的特点和管理要求对各项会计要素进行科学的划分。做到各项会计要素的具体内容均有明确的会计科目反映，且反映的内容不重、不漏、不混。会计科目的名称力求简明扼要，内容确切，以保证会计核算指标的科学性。

（2）统一性原则。会计科目的设置要保持会计指标体系的完整和统一。《企业会计准则——应用指南》规定的统一的会计科目表，考虑了统一会计报表的指标要求，能为国家的宏观经济管理提供口径一致的指标信息。

（3）灵活性原则。为适应企业经营活动的特点，满足内部经营管理对会计信息的不同要求，企业在符合国家统一要求的原则下，可以具有一定的灵活性。统一的会计科目表，是根据大多数企业的常规业务设置的，并未考虑每一个企业的特殊情况，因此，企业在不影响会计核算要求和会计报表指标汇总等前提下，可以根据实际情况自行增设、减少或合并某些会计科目。

（4）稳定性原则。会计核算资料是企业进行不同时期对比分析的依据，因此，会计科目设置后不应轻易变动，要保持相对稳定，尤其是在年度中间一般不要变更会计科目。在会计电算化的企业，会计科目更不能轻易变动，因为会计科目的变动需要修改计算机程序，工作量很大。

（5）合规性原则。规范设置会计科目，能够全面系统地反映企业的会计事项，提供完整的会计核算资料。同时要求会计科目的名称、含义准确，界限清楚，与会计制度保持一致，以便提供合规的财务会计信息，以满足国家宏观经济管理要求和有关方面使用者了解企业财务状况、经营成果和现金流量的需要。

3. 会计科目的分类

每个会计科目都核算某一特定的经济内容，各个会计科目之间既有联系，又有区别，它们构成了会计科目体系。为了正确设置和运用会计科目，就需要对会计科目进行合理的分类。

（1）按经济内容分类。会计科目按其反映的经济内容不同，可分为资产类、负债类、共同类、所有者权益类、成本类和损益类六类。

1）资产类科目。资产类科目按资产的流动性可分为流动资产和非流动资产。流动资产可分为库存现金、银行存款、交易性金融资产、应收账款、预付账款、存货、坏账准备等。存货还可分为原材料、周转材料、库存商品等。非流动资产可分为可供出售金融资产、长期应收款、长期股权投资、固定资产、无形资产等。

2）负债类科目。负债类科目按负债期限可分为流动负债和非流动负债。流动负债可分为短期借款、应付账款、应付职工薪酬、应交税费、应付利润、应付股利等。非流动负债可分为长期借款、应付债券、递延所得税负债等。

3）共同类科目。共同类科目既可能具有资产的性质，又可能具有负债的性质。它的性质取决于其核算的结果。共同类科目包括清算资金往来等。

4）所有者权益类科目。所有者权益类科目包括实收资本、资本公积、盈余公积、本年利润、利润分配等。

5）成本类科目。成本类科目包括生产成本、制造费用、劳务成本等。

6）损益类科目。损益类科目又可分为收入类科目和费用类科目。收入类科目包括主营业务收入、其他业务收入、投资收益、营业外收入等。费用类科目包括主营业务成本、其他业务成本、管理费用、销售费用、财务费用、营业外支出、所得税费用等。

(2) 按隶属关系分类。会计科目按其隶属关系，可分为总账科目和明细科目。

1) 总账科目。总账科目又称一级科目，它反映经济业务的概括情况，是进行总分类核算的依据。如库存现金、原材料、应付账款、实收资本等。

2) 明细科目。明细科目又可分为二级科目（又称子目）和三级科目（又称细目），它反映经济业务的详细情况，是进行明细核算的依据。二级科目是对总账科目的进一步分类，反映经济内容的大类资料，三级科目是对二级科目的进一步分类，反映经济内容的详细信息资料。

下面以原材料为例，列明其隶属关系，如表2—8所示。

表2—8　　会计科目隶属关系表

总账科目（一级科目）	明细科目	
	二级科目（子目）	三级科目（细目）
原材料	原料及主要材料	面料
		羽纱
	辅助材料	缝纫线
		纽扣
	修理用备件	轴承
		齿轮
	燃料	柴油
		原煤

4. 企业会计科目表

根据我国《企业会计准则——应用指南》的规定，企业部分常用的会计科目，如表2—9所示。

表2—9　　企业会计科目表

序号	编号	会计科目	序号	编号	会计科目
一、	资产类			二、	负债类
1	1001	库存现金	44	2001	短期借款
2	1002	银行存款	45	2101	交易性金融负债
3	1012	其他货币资金	46	2201	应付票据
4	1101	交易性金融资产	47	2202	应付账款
5	1102	短期投资跌价准备	48	2203	预收账款
6	1121	应收票据	49	2211	应付职工薪酬
7	1122	应收账款	50	2221	应交税费
8	1123	预付账款	51	2231	应付利息
9	1131	应收股利	52	2232	应付股利
10	1132	应收利息	53	2241	其他应付款
11	1221	其他应收款	54	2401	递延收益
12	1231	坏账准备	55	2501	长期借款
13	1401	材料采购	56	2502	应付债券
14	1402	在途物资	57	2701	长期应付款

续前表

序号	编号	会计科目	序号	编号	会计科目
15	1403	原材料	58	2702	未确认融资费用
16	1404	材料成本差异	59	2711	专项应付款
17	1405	库存商品	60	2801	预计负债
18	1407	商品进销差价	61	2901	递延所得税负债
19	1408	委托加工物资		三、	共同类
20	1400	周转材料	62	3001	清算资金往来
21	1461	融资租赁资产	63	3002	外汇买卖
22	1470	存货跌价准备		四、	所有者权益类
23	1501	持有至到期投资	64	4001	实收资本
24	1502	持有至到期投资减值准备	65	4002	资本公积
25	1503	可供出售金融资产	66	4101	盈余公积
26	1511	长期股权投资	67	4103	本年利润
27	1512	长期股权投资减值准备	68	4104	利润分配
28	1521	投资性房地产		五、	成本类
29	1531	长期应收款	69	5001	生产成本
30	1532	未实现融资收益	70	5101	制造费用
31	1601	固定资产	71	5201	劳务成本
32	1602	累计折旧		六、	损益类
33	1603	固定资产减值准备	72	6001	主营业务收入
34	1604	在建工程	73	6051	其他业务收入
35	1605	工程物资	74	6101	公允价值变动损益
36	1606	固定资产清理	75	6111	投资收益
37	1701	无形资产	76	6301	营业外收入
38	1702	累计摊销	77	6401	主营业务成本
39	1703	无形资产减值准备	78	6402	其他业务成本
40	1711	商誉	79	6403	营业税金及附加
41	1801	长期待摊费用	80	6601	销售费用
42	1811	递延所得税资产	81	6602	管理费用
43	1901	待处理财产损溢	82	6603	财务费用
			83	6701	资产减值损失
			84	6711	营业外支出
			85	6801	所得税费用
			86	6901	以前年度损益调整

（二）账户的设置

1. 账户的概念

会计科目只是对会计要素具体内容进行分类的项目，它不具有特定的结构和形式，不能实际记录并反映经济业务发生后引起的会计要素具体内容的增减变化及其结果。为了分类、连续、系统地进行核算和监督，必须根据会计科目开设账户。

账户是根据会计科目设置的具有一定结构的，用来分类、连续、系统地记录经济业务引起的会计要素具体内容增减变化及其结果的记账实体。

2. 账户的结构

账户的结构是指账户的构架形式。为了全面、清晰地记录和反映各项经济内容的增减变化及其结果，账户既要有明确的反映内容，又要有一定的结构形式。企业各项经济业务的发生都会引起会计要素具体内容的变化，从数量上看无非是增加和减少两种情况。因此，账户在结构上也相应分为两个基本部分，即左方和右方，分别记录会计要素具体内容的增加和减少数额。同时，还要反映其增减变化后的结果，即余额。所以，反映会计要素各项目增加额、减少额和余额三部分形成了账户的基本结构。企业实际使用的账户还应包括日期、凭证字号、摘要等内容。账户的一般结构如表 2—10 所示。

表 2—10　　账户的一般结构

账户的名称（会计科目）

年		凭证号数	摘要	左方	右方	余额
月	日					

在会计教学中，为了简化账户结构，常用“T”字形账户表示，如表 2—11 所示。

表 2—11　　T 字形账户结构

左方	账户名称（会计科目）		右方
期初余额	××××	本期发生额（减少）	×××
本期发生额（增加）	××××		××××
	×××		
本期增加发生额	××××	本期减少发生额	××××
期末余额	×××		

至于增加额、减少额和余额在账户的哪方表示，取决于账户的性质和不同的记账方法。上述账户的左方和右方分别用来记录增加金额和减少金额。一定时期（月、年）内登记在账户中的增加金额之和，称为本期增加额。一定时期（月、年）内登记在账户中的减少金额之和，称为本期减少额。余额一般有期初余额和期末余额之分。期初余额是上期结转来的数额，即上期期末余额。因此，通过账户可提供该账户的期初余额、本期增加额、本期减少额和期末余额。期末余额等于期初余额加本期增加发生额减本期减少发生额，可用公式表示如下：

期末余额＝期初余额＋本期增加发生额－本期减少发生额

（三）账户与会计科目的关系

账户和会计科目是会计学中两个既有联系又有区别的概念。它们的联系在于：账户是根据会计科目开设的，会计科目是账户的名称；同名称的账户与会计科目反映相同的会计经济内容，账户所登记的经济内容就是会计科目所规定的经济内容。例如："银行存款"账户是根据"银行存款"会计科目开设的，两者所指的经济内容是一致的。它们的区别是：会计科目只是一个名称，它指明应反映的经济内容，其本身并不能记录经济内容的增减变化情况，而账户既有名称，又有结构形式，能够对经济内容的增减变动及其结果分类、系统、连续地进行记录和反映。例如："银行存款"会计科目只规定它应反映企业存在银行中的款项，而"银行存款"账户可以把一定会计期间企业存在银行中的款项的增加、减少及结余情况记录下来，以随时反映银行存款数额的变化情况。

小知识：账户与会计科目的关系，可用中药店的药罐与上面的药名的关系来比喻。药名只作限定作用，中药必须借助于药罐或抽屉来存放。

二、借贷记账法

记账方法是指对于客观发生的会计事项利用一定的形式和技术，借助会计科目和账户，在账簿中记录经济业务的方法。记账方法一般由记账符号、账户设置、记账规则、过账、结账和试算平衡等内容所构成。复式记账法又因其构成要素的不同而分为借贷记账法、增减记账法和收付记账法。其中，借贷记账法是目前世界上通用的记账方法。

（一）借贷记账法的产生

借贷记账法最早起源于13世纪的意大利。当时，意大利的经济，特别是商品经济相当发达。在人们已发现的账簿中，最早使用这种方法记账的是公元1211年意大利佛罗伦萨"银行"的账簿，这就是如今人们掌握的借贷记账法的雏形。借贷记账法经历了由单式记账到复式记账的发展过程。随着商品经济的发展，借贷记账法也不断完善。大约到15世纪初，这时"借"、"贷"二字逐渐失去了原有的含义，而转化为一种记账符号，变成会计上的专门术语，用来反映会计要素各项具体内容的增减变化。

1494年，意大利数学家、近代会计之父卢卡·帕乔利出版了《算术、几何、比及比例概要》一书，从理论上阐明了借贷记账法。该书后来被译成多种语言，为借贷记账法在全世界的传播作出了贡献。20世纪初，借贷记账法传入我国，一些工商企业、银行以及政府机关开始采用这种记账方法。目前，借贷记账法已成为我国各单位广泛使用的一种复式记账法。2001年1月1日开始实施的《企业会计制度》规定，企业的会计记账采用借贷记账法。

（二）借贷记账法的账户结构

借贷记账法是以"借"和"贷"作为记账符号，把发生的经济业务所引起的会计要素的增减变动，以相等的金额，同时在两个或者两个以上的会计账户中，相互联系、相互制约地进行登记的一种复式记账方法。与其他复式记账法相比，借贷记账法在记账符号、账户结构等方面都有自身的特点。

1. 记账符号

借贷记账法是以“借”和“贷”作为记账符号，即用“借”和“贷”作为指明应记入某一账户的某一部分（方向）的符号。如前所述，“借”和“贷”是历史的产物，其最初的含义与债权、债务有关，后来逐步转化为抽象的记账符号，并获得了新的含义。首先它将每一个账户都固定地分为相互对立的部分，账户的左方称为借方，右方称为贷方，以此来表示账户内容的增减变化。

2. 账户结构

账户作为一种会计核算的基本工具，必须具有一定的结构，由于企业资金在运动过程中的变动状态不是增加就是减少，那么在借贷记账法下，究竟哪一方用来登记增加额，哪一方用来登记减少额，要看账户反映的经济内容，即账户的性质。

下面分别具体说明各类账户的结构。

（1）资产类账户的结构。资产类账户是用来记录和反映各项资产增减变动的账户。在这类账户中，借方登记资产的增加，贷方登记资产的减少。在一定的会计期间内，即借方登记的增加数额的合计数称为借方发生额，贷方登记的减少数额的合计数称为贷方发生额，在每一个会计期末，将借、贷方数额相比较，其差额称为期末余额，本期的期末余额转入下期，即为下期的期初余额。资产类账户的结构，如表2—12所示。

表2—12　　资产类账户的结构

（资产类科目）

借	贷
期初余额 本期增加额	 本期减少额
本期发生额	本期发生额
期末余额	

资产类账户借方期末余额＝借方期初余额＋借方本期发生额－贷方本期发生额

根据以上所述，现以“原材料”账户为例说明实际工作中资产类账户的具体结构，如表2—13所示。

表2—13　　“原材料”账户的结构

原材料

2014年 月	日	凭证号数	摘要	借方	贷方	借或贷	余额
12	1	（略）	期初余额			借	3 000
	3		购买材料	2 000		借	5 000
	9		领用材料		4 000	借	1 000
	16		购买材料	5 000		借	6 000
	19		购买材料	3 000		借	9 000
	28		领用材料		5 000	借	4 000
	31		本期发生额和期末余额	10 000	9 000	借	4 000

期末余额＝3 000＋10 000－9 000＝4 000（元）

（2）负债类账户的结构。负债类账户是用来记录和反映各项负债增减变动的账户。在这类账户中，贷方登记负债的增加，借方登记负债的减少。在一定的会计期间内，即贷方登记的增加数额的合计数称为贷方发生额，借方登记的减少数额的合计数称为借方发生额。在每一个会计期末，将借、贷方数额相比较，其差额称为期末余额。同资产类账户一样，本期的期末余额转入下期，即为下期的期初余额。负债类账户的结构，如表2—14所示。

表2—14　负债类账户的结构

（负债类科目）

借	贷
	期初余额
本期减少额	本期增加额
本期发生额	本期发生额
	期末余额

负债类账户贷方期末余额＝贷方期初余额＋贷方本期发生额－借方本期发生额

根据以上所述，现以“应付账款”账户为例说明实际工作中负债类账户的具体结构，如表2—15所示。

表2—15　“应付账款”账户的结构

应付账款

2014年		凭证号数	摘要	借方	贷方	借或贷	余额
月	日						
12	1	（略）	期初余额			贷	20 000
	3		偿还欠款	12 000		贷	8 000
	9		购料欠款		40 000	贷	48 000
	16		购料欠款		12 000	贷	60 000
	19		偿还欠款	40 000		贷	20 000
	26		购料欠款		15 000	贷	35 000
	31		本期发生额和期末余额	52 000	67 000	贷	35 000

期末余额＝20 000＋67 000－52 000＝35 000（元）

（3）所有者权益类账户的结构。所有者权益类账户包括实收资本、资本公积、盈余公积和本年利润等账户，它是反映企业净资产实有数额的账户。这类账户的结构与负债类账户的结构完全相同。即贷方登记增加数，借方登记减少数，期末账户余额一般为贷方余额，反映所有者权益实有数。所有者权益类账户的结构如表2—16所示。

表2—16　所有者权益类账户的结构

（所有者权益类科目）

借	贷
	期初余额
本期减少额	本期增加额
本期发生额	本期发生额
	期末余额

所有者权益类账户贷方期末余额＝贷方期初余额＋贷方本期发生额－借方本期发生额

根据以上所述，现以“实收资本”账户为例说明实际工作中所有者权益类账户的具体结构，如表 2—17 所示。

表 2—17　“实收资本”账户的结构

实收资本

2014 年		凭证号数	摘要	借方	贷方	借或贷	余额
月	日						
12	1		期初余额			贷	300 000
	3		国家投入资金		200 000	贷	500 000
	9		投入设备		40 000	贷	540 000
	19		转出资本	200 000		贷	340 000
	31		本期发生额和期末余额	200 000	240 000	贷	340 000

期末余额＝300 000＋240 000－200 000＝340 000（元）

（4）成本、费用类账户的结构。成本、费用类账户是用来记录企业在生产经营过程中的人力、物力和财力的消耗情况的账户。企业在生产经营过程中发生的各种费用支出，实质上是所有者权益的减少，因为所有者权益的减少记在账户的借方，所以成本、费用的增加应当记入账户的借方。因此，成本、费用类账户的结构是借方登记成本、费用的增加数，贷方登记成本、费用的减少数或转销数。其中，费用类性质账户内容在月末都要转入“本年利润”账户，以确定当期损益。该类账户在月末都没有余额。成本类性质账户在月末也要进行结转，制造费用转入生产成本，月末同样没有余额，而产品生产成本通过计算转入当期产成品价值，如有余额，必定在借方，反映尚未完工的在产品成本状况。成本、费用类账户的结构如表 2—18 所示。

表 2—18　成本、费用类账户的结构

（成本费用类科目）

借	贷
本期增加额	本期减少额
本期发生额	本期发生额
期末一般无余额	

根据以上所述，现以“制造费用”账户为例说明实际工作中成本、费用类账户的具体结构，如表 2—19 所示。

表 2—19　“制造费用”账户的结构

制造费用

2014 年		凭证号数	摘要	借方	贷方	借或贷	余额
月	日						
12	1		购电费	2 000		借	2 000
	3		车间领用材料	2 000		借	4 000
	9		支付车间工资	5 000		借	9 000
	16		支付修理费	5 000		借	14 000
	31		结转		14 000	平	0
	31		本期发生额和期末余额	14 000	14 000	平	0

(5) 收入类账户的结构。收入类账户是用来记录企业在经济活动中取得各项收入的账户。企业所取得的各项收入，是企业各项费用、成本的抵补的来源，收入的增加必将使企业的所有者权益增加。收入类账户与所有者权益类账户的性质相似，结构相同，即贷方登记增加数，借方登记减少数或转销数。该类性质账户内容在月末都要转入“本年利润”账户，以确定当期损益，所以月末无余额。收入类账户的结构，如表 2—20 所示。

表 2—20 **收入类账户的结构**

（损益收入类科目）

借	贷
本期减少额或转销数	本期增加额
本期发生额	本期发生额
	期末一般无余额

现以“主营业务收入”账户为例说明收入类账户的结构，如表 2—21 所示。

表 2—21 **“主营业务收入”账户的结构**

主营业务收入

2014 年		凭证号数	摘要	借方	贷方	借或贷	余额
月	日						
12	7		销售产品 A		30 000	贷	30 000
	12		销售产品 B		20 000	贷	50 000
	21		销售产品 A		10 000	贷	60 000
	31		结转	60 000		平	0
	31		本期发生额和期末余额	60 000	60 000	平	0

账户按其性质来说，既有反映各项资产的账户，又有反映负债和所有者权益的账户。我们知道，资产和权益是同一资金的两个不同的方面，但是总额却又保持着相等的平衡关系。因此在这两类账户中，应当用相反的方向来登记它们的增加或减少数。为了便于记忆和集中掌握各类账户的结构，现将各类账户借、贷方反映增减变化及余额方向情况汇总，如表 2—22 所示。

表 2—22 **账户的结构**

账户类别	借方	贷方	余额方向
资产	增加	减少	借方
费用	增加	减少	一般无余额
负债	减少	增加	贷方
所有者权益	减少	增加	贷方
收入	减少	增加	一般无余额

（三）借贷记账法的记账规则

记账规则是指运用记账方法记录经济业务时必须遵守的规则，它是记账本质特征的具体表现。“有借必有贷，借贷必相等”这几个字高度概括了借贷记账法的记账规则。其内容是在采用借贷记账法记录任何一笔经济业务时，都必须做到：把业务发生的金额记入一个会计账户借方的同时，也应当记入另一个或几个会计账户的贷方；反之，把业务发生的金额记入一个会计账户贷方的同时，也应当记入另一个或几个会计账户的借方；而记入会计账户借方的金额与记入贷方的金额必然相等。

小提示：“借”和“贷”只是一个记账符号，没有实在含义。

下面通过举例来说明借贷记账法的记账规则。

【例2—3】某公司2014年5月31日的资产、负债及所有者权益的数额，如表2—23所示。

表2—23　资产、负债及所有者权益数额表

资产		负债及所有者权益	
库存现金	3 200	短期借款	3 000
银行存款	60 000	应付票据	3 800
应收账款	53 000	应付账款	26 000
应收票据	3 800	实收资本	250 000
原材料	100 000	盈余公积	148 000
固定资产	520 000	本年利润	309 200
资产合计	740 000	负债及所有者权益合计	740 000

该公司6月份发生以下经济业务：

(1) 购买原材料6 000元并已验收入库，以银行存款转账。

这笔经济业务的发生涉及资产会计要素中的两个有关项目同时发生变化。一方面是属于资产要素的原材料增加了6 000元，应记入“原材料”账户的借方；另一方面是同样属于资产要素的银行存款减少了6 000元，应记入“银行存款”账户的贷方。

因此，这笔经济业务应该在这两个账户中作如下记录：

借	银行存款 贷	借 原材料	贷
	6 000	6 000	

(2) 以银行存款偿还前欠货款2 000元。

这笔经济业务的发生涉及资产和负债两个会计要素中的有关项目同时发生变化。一方面是属于资产要素的银行存款减少了2 000元，应记入“银行存款”账户的贷方；另一方面是属于负债的应付账款减少了2 000元，应记入“应付账款”账户的借方。这笔经济业务应该在这两个账户中作如下记录：

借	银行存款 贷	借 应付账款	贷
	2 000	2 000	

(3) 企业向银行借入为期3个月的借款20 000元，直接偿还前欠货款。

这笔经济业务的发生涉及负债会计要素中的两个有关项目同时发生变化。一方面是属于负债要素的应付账款减少了20 000元，应记入“应付账款”账户的借方；另一方面是同样属于负债要素的短期借款增加了20 000元，应记入“短期借款”账户的贷方。这笔经济业务应该在这两个账户中作如下记录：

借　　短期借款　　贷　　借　　应付账款　　贷

　　　　20 000 —— 20 000

(4) 企业收到投资者投入的设备一台，价值20 000元。

这笔经济业务的发生涉及资产和所有者权益两个会计要素中的有关项目同时发生变化。一方面是属于资产要素的固定资产增加了20 000元，应记入“固定资产”账户的借方；另一方面是属于所有者权益要素的实收资本增加了20 000元，应记入“实收资本”账户的贷方。这笔经济业务应该在这两个账户中作如下记录：

借　　实收资本　　贷　　借　　固定资产　　贷

　　　　20 000 —— 20 000

从以上四种类型的经济业务可以看出，在借贷记账法下，每一项业务发生后，都要以相等的金额同时记入有关的账户，一个记借方，另一个记贷方。这就是借贷记账法“有借必有贷，借贷必相等”的记账规则。

(5) 购入原材料6 000元并已验收入库，支付银行存款4 500元，其余暂欠。

这笔经济业务的发生涉及资产和负债两个会计要素中的三个项目同时发生变化。一是属于资产要素的原材料增加了6 000元，应记入“原材料”账户的借方；二是同样属于资产要素的银行存款减少了4 500元，应记入“银行存款”账户的贷方；三是属于负债要素的应付账款增加了1 500元，应记入“应付账款”账户的贷方。这笔经济业务应该在这三个账户中作如下记录：

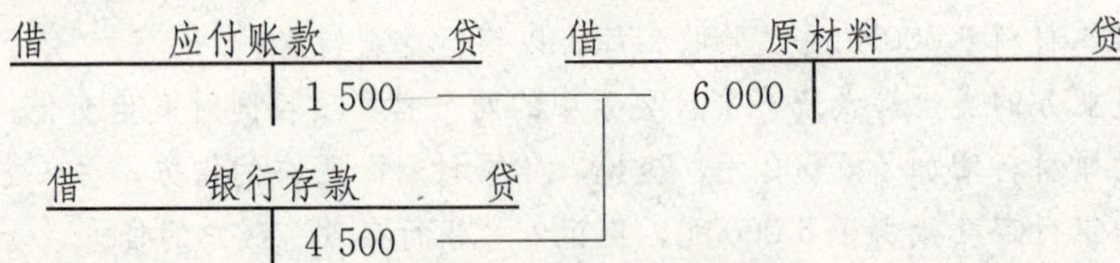

(6) 公司兑现到期汇票3 800元，另开出银行转账支票2 500元，清偿前欠货款。

这笔经济业务的发生涉及资产会计要素中的三个项目同时发生变化。一是属于资产要素的银行存款减少了6 300元，应记入“银行存款”账户的贷方；二是属于负债要素的应付票据减少了3 800元，应记入“应付票据”账户的借方；三是同样属于负债要素的应付账款减少了2 500元，应记入“应付账款”账户的借方。这笔经济业务应该在这三个账户中作如下记录：

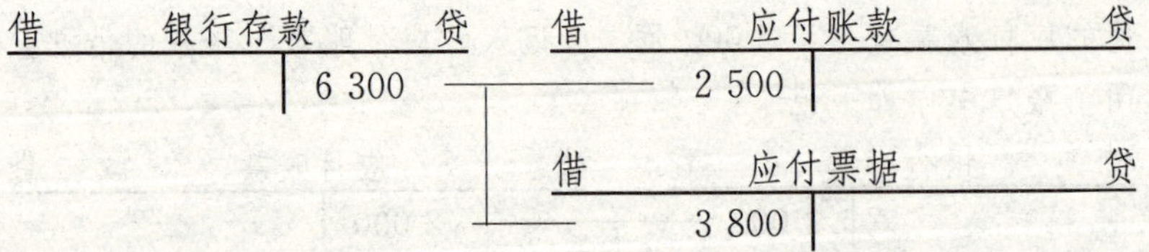

小提示：借贷记账法的记账规则，可从经济业务的基本类型引起的会计要素具体内容的增减变动，结合“借”、“贷”记账符号进行推导。每种经济业务引起的经济内容的增减变化，必然记入一个账户的借方，另一个账户的贷方，且金额相等。

（四）借贷记账法的试算平衡

在借贷记账法下，对每一项经济业务都是用借、贷相等的金额来记录的，因此全部账户的借方发生额和贷方发生额也必然相等。试算平衡就是以会计恒等式和借贷记账规则为理论基础，根据资产与权益之间的平衡关系，按照记账规则的要求，通过对所有账户记录的汇总和计算，来检验各类账户的记录是否正确、完整的一种方法。

在借贷记账法下，试算平衡可以按照下列公式进行。

（1）全部账户的期初借方余额合计数等于全部账户的期初贷方余额合计数。

（2）全部账户的本期借方发生额合计数等于全部账户的本期贷方发生额合计数。

（3）全部账户的期末借方余额合计数等于全部账户的期末贷方余额合计数。

上述三方面的平衡关系，可以用来检验账户记录的正确性。如果三方面都保持平衡，说明记账工作基本上是正确的，通常把这种检验账户记录的工作称为试算平衡。

应当注意的是，试算平衡表只是通过借贷金额是否平衡来检验账户记录是否正确。如果借贷不平衡，则可以肯定账户的计算或记录有错误，应当进一步查明原因，予以纠正。但是，如果试算平衡，并不能完全肯定记账没有错误，因为记错账户或记错金额并不一定影响借贷平衡。试算平衡通常是通过编制试算平衡表来进行的。现根据前例，编制试算平衡表，如表2—24所示。

表2—24 **试算平衡表**

单位名称：某公司 2014年6月 单位：元

账户	期初余额		本期发生额		期末余额	
	借方	贷方	借方	贷方	借方	贷方
资产：						
库存现金	3 200				3 200	
银行存款	60 000			18 800	41 200	
应收账款	53 000				53 000	
应收票据	3 800				3 800	
原材料	100 000		12 000		112 000	
固定资产	520 000		20 000		540 000	
负债：						
短期借款		3 000		20 000		23 000
应付票据		3 800	3 800			0
应付账款		26 000	24 500	1 500		3 000
所有者权益：						
实收资本		250 000		20 000		270 000
盈余公积		148 000				148 000
本年利润		309 200				309 200
合计	740 000	740 000	60 300	60 300	753 200	753 200

（五）会计分录的编制

对于每一项业务，为了保证账户记录的正确性，在记入有关账户之前，首先应当根据经济业务发生时取得的或填制的原始凭证编制会计分录，然后根据会计分录登记账户。

会计分录简称分录，是指明某项经济业务所记入的账户、记账方向和入账金额的一种记录。在实际工作中，是通过填制记账凭证确定会计分录的。

在编制会计分录时，按照“先借后贷，上下排列，左右错开，金额错开”的格式列示。现将例 2—3 中的六项经济业务，编制会计分录如下：

(1) 借：原材料　　60 000
　　贷：银行存款　　60 000

(2) 借：应付账款　　2 000
　　贷：银行存款　　2 000

(3) 借：应付账款　　20 000
　　贷：短期借款　　20 000

(4) 借：固定资产　　20 000
　　贷：实收资本　　20 000

(5) 借：原材料　　6 000
　　贷：银行存款　　4 500
　　　　应付账款　　1 500

(6) 借：应付账款　　2 500
　　　　应付票据　　3 800
　　贷：银行存款　　6 300

会计分录有简单会计分录和复杂会计分录之分。简单会计分录是指由一个账户的借方与另一个账户的贷方相对应组成的会计分录，或者说是只涉及两个账户的会计分录，即“一借一贷”的账户对应关系，如上述（1）至（4）就是简单会计分录。复杂会计分录是指由一个账户的借方（或贷方）与另几个账户的贷方（或借方）相对应组成的会计分录，即“一借多贷”或“一贷多借”的账户对应关系，如上述（5）和（6）就是复杂会计分录。当然在实际工作中也存在“多借多贷”的账户对应关系，应编制“多借多贷”对应关系的会计分录。

小知识：借贷记账法中账户的基本结构：“借”表示资产的增加和负债及所有者权益的减少，费用成本的增加，收益的结转；“贷”表示负债及所有者权益的增加及资产的减少，费用成本的转销，收益的增加。借贷记账法的记账规则：“有借必有贷，借贷必相等”。

三、资金筹集业务的核算

企业从事生产经营活动，必须拥有一定数量的资金，资金是企业拥有或控制的各项财产物资的货币表现。资金筹集是企业经营资金运动全过程的起点。资金的筹集渠道主要有两大类。一是投资者投入资本。成立企业必须有一定数量的资本金，所以投资者必须向企业投入资本，国家、单位、个人等投资者可以用货币资金、实物或无形资产向企业投资，这部分资金形成企业的所有者权益。二是向债权人借入资金。企业在生产经营过程中向银行或非银行金融机构借入的款项（本任务不考虑发行债券等），企业需按照协议支付利息，到期偿还本金，这部分资金形成企业的负债。借款按偿还期的长短分为短期借款和长期借款。资金筹集业务核算的主要内容有：企业收到投资者投入的资本、向银行或非银行金融机构借入款项及偿还借款。

小知识：我国公司法规定了设立公司的法定资本最低限额。例如：设立以生产经营为主的公司，法定资本最低限额为人民币 50 万元。公司向工商管理部门注册登记时实缴的出资额即法定资本。投资者投入的资本是企业注册登记的法定资本总额的来源，企业的实收资本（或股本）除符合增资条件，并经有关部门批准增资和按法定程序报经批准减少注册资本外，不得随意变动。

（一）设置的主要账户

1.“实收资本”账户

实收资本是指投资者按照企业章程或合同、协议的约定，实际投入企业的资本。“实收资本”账户核算企业投资者实际投入企业（股份有限公司用“股本”账户）的资本金的增减变动及余额情况。该账户属于所有者权益类账户，贷方登记企业实际收到投资者投入的资金；借方登记实收资本的减少数；期末贷方余额反映企业期末实收资本总额。为了具体核算每个投资者投入企业的资本情况，该账户应按投资者设置明细账户，进行明细分类核算。其账户结构如表 2—25 所示。

表 2—25　　“实收资本”账户结构

借方　　实收资本	贷方
发生额：实收资本的减少额	期初余额：期初实收资本总额 发生额：实收资本的增加额
	期末余额：期末实收资本总额

2.“短期借款”账户

短期借款是指企业为了满足生产经营的需要，向银行或其他金融机构借入的期限在 1 年以下（含 1 年）的各种借款。“短期借款”账户核算短期借款的借入、偿还和余额情况。该账户属于负债类账户，贷方登记企业借入的各种短期借款的本金，借方登记偿还的短期借款的本金，期末贷方余额反映企业尚未偿还的短期借款的本金数额。该账户应按债权人设置明细账，并按借款种类进行明细核算。其账户结构如表 2—26 所示。

表 2—26　　“短期借款”账户结构

借方　　短期借款	贷方
发生额：短期借款的减少额	期初余额：期初短期借款总额 发生额：短期借款的增加额
	期末余额：期末尚未偿还的短期借款本金

3. “长期借款”账户

“长期借款”账户核算企业向银行或其他金融机构借入的期限在1年以上（不含1年）的各项生产经营用资金。该账户属于负债类账户，贷方登记企业借入的长期借款及应付而未付的利息，借方登记偿还的长期借款本金和利息，期末贷方余额反映企业尚未偿还的长期借款的本金和利息。该账户应按贷款单位设置明细账，并按贷款种类进行明细核算。其账户结构如表2—27所示。

表2—27 “长期借款”账户结构

借方 长期借款	贷方
发生额：长期借款本息的减少额	期初余额：期初长期借款本息额 发生额：长期借款本息的增加额
	期末余额：期末尚未偿还的长期借款本息

（二）资金筹集业务的核算举例

【例2—4】 6月1日，某企业收到国家投入资本500 000元，存入银行。（银行收账通知）

这项经济业务的发生，一方面使企业的银行存款增加，应在资产类账户“银行存款”账户的借方登记500 000元，另一方面使国家对本企业的投入资本增加，应在所有者权益类账户“实收资本”账户的贷方登记500 000元。会计分录为：

借：银行存款　　500 000

　贷：实收资本——国家　　500 000

【例2—5】 6月3日，某企业收到中华公司投入的新机器5台，价值200 000元。（投资清单）

这项经济业务的发生，一方面使企业的固定资产增加，应在资产类账户“固定资产”账户的借方登记200 000元，另一方面使中华公司对本企业的投入资本增加，应在所有者权益类账户“实收资本”账户的贷方登记200 000元。会计分录为：

借：固定资产　　200 000

　贷：实收资本——中华公司　　200 000

【例2—6】 6月4日，某企业向商业银行借入期限为6个月的经营周转用资金60 000元，款项已存入银行。（借款凭证回单）

这项经济业务的发生，一方面使企业的银行存款增加，应在“银行存款”账户的借方登记60 000元，另一方面使企业的短期借款增加，应在负债类账户“短期借款”账户的贷方登记60 000元。会计分录为：

借：银行存款　　60 000

　贷：短期借款　　60 000

【例2—7】 6月7日，某企业向工商银行借入期限为3年的一笔借款100 000元，用于企业的生产经营，款项已存入银行。（借款凭证回单）

这项经济业务的发生，一方面使企业的银行存款增加，应在“银行存款”账户的借方登记100 000元，另一方面使企业的长期借款增加，应在负债类账户“长期借款”账户的贷方登记 100 000 元。会计分录为：

借：银行存款　　100 000

　贷：长期借款　　100 000

【例 2—8】6 月 8 日，某企业偿还一笔到期的短期借款 20 000 元。(偿还贷款凭证)

这项经济业务的发生，一方面企业因偿还短期借款而使短期借款减少，应在“短期借款”账户的借方登记 20 000 元，另一方面企业的银行存款减少，应在“银行存款”账户的贷方登记 20 000 元。会计分录为：

借：短期借款　　20 000

　贷：银行存款　　20 000

为例 2—4 至例 2—8 中的经济业务开设并登记 T 形账户，如图 2—4 所示。

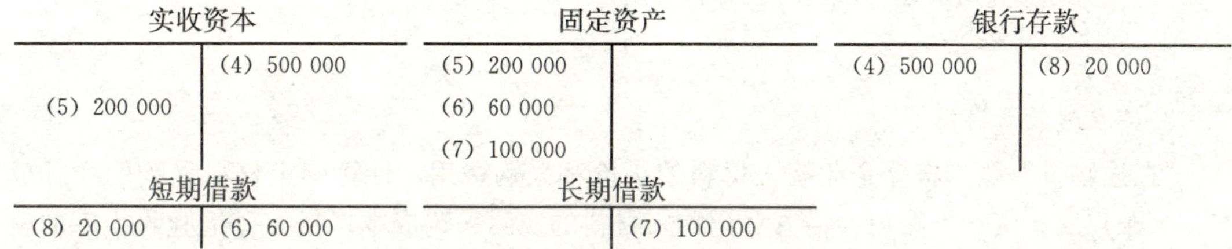

图 2—4　资金筹集业务的总分类核算

四、生产准备业务的核算

企业筹集到所需的资金后，就进入了生产准备阶段。生产准备过程主要是购建厂房、机器设备，采购和储存生产经营所需的各种材料，为生产经营的正常进行做好准备工作，满足生产经营的需要。在购置固定资产、采购材料的过程中，应按照经济合同和结算制度的规定支付货款，还需要支付各种采购费用，如运输费用、装卸搬运费、包装费用等。生产准备业务核算的主要内容包括：购建固定资产、材料采购业务、货款结算业务、计算材料的采购成本以及材料验收入库等。

(一) 设置的主要账户

1.“固定资产”账户

“固定资产”账户核算企业固定资产原值的增减变动情况。该账户属于资产类账户，借方登记增加的固定资产的原值，贷方登记减少的固定资产的原值，期末余额在借方，表示期末固定资产的账面原值。为了具体核算各类固定资产的增减变动及期末账面原值，应按固定资产的种类设置明细账，进行明细分类核算。实际工作中，可按固定资产类别、使用部门为每项固定资产设置固定资产卡片和固定资产登记簿。其账户结构如表 2—28 所示。

表 2—28　　“固定资产”账户结构

借方　　固定资产	贷方
期初余额：期初固定资产的账面原值 发生额：增加的固定资产的原值	发生额：减少的固定资产的原值
期末余额：期末固定资产的账面原值	

2.“在建工程”账户

“在建工程”账户核算企业在购建固定资产过程中所发生的实际支出。该账户属于资产类账户，借方登记购建过程中发生的各项支出，贷方登记购建完工并交付使用结转入“固定资产”账户的成本，期末借方余额表示尚未完工交付使用的固定资产的购建成本。其账户结构如表2—29所示。

表2—29　“在建工程”账户结构

借方　在建工程	贷方
期初余额：期初尚未交付使用的固定资产的购建成本 发生额：购建固定资产的各项支出	发生额：交付使用的在建工程转出数
期末余额：期末尚未交付使用的固定资产的购建成本	

3.“在途物资”账户

“在途物资”账户核算企业购入材料的买价和采购费用，计算确定材料采购的实际成本。该账户属于资产类账户，借方登记购入材料的实际采购成本，贷方登记验收入库的材料实际成本，期末借方余额表示期末尚未到达或尚未验收入库的在途材料的实际成本。为了具体核算各种材料的实际采购成本，应按材料的品种、规格设置明细账，进行明细分类核算。其账户结构如表2—30所示。

表2—30　“在途物资”账户结构

借方　在途物资	贷方
期初余额：期初尚未验收入库的材料的成本 发生额：购入材料的买价、采购费用	发生额：验收入库的材料的实际成本
期末余额：期末尚未验收入库的材料的成本	

4.“原材料”账户

“原材料”账户核算企业库存材料的增加、减少和结存情况。该账户属于资产类账户，借方登记已验收入库材料的实际成本，贷方登记发出材料的实际成本，期末余额在借方，表示期末库存材料的实际成本。为了详细核算各种原材料，应按材料的品种及规格设置明细账，进行明细分类核算。其账户结构如表2—31所示。

表2—31　“原材料”账户结构

借方　原材料	贷方
期初余额：期初库存材料的实际成本 发生额：验收入库材料的实际成本	发生额：仓库发出材料的实际成本
期末余额：期末库存材料的实际成本	

5.“应付账款”账户

“应付账款”账户核算企业因采购材料、接受劳务等而应付给供应单位的款项的发生、偿还和余额情况。该账户贷方登记应付给供应单位的款项，借方登记已偿还的应付款项，期末余额在贷方，反映企业尚未偿还的应付款项。为了具体反映与各个供应单位的债务结算情况，该账户应按供应单位名称设置明细账，进行明细分类核算。其账户结构如表 2—32 所示。

表 2—32　　　　　　　　　“应付账款”账户结构

应付账款

借方	贷方
	期初余额：期初尚未偿还的应付账款
发生额：偿还的应付账款	发生额：应付账款的增加额
	期末余额：期末尚未偿还的应付账款

6. “预付账款”账户

预付账款是指企业按照购货合同规定预付给供应单位的款项，预付账款是企业暂时被供应单位占用的资金。“预付账款”账户核算预付账款的增减变动情况，属于资产类账户，其借方登记预付的款项和补付的款项，贷方登记收到采购货物时按发票冲销的预付账款和因预付货款多余而退回的款项，期末余额一般在借方，表示已预付的货款。为了具体反映预付给供应单位的账款情况，该账户应按供应单位设置明细账，进行明细分类核算。其账户结构如表 2—33 所示。

表 2—33　　　　　　　　　“预付账款”账户结构

预付账款

借方	贷方
期初余额：已预付尚未收到货物的金额	
发生额：支付预付款项	发生额：收到货物而冲销的预付货款
期末余额：已预付尚未收到货物的款项	

小提示：对于预付账款不多的企业，可以不设“预付账款”账户，收到预付货款时直接记入“应付账款”账户的借方核算。

7. “应付票据”账户

“应付票据”账户核算企业因购买物资、接受劳务等而开出、承兑的商业汇票，属于负债类账户，其贷方登记开出、承兑汇票的面值及带息票据的利息，借方登记支付票据的金额，期末贷方余额表示未到期尚未支付的票据的面值和应计未付的利息。其账户结构如表 2—34 所示。

表 2—34　　　　　　　　　“应付票据”账户结构

应付票据

借方	贷方
	期初余额：期初尚未支付的应付票据
发生额：支付票据的金额	发生额：本期开出承兑的汇票面值、带息票据的预提利息
	期末余额：期末尚未支付的票据的面值及应计未付的利息

小知识：商业汇票是一种由出票人签发的，委托付款人在指定日期无条件支付确定金额给收款人或者持票人的票据。商业汇票的付款期限最长不得超过 6 个月。根据承兑人不同，商业汇票分为商业承兑汇票和银行承兑汇票。

8. “应交税费——应交增值税”账户

“应交增值税”账户属于负债类账户，借方登记企业购进货物或接受应税劳务支付的进项税额、实际缴纳的增值税等，贷方登记销售货物或提供应税劳务向购买方收取的销项税额、出口货物退税等，期末贷方余额表示应交未交的增值税，期末借方余额表示未抵扣完的增值税。其账户结构如表 2—35 所示。

表 2—35　　“应交税费——应交增值税”账户结构

借方　　应交税费——应交增值税	贷方
期初余额：期初尚未抵扣完的进项税额 发生额：购进货物负担的增值税进项税额、实际缴纳的增值税	发生额：销售货物应收取的增值税销项税额
期末余额：期末尚未抵扣完的增值税	期末余额：期末应交未交的增值税

小知识：增值税是对在我国境内销售货物或提供应税劳务的增值额征收的一种税。增值税纳税人按其经营规模大小及会计核算健全与否划分为一般纳税人和小规模纳税人。对小规模纳税人实行按销售额与征收率（征收率为 3%）计算应纳税额的简易征税办法；一般纳税人采用间接计税办法，实行税款抵扣制，即当期应纳税额等于当期销项税额减当期进项税额，其基本税率为 17%。

按照《增值税暂行条例》的规定，销项税额是指纳税人销售货物或提供应税劳务，按照销售额和规定税率计算并向购买方收取的增值税税额；进项税额是指纳税人购进货物或接受应税劳务时支付或者负担的增值税税额。用企业收取的销项税额扣减准予抵扣的其支付的进项税额，余额为当期应缴纳的增值税税额。

（二）生产准备业务的核算举例

【例 2—9】6 月 3 日，某企业购入需要安装的机器设备 5 台，价款计 150 000 元，运杂费 1 100 元，安装调试费 900 元，均以银行存款支付。（商业发票、转账支票存根）

这笔经济业务中，购入需安装的机器设备应先通过“在建工程”账户核算，购入设备的价款、运杂费和安装调试费都属于购建成本，应在“在建工程”账户的借方登记152 000元，同时企业的银行存款减少，应在“银行存款”账户的贷方登记 152 000 元。会计分录为：

借：在建工程　　152 000

　贷：银行存款　　152 000

【例 2—10】6 月 4 日，上述设备安装完毕交付使用，按实际购建成本结转固定资产入账。（固定资产清单）

这笔经济业务中，企业的固定资产增加，应在“固定资产”账户的借方登记 152 000 元，同时购建成本从“在建工程”账户转出，应在“在建工程”账户的贷方登记 152 000 元。会计分录为：

借：固定资产　　152 000

　贷：在建工程　　152 000

【例 2—11】6 月 4 日，某企业从华东公司购入甲材料 2 000 千克，每千克 20 元，货款40 000 元，增值税 6 800 元，货款已支付，材料尚未验收入库。(增值税专用发票、转账支票存根)

这笔经济业务中，一方面甲材料的采购成本增加，应在资产类账户“在途物资”账户的借方登记 40 000 元，支付的增值税进项税额 6 800 元应记入“应交税费——应交增值税”账户的借方；另一方面银行存款减少，应在资产类账户“银行存款”账户的贷方登记 46 800 元。会计分录为：

借：在途物资——甲材料　　40 000
　　应交税费——应交增值税（进项税额）　　6 800
　贷：银行存款　　46 800

【例 2—12】6 月 5 日从怡园公司购入乙材料 1 000 千克，单价 25 元，货款 25 000 元，增值税 4 250 元，运费 1 000 元，款项未支付，材料未验收入库。(增值税专用发票、运费杂费收据)

这笔经济业务中，发生 1 000 元运费，其中 70 元应计入进项税额，930 元应计入乙材料采购成本，所以应在资产类账户“在途物资”账户的借方登记 25 930 元，在“应交税费——应交增值税”账户的借方登记 4 320 元，同时应付而未付的款项增加，应在负债类账户“应付账款”账户的贷方登记 30 250 元。会计分录为：

借：在途物资——乙材料　　25 930
　　应交税费——应交增值税（进项税额）　　4 320
　贷：应付账款——怡园公司　　30 250

> **小知识**：在途物资成本的计算。材料采购成本由买价和采购费用两个成本项目构成。其中，买价是指供货单位开出的发票上的价格；采购费用包括：运杂费（运输费、装卸费、包装费、仓储费等），运输途中的合理损耗，入库前的挑选整理费及购入材料负担的其他费用。

> **小提示**：根据现行税法规定，购进物资所支付的运费可依 7%的扣除率计算进项税额准予抵扣，扣除进项税额后的运费计入采购成本。

【例 2—13】6 月 11 日，上述甲材料验收入库，按实际采购成本转账。(入库单)

这笔经济业务中，仓库的原材料增加，应在资产类账户“原材料”账户的借方登记 40 000元，同时从“在途物资”账户转出使采购成本减少，应在“在途物资”账户的贷方登记 40 000 元。会计分录为：

借：原材料——甲材料　　40 000
　贷：在途物资——甲材料　　40 000

【例 2—14】6 月 14 日，上述乙材料验收入库，按实际采购成本转账。(入库单)

分析同上例，会计分录为：

借：原材料——乙材料　　25 930
　贷：在途物资——乙材料　　25 930

【例 2—15】 6 月 16 日，某企业从科达公司购入甲材料 1 000 千克、单价 20 元，丙材料 3 000千克、单价 10 元，货款共计 50 000 元，增值税 8 500 元，款项已支付，另用现金支付装卸搬运费 400 元，材料已验收入库。(增值税专用发票、转账支票存根、入库单、运杂费收据)

这笔经济业务中，材料的采购成本为买价加运杂费，甲材料的采购成本为 20 000 元，加上应负担的装卸费 100 元，应在“原材料——甲材料”账户的借方登记 20 100 元，同理，应在“原材料——丙材料”账户的借方登记 30 300 元。支付的增值税进项税额 8 500 元应记入“应交税费——应交增值税”账户的借方，同时银行存款减少，应在“银行存款”账户的贷方登记 58 500 元，现金减少应在“库存现金”账户的贷方登记 400 元。会计分录为：

借：原材料——甲材料　　20 100
　　　　　——丙材料　　30 300
　　应交税费——应交增值税（进项税额）　　8 500
　贷：银行存款　　58 500
　　　库存现金　　400

特别提醒： 装卸搬运费 400 元是搬运甲、丙材料共同发生的，应在二者之间进行合理分配后分别计入二者的采购成本。分配运杂费的方法有多种，本例以甲、丙材料的重量为标准分配搬运费。计算如下：

分配率＝装卸搬运费总金额/各材料重量合计＝400/4 000＝0.1

甲材料应负担的装卸费＝1 000×0.1＝100（元）

丙材料应负担的装卸费＝3 000×0.1＝300（元）

【例 2—16】 6 月 18 日，某企业偿还前欠南方厂的应付账款 10 000 元。(银行电汇凭证回单)

这笔经济业务的发生，一方面使企业的银行存款减少，应在“银行存款”账户的贷方登记 10 000 元，另一方面使企业的应付账款（负债）减少，应在“应付账款”账户的借方登记 10 000 元。会计分录为：

借：应付账款——南方厂　　10 000
　贷：银行存款　　10 000

【例 2—17】 6 月 19 日，某企业从东升公司采购丁材料 1 000 千克，单价 40 元，货款计 40 000 元。根据合同规定向东升公司预付货款 30 000 元，验收货物后补付其余款项。(银行电汇凭证回单、收据)

这笔经济业务中，一方面支付预付款 30 000 元，应记入资产类账户“预付账款”账户的借方，另一方面银行存款减少，应在“银行存款”账户的贷方登记 30 000 元。会计分录为：

借：预付账款——东升公司　　30 000
　贷：银行存款　　30 000

【例 2—18】 6 月 20 日，某企业开出一张面值为 29 250 元、期限为 3 个月的不带息商业汇票，从南林公司购入 1 000 千克乙材料，单价 25 元，货款 25 000 元，增值税 4 250 元，材料已验收入库。(增值税专用发票、商业承兑汇票、入库单)

这笔经济业务中，一方面乙材料的采购成本增加，应在“原材料”账户的借方登记 25 000元，应向供货方支付的增值税进项税额 4 250 元应记入“应交税费——应交增值税”

账户的借方，另一方面开出的商业汇票形成了企业的负债，应在负债类账户“应付票据”账户的贷方登记 29 250 元。会计分录为：

借：原材料——乙材料　　25 000
　　应交税费——应交增值税（进项税额）　　4 250
　贷：应付票据——南林公司　　29 250

【例 2—19】 6 月 28 日，某企业收到东升公司发来的 1 000 千克丁材料，材料已验收入库，收到增值税专用发票上注明货款 40 000 元，增值税 6 800 元，以银行存款补付不足款项。(增值税专用发票、入库单、银行电汇凭证回单)

这笔经济业务的发生，一方面使丁材料的采购成本增加，应在“原材料”账户的借方登记 40 000 元，在“应交税费——应交增值税（进项税额）”账户的借方登记 6 800 元；另一方面因收到货物应冲销预付款，应在资产类账户“预付账款”账户的贷方登记 46 800 元。支付的不足款项仍通过“预付账款”账户核算，在其借方登记 16 800 元，同时银行存款减少，应在“银行存款”账户的贷方登记 16 800 元。会计分录为：

借：原材料——丁材料　　40 000
　　应交税费——应交增值税（进项税额）　　6 800
　贷：预付账款——东升公司　　46 800

补付货款的会计分录为：

借：预付账款——东升公司　　16 800
　贷：银行存款　　16 800

特别提醒： 对已预付货款的采购业务，补付货款时仍要先通过“预付账款”账户，再全部冲销。

温馨提示： 本任务材料入库时，及时分别结转了入库材料的成本。在实际工作中，为简化会计核算，入库的材料可在月末汇总后一次性结转入库材料的成本。

为例 2—9 至例 2—19 中的经济业务开设并登记 T 形账户，如图 2—5 所示。

银行存款	
	(9) 152 000
	(11) 46 800
	(15) 58 500
	(16) 10 000
	(17) 30 000
	(19) 16 800

在途物资	
(11) 40 000	(13) 40 000
(12) 25 930	(14) 25 930

原材料	
(13) 40 000	
(14) 25 930	
(15) 50 400	
(18) 25 000	
(19) 40 000	

应付账款	
(16) 10 000	(12) 30 250

应交税费	
(11) 6 800	
(12) 4 320	
(15) 8 500	
(18) 4 250	
(19) 6 800	

预付账款	
(17) 30 000	(19) 46 800
(19) 16 800	

在建工程	
(9) 152 000	(10) 152 000

应付票据	
	(18) 29 250

库存现金	
	(15) 400

固定资产	
(10) 152 000	

图 2—5　生产准备业务的总分类核算

五、生产业务的核算

工业企业的生产过程是工人利用劳动资料对劳动对象进行加工，制造出工业产品的过程。生产过程既是物化劳动和活劳动的耗费过程，又是产品的形成过程。企业在生产产品的过程中要消耗材料、支付职工工资及其他费用，发生固定资产的磨损等，这些耗费就是生产费用。为生产产品而发生的各种费用按一定的方法和程序归集到各种产品中去，计算出为制造某种产品而耗用的生产费用即产品成本。生产业务核算的内容包括从投入材料到产品完工并验收入库的全过程。即仓库发出材料、计提分配和发放工资、计提折旧、支付和分配间接费用、计算并结转完工产品成本等。

（一）设置的主要账户

1. “生产成本” 账户

“生产成本” 账户核算企业在生产产品的过程中发生的各种生产费用。该账户属于成本类账户，借方登记本期发生的各种直接材料费、直接人工费及分配转入的制造费用，贷方登记已完工并验收入库的产品的实际生产成本，期末借方余额表示尚未完工的在产品的成本。

为正确核算各种产品的生产数量、生产费用和实际生产成本，可按产品的种类或类别分别设置明细账，进行明细分类核算。其账户结构如表 2—36 所示。

表 2—36　“生产成本” 账户结构

借方　生产成本	贷方
期初余额：期初在产品的实际成本 发生额：生产过程发生的直接材料费、直接人工费及分配转入的制造费用的数额	发生额：完工并验收入库的产品的实际成本
期末余额：期末尚未完工的在产品的成本	

2. “制造费用” 账户

“制造费用” 账户用来核算企业的生产部门为组织和管理生产而发生的各种间接费用，包括车间管理人员的工资和福利费、机器设备及车间厂房的折旧费、车间办公费、水电费、机器物料消耗费、劳动保护费等。该账户属于成本类账户，借方登记本月发生的间接费用，贷方登记期末分配转入 “生产成本” 账户的数额，期末一般无余额。为了了解不同生产部门的间接费用的发生情况，并便于考核部门的经费开支，应按生产部门和费用项目设置明细账，进行明细分类核算。其账户结构如表 2—37 所示。

表 2—37　“制造费用” 账户结构

借方　制造费用	贷方
发生额：本期发生的各种间接费用	发生额：期末分配转入 “生产成本” 账户借方的数额

3．“应付职工薪酬”账户

“应付职工薪酬”账户核算企业根据有关规定应付给职工的各种薪酬。企业（外商）按规定从净利润中提取的职工奖励及福利基金，也在本科目中核算。本科目可按“工资”、“职工福利”、“社会保险费”、“住房公积金”、“工会经费”、“职工教育经费”、“非货币性福利”、“辞退福利”、“股份支付”等进行明细分类核算。其账户结构如表2—38所示。

表2—38　“应付职工薪酬”账户结构

借方　　应付职工薪酬	贷方
发生额：本期实际支付的薪酬额	发生额：本期应付职工的薪酬（或应分配记入有关成本费用账户的薪酬费用）
期末余额：多支付的职工薪酬	期末余额：应付未付的职工薪酬

小知识： 职工福利费是指企业根据规定用于职工个人福利方面的资金。其主要用于职工医药费、企业医务人员工资、医务经费、职工生活困难补助等，应计入企业的费用。职工福利费通常据实列支。

4．“累计折旧”账户

“累计折旧”账户核算固定资产因使用而发生的价值损耗及其转销情况，该账户属于资产类账户，贷方登记计提的累计折旧数和增加固定资产而相应增加其已提的折旧数，借方登记因出售、报废等减少固定资产而相应转销其已提的折旧数，期末贷方余额表示现有固定资产已提折旧的累计数。其账户结构如表2—39所示。

表2—39　“累计折旧”账户结构

借方　　累计折旧	贷方
发生额：转销的固定资产折旧额	期初余额：期初已提折旧的累计数 发生额：本期计提的固定资产折旧额
	期末余额：现有固定资产已提折旧的累计数

5．“库存商品”账户

“库存商品”账户核算产成品增减变动情况。该账户属于资产类账户，借方登记已完工入库的产成品成本，贷方登记销售等发出的产品成本，期末余额在借方，表示现有库存产成品的制造成本。为了详细核算每种产品的增减变动及库存情况，该账户应按产成品的品种、规格分别设置明细分类账，进行明细分类核算。其账户结构如表2—40所示。

表2—40　“库存商品”账户结构

借方　　库存商品	贷方
期初余额：期初库存商品的成本 发生额：本期完工入库产品的成本	发生额：本期发出产品的成本
期末余额：现有库存产品的成本	

（二）生产业务的核算举例

【例 2—20】某企业将本月仓库发出各种材料的出库单汇总后，根据材料的用途分配计入有关成本费用。[发出材料汇总表（见表 2—41)、出库单、材料费用分配表]

表 2—41 **发出材料汇总表**

项目	甲材料		乙材料		丙材料		合计（元）
	数量（千克）	金额（元）	数量（千克）	金额（元）	数量（千克）	金额（元）	
生产 A 产品耗用	1 500	30 000	1 000	25 000	1 000	10 000	65 000
生产 B 产品耗用			800	20 000	1 000	10 000	30 000
生产车间耗用	100	2 000			120	1 200	3 200
行政管理部门耗用			100	2 500			2 500
合计	1 600	32 000	1 900	47 500	2 120	21 200	100 700

这笔经济业务中，一方面，生产 A 产品共耗用直接材料费 65 000 元，生产 B 产品共耗用直接材料费 30 000 元，应记入成本类账户“生产成本”账户的借方；另一方面，本月仓库共发出甲材料 32 000 元、发出乙材料 47 500 元、发出丙材料 21 200 元，即原材料减少，应记入资产类账户“原材料”账户的贷方。会计分录为：

借：生产成本——A 产品　　65 000
　　　　　　——B 产品　　30 000
　　制造费用　　3 200
　　管理费用　　2 500
　贷：原材料——甲材料　　32 000
　　　　　　——乙材料　　47 500
　　　　　　——丙材料　　21 200

【例 2—21】本月应付职工工资总额为 188 000 元，工资费用分配汇总表中列示：生产 A 产品的工人工资为 70 000 元，生产 B 产品的工人工资为 62 000 元，车间管理人员工资为 26 000 元，行政管理人员工资为 30 000 元。(工资结算单、工资费用分配汇总表)

这笔经济业务中，一方面企业计算出应支付的工资总额使企业的负债增加，另一方面发生的工资费用应按受益对象不同分别记入相应的成本费用账户中。应付而未付的工资总额应记入“应付职工薪酬”账户的贷方，生产 A、B 产品的工人工资应记入“生产成本”账户的借方，车间管理人员的工资应记入“制造费用”账户的借方，行政管理人员的工资应记入“管理费用”账户的借方。会计分录为：

借：生产成本——A 产品　　70 000
　　　　　　——B 产品　　62 000
　　制造费用　　26 000
　　管理费用　　30 000
　贷：应付职工薪酬——工资　　188 000

【例 2—22】承例 2—21，企业预计本年应承担的职工福利费义务金额为职工工资总额

的 14%。企业计提本月福利费。(职工福利费计提表)

这笔经济业务中，提取的福利费也属于企业的一项人工费用，应按工资费用的分配方法分别记入“生产成本”、“制造费用”、“管理费用”等账户的借方，同时已计提的福利费在没有实际支付前形成企业的一项负债，应记入“应付职工薪酬”账户的贷方。会计分录为：

借：生产成本——A 产品　　9 800
　　　　　　——B 产品　　8 680
　　制造费用　　3 640
　　管理费用　　4 200
　贷：应付职工薪酬——职工福利　　26 320

【例 2—23】 开出现金支票，从银行提取现金 188 000 元，准备发放工资。(现金支票存根)

这笔经济业务的发生，一方面使企业的现金增加，应在“库存现金”账户的借方登记 188 000 元，另一方面使企业的银行存款减少，应在“银行存款”账户的贷方登记188 000 元。会计分录为：

借：库存现金　　188 000
　贷：银行存款　　188 000

【例 2—24】 用现金发放工资。(工资结算汇总表)

这笔经济业务的发生，一方面使企业的应付职工薪酬减少，应在“应付职工薪酬”账户的借方登记 188 000 元，另一方面使企业的现金减少，应在“库存现金”账户的贷方登记 188 000 元。会计分录为：

借：应付职工薪酬——工资　　188 000
　贷：库存现金　　188 000

【例 2—25】 以银行存款支付水电费。其中车间用 1 200 元，行政管理部门用 800 元。(自来水费发票、电费发票、水电费分配表、委托银行收款结算凭证（支款通知）联)

这笔经济业务中，车间发生的水电费属于制造费用，应在“制造费用”账户的借方登记 1 200 元，行政管理部门发生的水电费属于管理费用，应在“管理费用”账户的借方登记 800 元，同时企业的银行存款减少，应在“银行存款”账户的贷方登记 2 000 元。会计分录为：

借：制造费用　　1 200
　　管理费用　　800
　贷：银行存款　　2 000

【例 2—26】 以银行存款支付车间办公费 1 000 元。(现金支票存根)

这笔经济业务中，车间办公费增加，应在“制造费用”账户的借方登记 1 000 元，同时企业的银行存款减少，应在“银行存款”账户的贷方登记 1 000 元。会计分录为：

借：制造费用　　1 000
　贷：银行存款　　1 000

【例 2—27】 用银行存款购买车间办公用品 700 元。

这笔经济业务中，车间办公用品增加，应在“制造费用”账户的借方登记 700 元，同时应在“银行存款”账户的贷方登记 700 元。会计分录为：

借：制造费用　700

　贷：银行存款　700

【例 2—28】计提本月固定资产折旧，其中车间的厂房、机器设备应计提折旧 20 000 元，行政管理部门的固定资产应计提折旧 5 000 元。（月末固定资产原值、固定资产折旧计算表）

这笔经济业务中，计提折旧费反映企业的固定资产磨损费增加，车间固定资产的折旧费和行政管理部门的折旧费应分别记入“制造费用”和“管理费用”账户的借方，同时已提的折旧增加，应记入“累计折旧”账户的贷方。会计分录为：

借：制造费用　20 000

　　管理费用　5 000

　贷：累计折旧　25 000

【例 2—29】月末将本月发生的制造费用按 A、B 产品的生产工时分配转入其生产成本。（见表 2—42 制造费用明细表和表 2—43 制造费用分配表）

表 2—42　**制造费用明细表**　单位：元

项目	材料	工资	福利费	办公费	修理费	水电费	折旧费	合计
领用材料	3 200							3 200
工资及福利		26 000	3 640					29 640
办公费				1 700				1 700
水电费						1 200		1 200
折旧费							20 000	20 000
合计								55 740

注：数据来源于前面各例题。

表 2—43　**制造费用分配表**

产品名称	分配标准（生产工时）	分配率	分配金额（元）
A 产品	6 000		33 444
B 产品	4 000		22 296
合计	10 000	5.574	55 740

这笔经济业务中，将制造费用总额从“制造费用”账户转出，应记入“制造费用”账户的贷方，同时 A、B 产品负担的生产费用使其生产成本增加，应记入“生产成本”账户的借方。会计分录为：

借：生产成本——A 产品　33 444

　　　　　　——B 产品　22 296

　贷：制造费用　55 740

【例 2—30】月末 A 产品 1 190 件全部生产完工，并验收入库，该批产品的实际生产成本共 178 244 元；B 产品全部未完工。（生产成本明细账、入库单）

这笔经济业务中，产品入库使企业的产成品增加，应记入“库存商品”账户的借方，同时生产过程结束，把生产费用从“生产成本”账户转出使生产成本减少，应记入“生产成本”账户的贷方。会计分录为：

借：库存商品——A 产品　178 244

　贷：生产成本——A 产品　178 244

> **小知识：** 产品制造成本包括：(1) 直接材料费：指企业在生产过程中实际耗用的直接形成产品的原材料、辅助材料、燃料、动力等以及其他直接材料的费用；(2) 直接人工费：指直接从事产品生产的人员的工资、奖金、福利费等；(3) 制造费用：指企业的生产部门为组织和管理生产而发生的各项间接费用。企业生产产品时发生的直接材料费和直接人工费直接记入该产品的“生产成本”账户，而日常发生的各项间接费用先记入“制造费用”账户，月末再按一定标准分配记入各种产品的“生产成本”账户，若月末有完工入库的产品，则按一定的方法计算入库产成品的实际制造成本并结转入账。

为例 2—20 至例 2—30 中的经济业务开设并登记 T 形账户，如图 2—6 所示。

原材料	
	(20) 100 700

应付职工薪酬	
(24) 188 000	(21) 188 000
	(22) 26 320

累计折旧	
	(28) 25 000

银行存款	
	(23) 188 000
	(25) 2 000
	(26) 1 000
	(27) 700

库存现金	
(23) 188 000	(24) 188 000

生产成本	
(20) 95 000	(30) 178 244
(21) 132 000	
(22) 18 480	
(29) 55 740	

管理费用	
(20) 2 500	
(21) 30 000	
(22) 4 200	
(25) 800	
(28) 5 000	

库存商品	
(30) 178 244	

制造费用	
(20) 3 200	(29) 55 740
(21) 26 000	
(22) 3 640	
(25) 1 200	
(26) 1 000	
(27) 700	
(28) 20 000	

图 2—6　生产业务的总分类核算

六、销售业务的核算

在销售过程中，企业通过销售取得销售收入，已销售的产品或劳务的实际成本就是为取得销售收入而发生的销售成本，为了进行销售还会发生各种销售费用，并且按有关规定计算缴纳税金。销售业务有主营业务和其他业务之分。主营业务是指企业产品或劳务的销售业务，其他业务是指主营业务以外的销售业务，如销售材料、出租包装物等。销售业务核算的主要内容有：主营业务收入、其他业务收入的核算，主营业务成本、其他业务成本的核算，销售费用、营业税金及附加的核算，往来结算业务的核算等。

(一) 设置的主要账户

1. “主营业务收入”账户

“主营业务收入”账户核算企业销售产品、提供劳务等日常活动中的主要业务交易所取得的收入。该账户属于损益类账户，贷方登记企业实现的主营业务收入，借方登记发生销售折让或退回时冲减的主营业务收入及期末转入“本年利润”账户的主营业务收入，期末结转后该账户无余额。为了具体核算每种产品的销售收入情况和企业提供劳务的收入情况，该账户应按销售产品和提供劳务的类别设置明细账，进行明细分类核算。其账户结构如表 2—44 所示。

表 2—44　“主营业务收入”账户结构

借方　主营业务收入	贷方
发生额：主营业务收入的减少和转销	发生额：本期实现的主营业务收入

2.“其他业务收入”账户

“其他业务收入”账户核算企业在主营业务以外的日常经营活动中形成的收入。该账户属于损益类账户，贷方登记企业取得的各项其他业务收入，借方登记期末转入“本年利润”账户的收入，期末结转后无余额。该账户应按其他业务类别设置明细账，进行明细分类核算。其账户结构如表 2—45 所示。

表 2—45　“其他业务收入”账户结构

借方　其他业务收入	贷方
发生额：其他业务收入的减少和转销	发生额：本期取得的其他业务收入

3.“主营业务成本”账户

“主营业务成本”账户核算企业销售产品、提供劳务等日常活动中的主要业务交易所发生的成本。该账户属于损益类账户，借方登记本期结转的已销售产品、已提供劳务的实际成本，贷方登记因销售退回而冲减的成本和期末转入“本年利润”账户的成本，期末结转后一般无余额。为了正确计算每种产品的销售成本，该账户应按产品或劳务类别设置明细账，进行明细分类核算。其账户结构如表 2—46 所示。

表 2—46　“主营业务成本”账户结构

借方　主营业务成本	贷方
发生额：已销产品和提供劳务的实际成本	发生额：冲减的成本和期末结转的主营业务成本

4.“其他业务成本”账户

“其他业务成本”账户核算企业为取得其他业务收入而发生的相关成本、费用和税金等。该账户属于损益类账户，借方登记企业在其他业务中发生的相关成本、费用、税金或结转的有关成本，贷方登记期末转入“本年利润”账户的数额，期末结转后无余额。该账户应按其他业务类别设置明细账，进行明细分类核算。其账户结构如表 2—47 所示。

表 2—47　“其他业务成本”账户结构

借方　其他业务成本	贷方
发生额：其他业务成本或结转的有关成本数额	发生额：期末转入“本年利润”账户的数额

5. “营业税金及附加”账户

“营业税金及附加”账户核算企业因销售产品、提供工业性劳务负担的税金及附加，包括消费税、营业税、城市维护建设税、资源税、教育费附加等。该账户属于损益类账户，借方登记按规定计算出应缴纳的税金，贷方登记期末从本账户转入“本年利润”账户的数额，期末结转后无余额。该账户应按产品类别设置明细账，进行明细分类核算。其账户结构如表2—48所示。

表2—48　“营业税金及附加”账户结构

借方　营业税金及附加	贷方
发生额：计算出的应交而未交的税金及附加	发生额：期末转入“本年利润”账户的数额

小资料：企业因销售产品需缴纳的增值税属于价外税，而消费税、营业税、城市维护建设税等属于价内税，对企业应缴纳的价内税用“营业税金及附加”账户核算，在计算利润时扣除。

6. “应收账款”账户

“应收账款”账户核算企业因销售产品、提供劳务等应向购货单位或接受劳务单位收取的款项。该账户属于资产类账户，借方登记在销售过程中发生的应向购货单位收取的款项，贷方登记收回的应收账款和因确认为坏账而注销的应收账款，期末余额一般在借方，反映企业期末尚未收回的应收账款。为了详细核算与各购货单位的债权的发生及结算情况，该账户应按购货欠款单位设置明细账，进行明细分类核算。其账户结构如表2—49所示。

表2—49　“应收账款”账户结构

借方　应收账款	贷方
期初余额：期初企业应收账款总额 发生额：本期应收账款的增加	发生额：本期收回和注销的应收账款
期末余额：企业尚未收回的应收账款总额	

7. “应收票据”账户

“应收票据”账户核算企业因销售产品、提供劳务等而收到的商业汇票及票款收回情况。该账户属于资产类账户，借方登记取得的应收票据的面值和计提的票据利息，贷方登记到期收回的票款，期末借方余额表示企业尚未收回的应收票据的面值和应计利息。该账户应按照商业汇票的种类设置明细账户，进行明细分类核算。此外，还应设置“应收票据备查簿”，用来逐笔登记每一张应收票据的种类、号数、签发日期、票面金额、承兑人、到期日等。其账户结构如表2—50所示。

表2—50　“应收票据”账户结构

借方　应收票据	贷方
期初余额：期初企业尚未收回的票据款 发生额：本期取得的票据款	发生额：本期收回的票据款
期末余额：企业尚未到期收回的票据款	

8. “预收账款”账户

“预收账款”账户核算企业向购货方预先收取的款项。该账户属于负债类账户，贷方登记发生的预收账款和购货方补付的货款，借方登记企业向购货方发货后冲销的预收账款和退回的购货方多付的账款，期末余额一般在贷方，表示已预收货款但尚未向购货方发货的数额。该账户应按预先付款的购货单位设置明细账，进行明细分类核算。其账户结构如表 2—51 所示。

表 2—51 **“预收账款”账户结构**

借方　　　　预收账款	贷方
发生额：发货后冲销的预收款、退回购货方多付的款项	期初余额：期初企业已预收还未发货的款项 发生额：本期收取的预收款 　　　　购货方补付的款项
	期末余额：企业已预收款项但尚未向购买方发货的数额

温馨提示： 预收账款不多的企业，可以不设置“预收账款”账户，发生预收账款时，记入“应收账款”的贷方。

（二）主营业务的核算举例

【例 2—31】 销售给蓝天公司 200 件 A 产品，开出增值税专用发票上注明售价 60 000 元，增值税 10 200 元，收到转账支票一张并已送存银行。（银行进账单、增值税专用发票）

这项经济业务中，销售收入已经实现，使企业的主营业务收入增加，应在“主营业务收入”账户的贷方登记 60 000 元，收到的税款使企业的应交增值税增加，应在“应交税费——应交增值税（销项税额）”的贷方登记 10 200 元，同时收到支票使银行存款增加，应在“银行存款”账户的借方登记 70 200 元，会计分录为：

借：银行存款　　　　70 200

　贷：主营业务收入　　　　60 000

　　　应交税费——应交增值税（销项税额）　　　　10 200

小知识： 销售商品收入的确认。《企业会计准则——应用指南》规定销售商品的收入，应在下列条件均能满足时予以确认：(1) 企业已将商品所有权上的主要风险和报酬转移给购货方；(2) 企业既没有保留通常与所有权相联系的继续管理权，也没有对已售出的商品实施控制；(3) 与交易相关的经济利益能够流入企业；(4) 相关的收入和成本能够可靠地计量。

由于企业销售产品时采用的结算方式不同，导致收入的确认时间不同，应根据具体情况确认收入的实现。例如：(1) 在交款提货销售产品的情况下，如果货款已收到，发票账单和提货单已交给买方，无论产品是否发出，都作为销售收入的实现；(2) 在采取托收承付或委托收款方式销售产品的情况下，应在产品已发出，并凭发票账单向银行办妥托收手续时，作为收入的实现。

【例 2—32】 销售给绿野公司 400 件 B 产品，开出的增值税专用发票上注明售价 80 000 元，增值税 13 600 元，款项尚未收到，已向银行办妥托收手续。(增值税专用发票、托收承付凭证回单)

这项经济业务中，确认本期销售收入增加，应在“主营业务收入”账户的贷方登记 80 000元，应交增值税的销项税额增加，应在“应交税费——应交增值税”的贷方登记 13 600元，同时企业销货未收到货款使企业对绿野公司的应收账款增加，应在“应收账款”账户的借方登记应收账款总额 93 600 元。会计分录为：

借：应收账款——绿野公司 93 600

贷：主营业务收入 80 000

应交税费——应交增值税（销项税额） 13 600

【例 2—33】 销售给围城公司 500 件 A 产品，开出的增值税专用发票上注明售价 150 000元，增值税 25 500 元，开出转账支票支付代垫运杂费 1 400 元，款项已向银行办妥托收手续。(托收承付凭证回单、增值税专用发票、转账支票存根、运费结算单)

这项经济业务中，销售收入已经实现，使企业的主营业务收入增加，应在“主营业务收入”账户的贷方登记 150 000 元，应向购买方收取的税款是增值税销项税额，应在“应交税费——应交增值税”账户的贷方登记 25 500 元，开出转账支票使银行存款减少，应在“银行存款”账户的贷方登记 1 400 元，同时使企业对围城公司的应收账款增加，应在“应收账款”账户的借方登记 176 900 元。会计分录为：

借：应收账款——围城公司 176 900

贷：主营业务收入 150 000

应交税费——应交增值税（销项税额） 25 500

银行存款 1 400

【例 2—34】 收回东方公司前欠货款 20 000 元。(银行收账通知)

这笔经济业务的发生，使企业银行存款增加，应在“银行存款”账户的借方登记 20 000元，同时对东方公司的应收账款减少，应在“应收账款”账户的贷方登记 20 000 元。会计分录为：

借：银行存款 20 000

贷：应收账款——东方公司 20 000

【例 2—35】 收到万兴公司开来的期限为 3 个月的银行承兑汇票一张，抵付前欠我公司的货款 30 000 元。(银行承兑汇票)

这笔经济业务的发生，使企业的应收票据增加，应在“应收票据”账户的借方登记 30 000 元，同时使企业的应收账款减少，应在“应收账款”账户的贷方登记 30 000 元。会计分录为：

借：应收票据——万兴公司 30 000

贷：应收账款——万兴公司 30 000

【例 2—36】 与红星厂签订一项供货合同，红星厂预付货款 28 000 元，剩余货款在交货后付清。现收到红星厂交来的转账支票一张。(银行进账单)

这笔经济业务的发生，使企业的银行存款增加，应在“银行存款”账户的借方登记 28 000元，同时预收的货款形成企业的负债，应在“预收账款”账户的贷方登记 28 000 元。会计分录为：

借：银行存款 28 000

贷：预收账款——红星厂 28 000

【例 2—37】月末结转已销 A、B 产品的成本。A 产品的平均单位成本为 150 元，B 产品的平均单位成本为 110 元。（产品销售成本计算表、出库单）

结转成本时，因产品已销售出去使库存产品减少，应记入“库存商品”账户的贷方，同时意味着销售成本的增加，应记入“主营业务成本”账户的借方。本月销售 A 产品 700 件，成本为 105 000 元，销售 B 产品 400 件，成本为 44 000 元。会计分录为：

借：主营业务成本 149 000

贷：库存商品——A 产品 105 000

——B 产品 44 000

【例 2—38】月末根据本月应缴纳的增值税、营业税计算应交城建税 3 640 元、教育费附加 1 560 元。（城建税、教育费附加计算单）

这笔经济业务的发生，使企业负担的税金增加，应记入“营业税金及附加”账户的借方，同时计算出应交还未交的税金及附加使企业的负债增加，应记入“应交税费”账户的贷方。会计分录为：

借：营业税金及附加 5 200

贷：应交税费——应交城建税 3 640

——应交教育费附加 1 560

小知识：城市维护建设税（简称城建税）是一种附加税，是对缴纳增值税、消费税和营业税的单位和个人，按其增值税、消费税、营业税的实缴税额为计税依据而征收的一种税，依纳税人所在地不同，税率分别为 7%、5%、3%。教育费附加与城建税的计税依据相同，计征比例为 3%。

为例 2—31 至例 2—38 中的经济业务开设并登记 T 形账户，如图 2—7 所示。

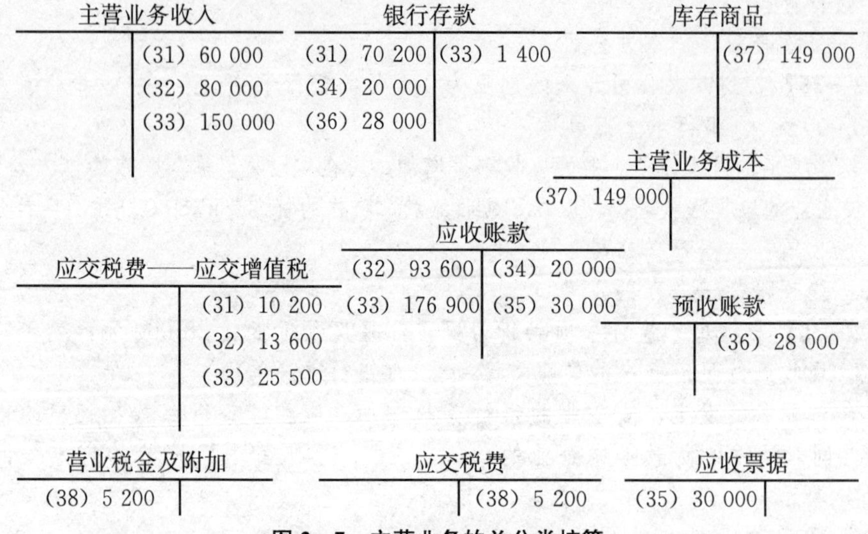

图 2—7 主营业务的总分类核算

（三）其他业务的核算举例

【例 2—39】 某公司销售给红光公司 E 材料，开出增值税专用发票上注明价款 5 000 元，增值税 850 元，收到转账支票一张，填制进账单到银行进账并取得回单。（增值税专用发票、银行进账单回单）

这笔经济业务中，销售材料的收入属于取得其他业务收入，应在“其他业务收入”账户的贷方登记 5 000 元，增值税销项税额增加，应在“应交税费——应交增值税”账户的贷方登记 850 元，同时银行存款增加，应在“银行存款”账户的借方登记 5 850 元。会计分录为：

借：银行存款　　5 850
　贷：其他业务收入——销售材料　　5 000
　　应交税费——应交增值税（销项税额）　　850

【例 2—40】 结转例 2—39 中已销售 E 材料的成本 4 000 元。

这笔经济业务中，售出的材料的成本，即为取得其他业务收入的成本，属于其他业务成本，应在“其他业务成本”账户的借方登记 4 000 元，同时仓库的材料减少，应在“原材料”账户的贷方登记 4 000 元。会计分录为：

借：其他业务成本——销售材料　　4 000
　贷：原材料——E 材料　　4 000

【例 2—41】 公司以 20 000 元转让一项专利权的使用权，收到转账支票一张并送存银行。（市技术贸易专用发票、银行进账单）

这笔经济业务中，转让无形资产的使用权取得的收入属于其他业务收入，应在“其他业务收入”账户的贷方登记 20 000 元，同时银行存款增加，应在“银行存款”账户的借方登记 20 000 元。会计分录为：

借：银行存款　　20 000
　贷：其他业务收入——专利权转让　　20 000

【例 2—42】 计算例 2—41 中技术转让收入应缴纳的营业税。

这笔经济业务中，应缴纳的营业税是为取得转让收入而发生的支出，应在“营业税金及附加”账户的借方登记 1 000 元，同时纳税义务发生但尚未缴纳，形成企业的负债，应在“应交税费——应交营业税”账户的贷方登记 1 000 元。会计分录为：

借：营业税金及附加　　1 000
　贷：应交税费——应交营业税　　1 000

【例 2—43】 出租不需用的机器设备两年，每月收取租金 2 000 元，本月收到租金 2 000元。（银行进账单、固定资产租赁合同）

这笔经济业务中，出租机器设备取得的租金收入属于其他业务收入，应在“其他业务收入”账户的贷方登记 2 000 元，同时银行存款增加，应在“银行存款”账户的借方登记 2 000 元。会计分录为：

借：银行存款　　2 000
　贷：其他业务收入——租金收入　　2 000

为例 2—39 至例 2—43 中的经济业务开设并登记 T 形账户，如图 2—8 所示。

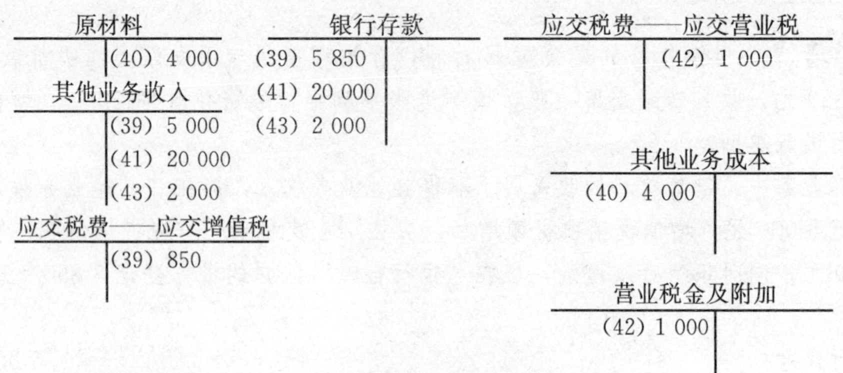

图 2—8　其他业务的总分类核算

七、期间费用的核算

（一）期间费用的内容

期间费用是指企业当期发生的必须从当期收入中得到补偿的费用。它容易确定发生的期间，而难以判别其归属的某个特定的产品成本，因而要直接计入当期损益，从当期收入中予以补偿。期间费用的核算内容包括管理费用、销售费用和财务费用的核算。

1. 管理费用

管理费用是指企业为组织和管理企业生产经营所发生的各种费用，包括企业在筹建期间内发生的开办费，董事会和行政管理部门在企业的经营管理中发生的或者应由企业统一负担的经费（包括行政管理部门职工工资及福利费、物料消耗、低值易耗品摊销、办公费和差旅费等）、工会经费、董事会费（包括董事会成员津贴、会议费和差旅费等）、聘请中介机构费、咨询费（含顾问费）、诉讼费、业务招待费、房产税、车船使用税、土地使用税、印花税、技术转让费、矿产资源补偿费、研究费用、排污费等。

企业生产车间和行政管理部门等发生的固定资产修理费用等后续支出，也在管理费用中核算。

2. 销售费用

销售费用是指企业在销售商品的过程中发生的各项费用，包括包装费、运输费、装卸费、保险费、展览费、广告费以及为销售本企业商品而专设的销售机构的职工工资及福利费等经营费用。

3. 财务费用

财务费用是指企业为筹集生产经营所需资金而发生的费用，包括经营用资金的利息支出（减利息收入）、汇兑损失（减汇兑收益）和筹资相关的手续费等。

（二）设置的主要账户

1. “管理费用”账户

“管理费用”账户核算企业在生产经营过程中发生的各项管理费用。该账户属于损益类账户，借方登记本期发生的各项管理费用，贷方登记期末结转入“本年利润”账户的数额，期末结转后无余额。为了详细核算每一类费用的发生情况，应按费用项目设置专栏进行明细核算。其账户结构如表 2—52 所示。

表 2—52 **“管理费用”账户结构**

借方 管理费用	贷方
发生额：本期发生的各种管理费用	发生额：期末结转入“本年利润”账户的数额

2.“销售费用”账户

“销售费用”账户核算企业在销售过程中发生的各种销售费用。该账户属于损益类账户，借方登记企业发生的各项销售费用，贷方登记期末转入“本年利润”账户的数额，期末结转后无余额。为了详细核算各项目的费用发生情况，该账户应按费用项目设置专栏，进行明细核算。其账户结构如表 2—53 所示。

表 2—53 **“销售费用”账户结构**

借方 销售费用	贷方
发生额：本期发生的各种销售费用	发生额：期末结转入“本年利润”账户的数额

3.“财务费用”账户

“财务费用”账户核算企业为筹集生产经营所需资金而发生的费用。该账户属于损益类账户，借方登记本期发生的各项财务费用，贷方登记期末结转入“本年利润”账户的数额，期末结转后无余额，应按费用项目设置专栏进行明细核算。其账户结构如表 2—54 所示。

表 2—54 **“财务费用”账户结构**

借方 财务费用	贷方
发生额：本期发生的各项财务费用	发生额：期末结转入“本年利润”账户的数额

（三）期间费用的核算举例

【例 2—44】用银行存款支付新产品的广告费 40 000 元。（广告业专用发票、转账支票存根）

这笔经济业务的发生，使企业的销售费用增加，应在“销售费用”账户的借方登记 40 000元，同时企业的银行存款减少，应在“银行存款”账户的贷方登记 40 000 元。会计分录为：

借：销售费用　　40 000

　贷：银行存款　　40 000

【例 2—45】用现金购买零星办公用品 200 元。（商业零售发票）

这笔经济业务中，购买的零星办公用品直接计入管理费用，应在“管理费用”账户的借方登记 200 元，同时现金减少，应在“库存现金”账户的贷方登记 200 元。会计分录为：

借：管理费用　　200

　贷：库存现金　　200

【例 2—46】 销售科报销为招待来公司洽谈业务的客户而支付的餐饮费 800 元，以现金支付。(某市饮食业发票)

这笔经济业务的发生，使企业的管理费用增加，应在“管理费用”账户的借方登记 800 元，同时现金减少，应在“库存现金”账户的贷方登记 800 元。会计分录为：

借：管理费用　　800

　贷：库存现金　　800

【例 2—47】 预付下半年报刊费 1 800 元。(中国邮政报刊费收据、现金支票存根)

这笔经济业务中，预付的报刊费应记入“管理费用”账户的借方，同时企业的银行存款减少，应记入“银行存款”账户的贷方。会计分录为：

借：管理费用　　1 800

　贷：银行存款　　1 800

【例 2—48】 用银行存款支付法律咨询费34 900元。(服务业发票、转账支票存根)

这笔经济业务的发生，使企业的管理费用增加，应在“管理费用”账户的借方登记 1 200元，同时银行存款减少，应在“银行存款”账户的贷方登记 1 200 元。会计分录为：

借：管理费用　　34 900

　贷：银行存款　　34 900

【例 2—49】 用银行存款购买办公用品 300 元。

这笔经济业务的发生，使企业的管理费用增加，应在“管理费用”账户的借方登记 300 元，同时在“银行存款”账户的贷方登记 300 元。会计分录为：

借：管理费用　　300

　贷：银行存款　　300

【例 2—50】 用现金支付银行的手续费 100 元。(收费凭证)

这笔经济业务的发生，使企业的财务费用增加，应在“财务费用”账户的借方登记 100 元，同时企业的现金减少，应在“库存现金”账户的贷方登记 100 元。会计分录为：

借：财务费用　　100

　贷：库存现金　　100

【例 2—51】 6 月末支付本月短期借款利息 4 000 元。(银行放款利息通知单)

这笔经济业务的发生，使企业的利息费用增加，应在“财务费用”账户的借方登记 4 000元，同时企业的银行存款增加，应在“银行存款”账户的贷方登记 4 000 元。会计分录为：

借：财务费用　　4 000

　贷：银行存款　　4 000

为例 2—44 至例 2—51 中的经济业务开设并登记 T 形账户，如图 2—9 所示。

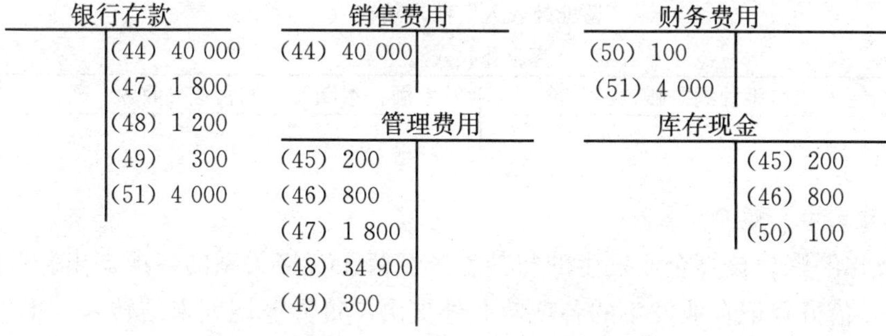

图 2—9　期间费用的总分类核算

八、投资收益和营业外收支的核算

（一）投资收益和营业外收支的主要内容

投资是将企业的部分资产让渡给其他单位所获得的另一项资产，其目的之一是获取收益。投资收益的核算内容包括企业对外投资所实现的收益或发生的损失。

营业外收支是指企业发生的与其生产经营无直接联系的各项收入和支出。营业外收入包括处置固定资产净收益、罚款收入、没收逾期未退的包装物押金、无法支付的应付款项等。营业外支出包括固定资产盘亏、处置固定资产损失、非常损失、罚款支出、对外捐赠支出等。营业外收支虽然与企业的生产经营活动没有直接的关系，但是涉及企业经济利益的流入或流出，故应纳入会计核算范围。

（二）设置的主要账户

1. “投资收益”账户

“投资收益”账户核算企业对外投资所取得的收益或发生的损失。该账户属于损益类账户，贷方登记对外投资获得的收益，借方登记发生的投资损失，期末余额应转入“本年利润”账户，期末结转后无余额。其账户结构如表 2—55 所示。

表 2—55　“投资收益”账户结构

借方　　投资收益	贷方
发生额：发生的投资损失 期末转入“本年利润”账户的投资净收益	发生额：实现的投资收益 期末转入“本年利润”账户的投资净损失

2. “营业外收入”账户

“营业外收入”账户核算企业发生的与其生产经营无直接关系的各项收入。该账户属于损益类账户，贷方登记企业发生的营业外收入，借方登记期末结转入“本年利润”账户的数额，期末结转后无余额。应按营业外收入的具体项目设置明细账进行明细核算。其账户结构如表 2—56 所示。

表 2—56　　“营业外收入”账户结构

借方	营业外收入　　贷方
发生额：期末结转入“本年利润”账户的数额	发生额：本期发生的营业外收入

3. “营业外支出”账户

“营业外支出”账户核算企业发生的与其生产经营无直接关系的各项支出。该账户属于损益类账户，借方登记企业发生的各项营业外支出，贷方登记期末结转入“本年利润”账户的数额，期末结转后无余额。应按营业外支出的具体项目设置明细账进行明细核算。其账户结构如表 2—57 所示。

表 2—57　　“营业外支出”账户结构

借方	营业外支出　　贷方
发生额：本期发生的营业外支出	发生额：期末结转入“本年利润”账户的数额

（三）投资收益和营业外收支核算举例

【例 2—52】 企业原来购入的交易性金融资产 200 000 元，现到期收回，得到投资收益 20 000 元。（银行进账单、债券到期收回本息计算单）

这笔经济业务的发生，使企业银行存款增加，应在“银行存款”账户的借方登记 220 000元，同时企业的交易性金融资产减少，应在“交易性金融资产”账户的贷方登记 200 000 元，获得投资收益，应在“投资收益”账户的贷方登记 20 000 元。会计分录为：

借：银行存款	220 000	
贷：交易性金融资产		200 000
投资收益		20 000

【例 2—53】 为希望工程捐款 10 000 元，款项已支付。（专用收款收据存根、转账支票存根）

这笔经济业务中，对外捐款使企业的营业外支出增加，应在“营业外支出”账户的借方登记 10 000 元，同时企业的银行存款减少，应在“银行存款”账户的贷方登记 10 000 元。会计分录为：

借：营业外支出	10 000	
贷：银行存款		10 000

【例 2—54】 排污费罚款 1 000 元，签发支票支付。（行政事业性收费专用收款收据、转账支票存根）

这笔经济业务中，排污费属于企业的营业外支出，应在“营业外支出”账户的借方登记 1 000 元，同时企业的银行存款减少，应在“银行存款”账户的贷方登记 1 000 元。会计分录为：

借：营业外支出	1 000	
贷：银行存款		1 000

【例 2—55】收到东方厂交来的违约金罚款 1 000 元。(专用收款收据)

这笔经济业务的发生，使企业现金增加，应在“库存现金”账户的借方登记 1 000 元，同时企业的营业外收入增加，应在“营业外收入”账户的贷方登记 1 000 元。会计分录为：

借：库存现金　　1 000

　贷：营业外收入　　1 000

【例 2—56】经批准将无法支付的前欠红云公司的货款 2 300 元转入营业外收入。(申请)

这笔经济业务的发生，使企业营业外收入增加，应在“营业外收入”账户的贷方登记 2 300 元，同时因冲销企业的应付款而使负债减少，应在“应付账款”账户的借方登记 2 300元。会计分录为：

借：应付账款——红云公司　　2 300

　贷：营业外收入　　2 300

为例 2—52 至例 2—56 中的经济业务开设并登记 T 形账户，如图 2—10 所示。

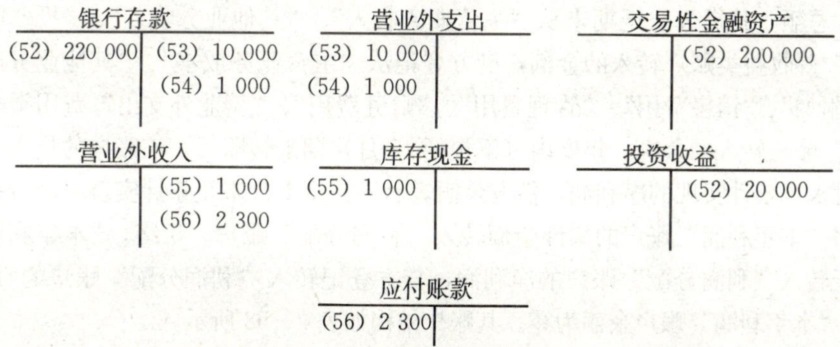

图 2—10　投资收益和营业外收支的总分类核算

九、财务成果的核算

(一) 财务成果形成的核算

财务成果是指企业在进行了一定期间的生产经营活动后在财务上所实现的成果，即实现利润或发生亏损。企业在销售过程中取得的利润只是营业利润，还不是最终的财务成果，最终的财务成果即利润总额，还包括营业外收支净额。

营业利润，是指营业收入减去营业税金及附加、营业成本、销售费用、管理费用、财务费用、资产减值损失，加上公允价值变动损益与投资收益的余额。

财务成果的形成可用公式表示如下：

净利润＝利润总额－所得税费用

利润总额＝营业利润＋营业外收入－营业外支出

营业利润＝营业收入－营业税金及附加－营业成本－销售费用－管理费用－财务费用－资产减值损失＋公允价值变动损益＋投资收益

1. 期末结转本年利润的方法

会计期末结转本年利润的方法有表结法和账结法两种。

（1）表结法。表结法下，各损益类账户每月月末只需要结计出本月发生额和月末累计余额，不结转到“本年利润”账户，只有在年末时才将全年累计余额结转入“本年利润”账户。但每月月末要将损益类账户的本月发生额合计数填入利润表的本月数栏，同时将本月末累计余额填入利润表的本年累计数栏，通过利润表计算反映各期的利润（或亏损）。表结法下年中损益类账户无需结转入“本年利润”账户，从而减少了转账环节和工作量，同时并不影响利润表的编制及有关损益指标的利用。

（2）账结法。账结法下，每月月末均需编制转账凭证，将在账上结计出的各损益类账户的余额转入“本年利润”账户。结转后“本年利润”账户的本月合计数反映当月实现的利润或发生的亏损，“本年利润”账户的本年累计数反映本年累计实现的利润或发生的亏损。账结法在各月均可通过“本年利润”账户提供当月及本年累计的利润（或亏损）额，但增加了转账环节和工作量。

2. 主要账户的设置

（1）“本年利润”账户。该账户属于所有者权益类账户，核算企业在年度内实现的净利润（或亏损）总额。其贷方登记期末从“主营业务收入”、“其他业务收入”、“投资收益”、“营业外收入”等收益类账户转入的金额，借方登记从“主营业务成本”、“其他业务成本”、“营业税金及附加”、“销售费用”、“管理费用”、“财务费用”、“营业外支出”费用类账户及“所得税费用”账户转入的金额。年度内（不包括12月）期末转账后，该账户的贷方余额表示年初至本月末止累计实现的净利润，借方余额表示年初至本月末止累计实现的净亏损。年度终了，应将“本年利润”账户的累计余额转入“利润分配”账户。年终，“本年利润”账户的借方登记转入“利润分配”账户的净利润，贷方登记转入“利润分配”账户的亏损额，年终结转后，“本年利润”账户余额为零。其账户结构如表2—58所示。

表2—58 **“本年利润”账户结构**

借方　　　　本年利润	贷方
期初余额：期初累计发生的亏损总额 发生额：本期转入的各项费用、支出	期初余额：期初累计实现的净利润 发生额：本期转入的各项收入
期末余额：期末累计发生的亏损总额	期末余额：期末累计实现的净利润

（2）“所得税费用”账户。该账户属于损益类账户，核算企业按税法规定计算的应缴纳的所得税费用。借方登记计算出应缴纳的所得税税额，贷方登记结转到“本年利润”账户的所得税税额，期末结转后，本账户应无余额。其账户结构如表2—59所示。

表2—59 **“所得税费用”账户结构**

借方　　　　所得税费用	贷方
发生额：本月应负担的所得税税额	发生额：期末转入“本年利润”账户的数额

3. 财务成果形成业务核算举例

【例2—57】 月末将各收益类账户余额结转到“本年利润”账户。（内部转账单）

根据前述各例题，月末主营业务收入的贷方余额为290 000元，其他业务收入的贷方余额为27 000元，投资收益的贷方余额为20 000元，营业外收入的贷方余额为3 300元，将这些余额从收入类账户转出，应记入各账户的借方，同时转入“本年利润”账户的贷方。会计分录为：

借：主营业务收入 290 000
　　其他业务收入 27 000
　　投资收益 20 000
　　营业外收入 3 300
　贷：本年利润 340 300

【例 2—58】 月末将各费用类账户的余额结转到“本年利润”账户。（内部转账单）

根据前述各例题，月末各费用类账户的借方余额分别为：主营业务成本 149 000 元、营业税金及附加 6 200 元、销售费用 40 000 元、管理费用 38 000 元、财务费用 4 100 元、其他业务成本 4 000 元、营业外支出 11 000 元。会计分录为：

借：本年利润 252 300
　贷：主营业务成本 149 000
　　　营业税金及附加 6 200
　　　销售费用 40 000
　　　管理费用 38 000
　　　财务费用 4 100
　　　其他业务成本 4 000
　　　营业外支出 11 000

【例 2—59】 企业根据应纳税所得额按 25％的税率计算本月应交所得税（假定没有应纳税所得额调整项目，直接根据利润总额计算）。

企业计算出的所得税是企业应负担的税费，应记入“所得税费用”账户的借方，在企业还未缴纳所得税之前，形成企业的一项负债，应记入“应交税费——应交所得税”账户的贷方。本月利润总额为 88 000（＝340 300—252 300）元，则应交所得税为 22 000 元。会计分录为：

借：所得税费用 22 000
　贷：应交税费——应交所得税 22 000

【例 2—60】 将“所得税费用”账户的余额结转到“本年利润”账户。

这笔经济业务中，将所得税从“所得税费用”账户转出，应记入“所得税费用”账户的贷方，所得税作为一种费用转入“本年利润”账户的借方。会计分录为：

借：本年利润 22 000
　贷：所得税费用 22 000

小知识：由于财务会计原则和税收法规在确认收益实现和费用扣减时间及费用的可扣减性方面是有区别的，因此，按照财务会计方法计算的利润和按照税法规定计算的应税所得结果不一定相同，计算应交税费时应按税法的规定计算。所得税是根据企业应纳税所得额的一定比例上缴的一种税金。应纳税所得额是在企业税前会计利润（即利润总额）的基础上调整得到的。计算公式为：应纳税所得额＝税前会计利润＋纳税调整增加额－纳税调整减少额。

为例 2—57 至例 2—60 中的经济业务开设并登记 T 形账户，如图 2—11 所示。

主营业务成本	
	(58) 149 000

营业税金及附加	
	(58) 6 200

销售费用	
	(58) 40 000

管理费用	
	(58) 38 000

财务费用	
	(58) 4 100

其他业务成本	
	(58) 4 000

营业外支出	
	(58) 11 000

本年利润	
(58) 252 300	(57) 340 300
(60) 22 000	

所得税费用	
(59) 22 000	(60) 22 000

主营业务收入	
(57) 290 000	

其他业务收入	
(57) 27 000	

投资收益	
(57) 20 000	

营业外收入	
(57) 3 300	

应交税费——应交所得税	
	(59) 22 000

图 2—11 财务成果形成的核算

（二）利润分配的核算

企业在一定时期内实现的利润总额，应按规定上缴所得税，缴纳所得税后的剩余利润即净利润，应按规定顺序进行分配。利润分配就是企业根据国家有关规定和投资者的决议，对企业当年可供分配的利润进行的分配。企业当年实现的净利润加上年初未分配利润（或减年初未弥补亏损）和其他转入后的余额，为可供分配的利润。

可供分配的利润，按下列顺序分配：（1）提取法定盈余公积。按照税后利润的10％的比例提取，法定盈余公积累计额为公司注册资本的 50％以上时，可以不再提取。（2）提取任意盈余公积。提取比例由股东大会等类似权力机构自定。（3）向投资者分配利润。

可供分配的利润减去提取的盈余公积后，为可供投资者分配的利润。可供投资者分配的利润，按下列顺序分配：（1）提取任意盈余公积；（2）应付普通股股利。如有应付优先股股利，应在提取任意盈余公积前分配。

企业实现的净利润经过弥补亏损、提取盈余公积和向投资者分配利润后留存在企业的、历年结存的利润，即为未分配利润。未分配利润留待以后年度进行分配。企业如发生亏损，可以按规定由以后年度利润进行弥补。

1. 主要账户的设置

（1）“利润分配”账户。该账户属于所有者权益类账户，核算企业利润分配（或亏损弥补）情况。借方登记提取盈余公积、向投资者分配利润的分配数和年终从“本年利润”账户转来的本年累计亏损额，贷方登记用盈余公积弥补亏损数和年终从“本年利润”账户转来的本年累计净利润，期末贷方余额表示尚未分配的利润，期末借方余额表示尚未弥补的亏损。该账户应按利润的分配项目设置“未分配利润”、“提取法定盈余公积”、“提取任意盈余公积”、“应付现金股利或利润”、“转作股本的股利”、“盈余公积补亏”等明细账户，进行明细分类核算。其账户结构如表 2—60 所示。

表 2—60 "利润分配"账户结构

借方 利润分配	贷方
期初余额：期初尚未弥补的亏损 发生额：利润的各项分配额、年末从"本年利润"账户转来的本年累计亏损额	期初余额：期初尚未分配的净利润 发生额：盈余公积弥补亏损数、年末从"本年利润"账户转来的本年累计净利润
期末余额：年末尚未弥补的亏损	期末余额：年末尚未分配的利润

(2)"利润分配——未分配利润"账户。该账户核算企业的未分配利润的情况，未分配利润是对累计可供分配的利润进行分配后的结果。该账户的借方登记年终从"本年利润"账户转入的本年亏损额及"利润分配——提取法定盈余公积"、"利润分配——提取任意盈余公积"、"利润分配——应付现金股利或利润"等明细账户转入的余额，贷方登记从"本年利润"账户转入的本年累计净利润及"利润分配——盈余公积补亏"等明细账户转入的余额，余额在贷方表示年末累计未分配的利润，余额在借方表示年末累计未弥补的亏损。其账户结构如表 2—61 所示。

表 2—61 "利润分配——未分配利润"账户结构

借方 利润分配——未分配利润	贷方
期初余额：期初尚未弥补的亏损 发生额：从该账户下其他明细账户转入的余额、年末从"本年利润"账户转来的本年累计亏损额	期初余额：期初尚未分配的净利润 发生额：从"盈余公积补亏"明细账转入的余额、年末从"本年利润"账户转来的本年累计净利润
期末余额：年末累计未弥补的亏损	期末余额：年末累计未分配的利润

(3)"盈余公积"账户。该账户属于所有者权益类账户，核算企业从净利润中提取的盈余公积。该账户的贷方登记提取的盈余公积，借方登记弥补亏损或转增资本数，期末贷方余额表示盈余公积的结存数。其账户结构如表 2—62 所示。

表 2—62 "盈余公积"账户结构

借方 盈余公积	贷方
发生额：弥补亏损或转增资本数	期初余额：期初盈余公积的结存数 发生额：提取的盈余公积
	期末余额：期末盈余公积的结存数

(4)"应付股利"账户。该账户属于负债类账户，核算企业分配的现金股利或利润。该账户的贷方登记应付给投资者的现金股利或利润，借方登记实际支付给投资者的现金股利或利润，期末贷方余额表示尚未支付的现金股利或利润。该账户应按投资者设置明细账，进行明细分类核算。其账户结构如表 2—63 所示。

表 2—63 "应付股利"账户结构

借方 应付股利	贷方
发生额：实际支付给投资者的现金股利或利润	期初余额：期初尚未支付的利润 发生额：应付给投资者的利润
	期末余额：期末尚未支付的现金股利或利润

2. 利润分配业务核算举例

【例 2—61】 假设本年全年实现净利润 800 000 元，年终按净利润的 10%提取法定盈余公积，按净利润的 5%提取任意盈余公积。

这笔经济业务中，提取的盈余公积是对净利润的一项分配，应记入“利润分配——提取盈余公积”账户的借方，同时，提取的盈余公积增加，应记入“盈余公积”账户的贷方。会计分录为：

借：利润分配——提取法定盈余公积　　80 000
　　　　　　——提取任意盈余公积　　40 000
　贷：盈余公积——法定盈余公积　　80 000
　　　　　　　——任意盈余公积　　40 000

【例 2—62】 年终，经计算应向投资者分配利润 300 000 元。

这笔经济业务中，企业应付给投资者的利润，应记入“应付股利”账户的贷方，同时，是企业净利润的一项分配，应记入“利润分配——应付利润”账户的借方。会计分录为：

借：利润分配——应付利润　　300 000
　贷：应付股利　　300 000

【例 2—63】 年终，将“本年利润”全年净利润转入“利润分配——未分配利润”账户。

这笔经济业务是将企业全年实现的净利润 800 000 元，从“本年利润”账户借方转入“利润分配——未分配利润”账户的贷方。会计分录为：

借：本年利润　　800 000
　贷：利润分配——未分配利润　　800 000

【例 2—64】 年终，将“利润分配”已分配利润转入“利润分配——未分配利润”账户。

这笔经济业务是将“利润分配”账户相关明细账户已分配利润从贷方转入“利润分配——未分配利润”账户的借方。会计分录为：

借：利润分配——未分配利润　　420 000
　贷：利润分配——提取法定盈余公积　　80 000
　　　　　　　——提取任意盈余公积　　40 000
　　　　　　　——应付利润　　300 000

为例 2—61 至例 2—64 中的经济业务开设并登记 T 形账户，如图 2—12 所示。

利润分配——提取法定盈余公积	
(61) 80 000	(64) 80 000

利润分配——未分配利润	
(64) 420 000	(63) 800 000

本年利润	
(63) 800 000	

利润分配——提取任意盈余公积	
(61) 40 000	(64) 40 000

盈余公积	
	(61) 120 000

应付股利	
	(62) 300 000

利润分配——应付利润	
(62) 300 000	(64) 300 000

图 2—12　利润分配的总分类核算

知识测试

一、判断题

1. 复式记账法是指对发生的每项经济业务按相等的金额在两个或两个以上的账户中同时进行登记的一种记账方法。(　　)

2. 资产类账户是用来记录和反映各项资产增减变动的账户，在这类账户中，借方登记资产的增加，贷方登记资产的减少，余额一定在借方。(　　)

3. 损益费用类账户内容在月末都要转入“本年利润”账户，以确定当期损益。该类账户在月末都没有余额。(　　)

4. 在借贷记账法下，对每一项经济业务都是用借、贷相等的金额来记录的，因此全部账户的借方发生额和贷方发生额也必然相等。(　　)

5. 试算平衡表是通过借贷金额是否平衡来检验账户记录是否正确，因此，如果试算平衡表平衡，则可断定记账没有错误。(　　)

6. 在实际工作中由于难以明确账户的对应关系，因此一般不编制“多借多贷”这种对应关系的会计账户。(　　)

7. 车间购买办公用品的费用属于管理费用。(　　)

8. 企业购进材料所负担的运输费用应全部计入所购材料的成本。(　　)

9. 凡是企业支付给职工的构成职工工资总额的工作报酬，均应通过“应付职工薪酬”账户核算。(　　)

10. 企业发生的车间固定资产修理费用，应记入“制造费用”账户。(　　)

11. 对于预收账款业务不多的单位，可以不设“预收账款”账户，而通过“应收账款”账户核算。(　　)

二、单项选择题

1. 在借贷记账法中，账户的哪一方记增加，哪一方记减少，取决于(　　)。

A. 账户的结构　　B. 账户的性质　　C. 账户的用途　　D. 账户的格式

2. 购入材料的运杂费，一般应计入(　　)。

A. 材料采购成本　　B. 产品成本　　C. 制造费用　　D. 期间费用

3. “管理费用”账户期末应(　　)。

A. 无余额　　B. 有借方余额

C. 有贷方余额　　D. 借方、贷方都有余额

4. 收入的入账金额一般按销售产品的(　　)确认。

A. 售价　　B. 进价

C. 销售产品成本　　D. 销售产品的制造成本

5. 企业销售产品实现了收入，应(　　)。

A. 借记“主营业务收入”账户　　B. 贷记“主营业务收入”账户

C. 贷记“本年利润”账户　　D. 贷记“营业外收入”账户

6. 企业期末结转已销售产品的制造成本时，应（　　）。

A. 借记“主营营业收入”账户　　B. 借记“本年利润”账户

C. 借记“主营业务成本”账户　　D. 借记“库存商品”账户

7. 企业生产的产品完工，应将其成本转入（　　）。

A. 库存商品　　B. 本年利润　　C. 营业外支出　　D. 制造费用

8. 年末结转后，“利润分配”账户的贷方余额表示（　　）。

A. 利润分配总额　　B. 未弥补分配额　　C. 未分配利润　　D. 实现的利润总额

三、多项选择题

1. 借贷记账法下，账户的借方登记（　　）。

A. 资产的增加　　B. 资产的减少　　C. 权益的增加　　D. 权益的减少

2. 公式“贷方期初余额＋贷方本期发生额－借方本期发生额”反映（　　）。

A. 负债类账户期末余额　　B. 资产类账户期末余额

C. 所有者权益类账户期末余额　　D. 收入类账户期末余额

3. 所有者权益类账户包括（　　）等。

A. 实收资本　　B. 资本公积　　C. 盈余公积　　D. 本年利润

4. 下列（　　）账户月末肯定无余额。

A. 制造费用　　B. 生产成本　　C. 主营业务收入　　D. 管理费用

5. 材料采购成本是由（　　）构成的。

A. 支付的材料价款　　B. 发生的各项采购费用

C. 保管费用　　D. 生产中的消耗

6. 产品的制造成本包括下列内容（　　）。

A. 为制造产品产生的材料费用　　B. 为制造产品产生的工人工资费用

C. 为制造产品产生的固定资产折旧费用　　D. 自然灾害造成的材料损失

7. 属于营业外收入的项目有（　　）。

A. 固定资产盘盈　　B. 出售不需用材料收入

C. 无法偿还的应付款　　D. 罚款收入

8. 下列属于期间费用的是（　　）。

A. 销售费用　　B. 管理费用　　C. 财务费用　　D. 制造费用

9. 下列应按产品品种或类别设置明细账的是（　　）。

A. 库存商品　　B. 主营业务收入　　C. 应收账款　　D. 累计折旧

10. 下列应记入“营业税金及附加”账户的税费是（　　）。

A. 增值税　　B. 营业税　　C. 城市维护建设税　　D. 所得税

四、技能训练题

1. 练习资金筹集业务的核算。

资料： 某企业 2014 年 6 月发生下列经济业务：

（1）企业收到国家投入的资金 800 000 元，款项已存入银行。

（2）企业收到远方公司投入的机器设备价值 400 000 元。

（3）企业从工商银行借入期限为 6 个月的一笔款项 60 000 元，存入银行。合同约定年利率为10%，按季支付利息，到期还本。

(4) 企业从农业银行借入期限为2年的一笔款项200 000元，存入银行。

要求：根据上述经济业务编制会计分录。

2. 练习生产准备业务的核算。

资料：某企业2014年5月发生下列经济业务：

(1) 向天方公司购入甲材料1 000千克，单价30元，价款共计30 000元，增值税5 100元。款项用银行存款支付，材料已验收入库。

(2) 从云峰公司购入乙材料2 000千克，单价50元，价款共计100 000元，增值税为17 000元，企业已开出商业承兑汇票117 000元。材料未验收入库。

(3) 用银行存款预付给华南厂购买乙材料的价款46 800元。

(4) 用银行存款支付前欠绿城公司的货款15 000元。

(5) 华南厂发来乙材料2 000千克，单价20元，价款计40 000元，增值税6 800元。材料已验收入库。

要求：根据上述经济业务编制会计分录。

3. 练习生产准备业务的核算。

资料：某公司2014年6月初"在途物资"总分类账户借方余额为50 000元。其中，甲材料为20 000元。乙材料为30 000元。"原材料"总分类账户借方余额为100 000元。其中，甲材料为40 000元，乙材料为60 000元。

6月份发生部分经济业务如下：

(1) 从飞达公司购入甲材料10 000千克，单价5元，计50 000元，乙材料5 000千克，单价20元，计100 000元，共计货款150 000元，增值税25 500元；运输费5 000元。开出转账支票支付款项，材料尚未到达（其中共同发生的运杂费按材料重量比例分配）。

(2) 从飞达公司购入的甲材料与乙材料均已运到，并验收入库。

(3) 从石林公司购入甲材料2 500千克，单价4元，乙材料1 500千克，单价20元，共计40 000元，增值税6 800元；发生装卸费400元。款项均未支付。从石林公司购入的甲、乙材料已运达企业，并验收入库。

要求：

(1) 根据上述经济业务编制会计分录；

(2) 开设并登记相关的T形账户。

4. 练习生产业务的核算。

资料：某企业生产A、B两种产品，2014年6月发生下列经济业务：

(1) 本月发出材料情况如表2—64所示：

表2—64 **发料汇总表**

项目	甲材料		乙材料		合计（元）
	数量（千克）	金额（元）	数量（千克）	金额（元）	
生产A产品	500	20 000	400	16 000	36 000
生产B产品	1 000	50 000	200	10 000	60 000
车间耗用			20	1 000	1 000
厂部耗用			10	500	500
合计	1 500	70 000	630	27 500	97 500

(2) 本月应付职工工资 51 000 元。其中，生产 A 产品的工人工资为 25 000 元，生产 B 产品的工人工资为 15 000 元，车间管理人员的工资为 4 000 元，厂部管理人员的工资为 7 000元。

(3) 按预计的职工福利费占工资总额的 10%计提本月职工福利费。

(4) 计提本月固定资产折旧 5 600 元。其中，车间为 4 300 元，厂部为 1 300 元。

(5) 以银行存款支付车间办公费 380 元。

(6) 月末按生产工人工资分配本月的制造费用。

(7) 本月生产 A 产品 100 件全部完工入库，B 产品全部未完工（假设 A 产品没有期初在产品成本）。

要求：

(1) 根据上述经济业务编制会计分录。

(2) 开设并登记"制造费用"、"库存商品"账户，编制 A、B 产品的生产成本明细账。

5. 练习生产业务的核算。

资料：某工厂 2014 年 6 月发生下列经济业务：

(1) 车间管理人员报销办公费 600 元，以现金支付。

(2) 开出现金支票支付某生产工人生活困难补助 1 000 元。

(3) 生产 A 产品领用材料 100 000 元，生产 B 产品领用材料 140 000 元。

(4) 银行通知已支付本月水电费 1 300 元。其中，车间用 1 000 元，行政管理部门用 300 元。

(5) 计算分配本月应付职工薪酬 90 000 元。其中，生产 A 产品工人工资 40 000 元，生产 B 产品工人工资 35 000 元，车间管理人员工资 7 000 元，行政管理人员工资8 000元。

(6) 从银行提取现金 90 000 元，备发工资。

(7) 用现金发放职工工资。

(8) 计提本月固定资产折旧 20 000 元。其中，生产车间应计提固定资产折旧 12 000 元，企业行政管理部门应计提固定资产折旧 8 000 元。

(9) 将本月发生的制造费用在甲、乙产品之间按生产工时比例进行分配。甲产品 4 000 工时，乙产品 6 000 工时，并将分配结果填入制造费用分配表（见表 2—65），转入生产成本账户。

表 2—65 **制造费用分配表**

产品名称	分配标准（生产工时）	分配率	应分配的费用
甲产品			
乙产品			
合计			

(10) 结转本月完工产品的生产成本，各产品入库数量及实际成本资料如表 2—66 所示：

表 2—66 本月完工产品成本

产品名称	数量	单位成本	总成本
甲产品	400 件	500 元	200 000 元
乙产品	200 件	400 元	80 000 元

要求：

(1) 根据以上资料编制会计分录。

(2) 登记“制造费用”、“生产成本”总分类账户和“生产成本”明细分类账。

6. 练习销售过程的核算。

资料：东林工厂 2014 年 6 月发生下列部分经济业务：

(1) 销售给利民公司甲产品 800 台，每台售价 200 元；货款 160 000 元及增值税 27 200元已收到，存入银行存款账户。

(2) 收到上月应收利民公司货款 58 500 元，存入银行存款账户。

(3) 销售给伟志公司甲产品 400 台，每台售价 200 元，乙产品 800 件，每件售价 150 元，增值税税额共计 34 000 元。已收到款项 190 000 元，存入银行，其余暂欠。

(4) 以银行存款支付广告费 40 000 元。

(5) 收到债券投资利息 800 元存入银行。

(6) 销售 B 材料 8 000 千克，每千克售价 7 元，货款 56 000 元，增值税 9 520 元，款项已收到并存入银行。

(7) 收到伟志公司前欠货款 44 000 元，存入银行存款账户。

(8) 结转本月已售产品的生产成本，甲产品每台成本 100 元，乙产品每件成本 70 元。

(9) 结转本月销售 B 材料的成本 40 000 元。

(10) 将收入和费用类账户的余额结转到“本年利润”账户（假设本月发生管理费用 3 000元、财务费用 1 000 元）。

要求：

(1) 根据以上经济业务编制会计分录。

(2) 开设“主营业务收入”总分类账户并根据有关会计分录登记，结出本期发生额。

7. 练习销售业务和财务成果形成的核算。

资料：联华公司 2014 年 12 月发生下列部分经济业务：

(1) 4 日收到上月应收南方公司前欠货款 46 800 元，存入银行存款账户。

(2) 8 日销售给南方公司甲产品 400 台，每台售价 500 元，乙产品 500 件，每件 200 元，增值税税额 51 000 元，款项尚未收到。

(3) 16 日收到南方公司本月 8 日购货欠款，存入银行。

(4) 18 日以银行存款支付销售费用 6 000 元。

(5) 22 日销售给市物资公司甲产品 200 台，每台售价 500 元，乙产品 200 件，每件 200 元；增值税税额 23 800 元。款项尚未收到。

(6) 24 日以银行存款捐赠给希望工程 20 000 元。

(7) 25 日售给丽华公司 A 材料 4 000 千克，每千克售价 5 元，增值税税额 3 400 元，款项已收到并存入银行。

(8) 27 日以银行存款支付本公司子弟学校经费 20 000 元。

(9) 28 日收到被投资单位汇来应分得的利润 40 000 元，存入银行。

(10) 30 日经批准将无法归还的应付货款 8 600 元转作营业外收入。

(11) 31 日结转本月已销产品成本。其中，甲产品每台成本 250 元，乙产品每件成本 100 元。

(12) 31 日结转本月销售 A 材料成本，每千克 4 元。

(13) 31 日将本月收益类账户余额结转“本年利润”账户。

(14) 31 日将本月有关成本费用账户余额结转“本年利润”账户。

(15) 31 日按本月利润计算应交所得税（税率 25%），并将“所得税费用”账户余额结转“本年利润”账户。

(16) 31 日，将本年实现的净利润（1 到 11 月实现净利润 500 000 元）转入“利润分配”账户。

(17) 31 日，按本年税后利润的 10%提取盈余公积。

(18) 31 日，按规定计算应付给投资者利润 10 000 元。

要求：

(1) 根据上述经济业务编制会计分录。

(2) 开设并登记“本年利润”、“利润分配”总分类账户。

8. 综合练习工业企业主要经营过程的核算。

资料：红星工厂 2014 年 11 月 30 日各总分类账户余额及有关明细账资料如表 2—67 所示：

表 2—67 **总分类账户余额** 单位：元

账户名称	借方余额	账户名称	贷方余额
库存现金	1 000	短期借款	41 000
银行存款	139 500	应付账款	2 900
应收账款	8 000	其他应付款	300
原材料	110 000	应交税费	1 500
库存商品	150 000	实收资金	1 000 000
固定资产	900 000	盈余公积	13 700
利润分配	332 500	本年利润	427 000
		累计折旧	154 600
合计	1 641 000	合计	1 641 000

“原材料”账户余额 110 000 元。其中，甲材料 55 000 元，乙材料 50 000 元，辅助材料 5 000 元。

“库存商品”账户余额 150 000 元。其中，A 产成品 4 000 件，单价 20 元，计 80 000 元；B 产成品 7 000 件，单价 10 元，计 70 000 元。

“应收账款”账户余额 8 000 元系新华工厂欠款。

“应付账款”账户余额 2 900 元系欠五一工厂货款。

红星工厂 2014 年 12 月发生下列经济业务：

(1) 仓库发出材料 80 000 元。其中，甲材料 40 000 元、乙材料 40 000 元，用于生产

A 产品 43 800 元、B 产品 36 200 元。

(2) 仓库发出辅助材料 4 000 元，供车间使用。

(3) 从银行提取现金 48 000 元。

(4) 以现金支付职工工资 48 000 元。

(5) 向兴明工厂购入甲材料 10 000 元，增值税税率为 17%，该厂垫付运费 500 元，进项税额扣除率 7%，货款以银行存款支付。材料验收入库，按其实际采购成本转账。

(6) 向五一工厂购入乙材料 20 000 元，增值税税率为 17%。材料已到达并验收入库，货款尚未支付。

(7) 收到新华工厂归还欠款 8 000 元，存入银行。

(8) 以银行存款偿还上月欠五一工厂的货款 2 900 元。

(9) 本月分配应付职工工资如下：

A 产品生产工人工资	20 000 元
B 产品生产工人工资	20 000 元
车间职工工资	6 000 元
行政管理部门职工工资	2 000 元
合计	48 000 元

(10) 按预计的职工福利费占工资总额的 5%计提本月职工福利费。

(11) 计提本月固定资产折旧 12 320 元。其中，车间使用固定资产折旧 4 760 元，管理部门使用固定资产折旧 7 560 元。

(12) 将本月制造总额按生产工人工资比例分配计入 A、B 两种产品成本。

(13) A 产品 4 000 件已全部完成，按其实际生产成本转账。

(14) 出售产成品给新华工厂，A 产品 3 600 件，每件售价 56 元，B 产品 4 000 件，每件售价 28 元，共计售价 313 600 元。增值税税率为 17%，货款尚未收到。

(15) 用银行存款支付销售产品的包装费、装卸费等销售费用 1 200 元。

(16) 用银行存款支付本月短期借款利息 900 元。

(17) 以银行存款向希望工程捐赠 2 000 元。

(18) 没收某单位逾期未退包装物的押金 300 元。

(19) 结转本月出售产成品的生产成本，计 A 产品每件 20 元，B 产品每件 10 元，共计 112 000 元。

(20) 出售多余材料一批，货款 2 000 元，增值税 340 元，价税款已存入银行。同时结转该批材料的实际成本 1 200 元。

(21) 收到被投资单位转来应分得的利润 10 000 元，存入银行。

(22) 将 12 月份除所得税外的各损益类账户余额结转至“本年利润”账户，并计算出 12 月份的利润总额。

(23) 计算全年的应交所得税（所得税税率为 25%），并将“所得税费用”账户余额结转至“本年利润”账户。

(24) 按全年净利润的 10%提取盈余公积。

(25) 按全年净利润的 30%计算结转应付投资者利润。

(26) 将全年实现的净利润自“本年利润”账户结转至“利润分配”账户。

(27) 收到某工厂以银行存款 300 000 元对本企业的投资，已存入银行。

要求：

(1) 根据上述经济业务编制会计分录。

(2) 开设 T 形总分类账户，并进行登记。

(3) 根据总分类账户编制总分类账户本期发生额及余额试算平衡表。

任务 4 会计凭证的填制与审核

技能目标

1. 能正确填制会计凭证；
2. 会准确审核会计凭证。

知识目标

1. 熟悉会计凭证的填制要求；
2. 掌握会计凭证的填制方法；
3. 了解会计凭证审核的内容与要求；
4. 了解会计凭证的种类，知晓其构成要素。

一、会计凭证的意义和种类

（一）会计凭证的意义

会计凭证是具有一定格式，记录经济业务，明确经济责任，作为记账依据的书面证明。企业、行政事业单位在经济活动中要发生各式各样的经济业务，都需要取得凭证进行记录，以证明和反映经济活动的发生和完成情况，明确经办部门和人员的经济责任，并据以登记会计账簿。例如：购买材料，要取得供货单位发货票；销售商品，要为购货单位填制销货发票；与银行结算，要填写和收到各种结算凭证；企业内部生产领用材料，要填写领料单。因此，填制和取得会计凭证是会计核算工作的初始阶段和基础。只有根据审核无误的会计凭证来处理经济业务，才能保证会计记录真实、客观，才能行使会计的监督职能，才能审核会计凭证所证明的经济业务是否合规、合法。填制和审核凭证成为会计核算的基本方法之一。

填制和审核会计凭证，对客观、真实地反映经济业务内容，保证会计核算资料质量，有效进行会计监督，发挥会计在经济管理中的作用具有重要意义。

1. 填制和审核会计凭证，可以客观、真实地反映经济业务发生情况，为记账提供依据

每一项经济业务的发生，都能取得不同环节上的会计凭证，通过凭证的填制和审核，

会计人员能清楚地知道业务的经办单位、人员，经济业务内容，发生的时间、地点等。例如：购买材料取得供货单位的发货票凭证，详细记录供货单位、经办人员，以及材料的名称、数量、单价、金额、购买时间、经手人签章、凭证号数和供货单位公章、材料验收部门签章等，对记录经济业务的详细情况进行客观、真实的反映。

2. 通过填制和审核会计凭证，可以监督经济业务是否合理、合法

对发生的经济业务，会计人员应对有关凭证所反映的内容进行审核、监督，检查经济业务是否真实、正确、合理、合法，是否符合国家有关的政策、法规、制度的要求，是否符合企业、单位预算、计划等的规定，防止不合法、不合理的经济业务发生，加强会计管理。通过会计凭证审查发现的问题，应及时采取措施，不断改进、完善会计核算工作。

3. 通过填制和审核会计凭证，可以明确经济责任

每一项发生的经济业务，都能填制或取得有关凭证，通过对凭证内容的填制和审核，如部门、个人的签章，可以明确经办部门和人员的责任，促使有关部门和人员增强责任感，严格落实岗位责任制。对于出现的问题便于查对和分清责任，能予以有关方面及人员合理的处罚。

（二）会计凭证的种类

由于经济业务起点不同，会计凭证在会计核算中的环节和作用不同，会计凭证分为不同的种类，正确对会计凭证进行分类，可以熟悉会计凭证在会计核算中的作用，充分认识和运用凭证。会计凭证按照填制程序和用途不同，可以分为原始凭证和记账凭证。

原始凭证是在经济业务发生时取得和填制的，反映经济业务的发生、完成情况，具有法律效力的书面证明。如发货票、各种专用票据、借款单、工资单、入库单、各种报销车票等，原始凭证是办理经济业务手续的证明，是真实、正确、合理、合法的原始凭证，是编制记账凭证的依据。

记账凭证是会计人员根据审核后的原始凭证编制的，据以登记账簿的凭证。由于经济业务涉及的环节各式各样，取得的原始凭证数量繁多，大小不一，格式不同，不能直接登记账簿，需要对原始凭证进行审核、整理、归类，根据记账方法填制记账凭证，确定会计分录，作为直接登记账簿的依据。

二、原始凭证的填制与审核

（一）原始凭证的基本内容

尽管原始凭证纷繁复杂，格式内容不尽一样，但根据经济业务的要求，各种原始凭证应具备一些共同的基本内容。原始凭证的基本内容也称原始凭证的基本要素，包括：

（1）凭证名称。如销货发票、借款单等就是凭证名称。

（2）填制凭证时间。即经济业务发生的时间。

（3）接受单位的名称。如购货单位名称，应尽量书写准确全称，以便于联系和核对账务。

（4）经济业务的内容、数量、单价、金额等。主要是产品名称、规格、单位、数量、金额或劳务数量、金额等，包括用阿拉伯数小写和用汉字大写的金额。可以通过经济业务的内容核对审查凭证的真实性、合法性。

（5）经办单位、人员的签名盖章。单位之间发生经济业务，必须有填制凭证单位的公章及经办人员签章，以明确法律责任，出现问题便于核对、查找。对于需要进行检验、验收的实物凭证，还要有验收部门或人员的手续。

为了满足其他工作的需要，原始凭证除上述必须具备的基本内容外，还增加了一些补充项目。例如：为了防止伪造，增加了防伪条码或识别标志；为了便于业务联系，增加了填制单位的地址、银行账号、电话等；为了方便核对、查找，注明相关合同号码、结算方式等，使原始凭证更趋规范，功能更加完善。

（二）原始凭证的种类

1. 按来源不同，分为外来原始凭证和自制原始凭证

（1）外来原始凭证。即在经济业务发生时，从其他单位或个人取得的原始凭证。如企业购买材料取得的购货发票、银行代为支付费用的付款结算凭证、采购员出差购买的车船票、增值税专用发票（见表 2—68）等。

表 2—68 ××省增值税专用发票

开票日期： 年 月 日

<table>
<tr><td rowspan="2">购货单位</td><td colspan="3">名称</td><td colspan="5"></td><td colspan="6">纳税人登记号</td><td colspan="8"></td></tr>
<tr><td colspan="3">地址、电话</td><td colspan="5"></td><td colspan="6">开户银行及账号</td><td colspan="8"></td></tr>
<tr><td rowspan="2">货物及劳务名称</td><td rowspan="2">计量单位</td><td rowspan="2">数量</td><td rowspan="2">单价</td><td colspan="9">金额</td><td rowspan="2">税率（%）</td><td colspan="9">税额</td></tr>
<tr><td>百</td><td>十</td><td>万</td><td>千</td><td>百</td><td>十</td><td>元</td><td>角</td><td>分</td><td>百</td><td>十</td><td>万</td><td>千</td><td>百</td><td>十</td><td>元</td><td>角</td><td>分</td></tr>
<tr><td></td><td></td><td></td><td></td><td></td><td></td><td></td><td></td><td></td><td></td><td></td><td></td><td></td><td></td><td></td><td></td><td></td><td></td><td></td><td></td><td></td><td></td><td></td></tr>
<tr><td></td><td></td><td></td><td></td><td></td><td></td><td></td><td></td><td></td><td></td><td></td><td></td><td></td><td></td><td></td><td></td><td></td><td></td><td></td><td></td><td></td><td></td><td></td></tr>
<tr><td></td><td></td><td></td><td></td><td></td><td></td><td></td><td></td><td></td><td></td><td></td><td></td><td></td><td></td><td></td><td></td><td></td><td></td><td></td><td></td><td></td><td></td><td></td></tr>
<tr><td>合计</td><td></td><td></td><td></td><td></td><td></td><td></td><td></td><td></td><td></td><td></td><td></td><td></td><td></td><td></td><td></td><td></td><td></td><td></td><td></td><td></td><td></td><td></td></tr>
<tr><td>价税合计（大写）</td><td colspan="22">仟 佰 拾 万 仟 佰 拾 元 角 分 ￥</td></tr>
<tr><td rowspan="2">销货单位</td><td colspan="2">名称</td><td colspan="8"></td><td colspan="6">纳税人登记号</td><td colspan="6"></td></tr>
<tr><td colspan="2">地址、电话</td><td colspan="8"></td><td colspan="6">开户银行及账号</td><td colspan="6"></td></tr>
</table>

第三联 发票联 购货方记账凭证

收款人： 开票单位（未盖章无效）

（2）自制原始凭证，即由本单位内部业务部门和人员填制，执行和完成某项经济业务所使用的原始凭证，如收料单（见表 2—69）、领料单（见表 2—70）、产品入库单、工资计算单等。

表 2—69　　收料单

供货单位：　　　　凭证编号：
发票号码：　　年　月　日　　收料仓库：

材料编号	材料规格名称	计量单位	数量		金额	
			应收	实收	单价	金额
备注					合计	

第　联

收料：　　记账：　　保管：　　仓库负责人：

表 2—70　　领料单

领用部门：　　　　凭证编号：
用途：　　年　月　日　　发料仓库：

材料编号	材料规格名称	计量单位	数量		金额	
			请领	实领	单价	金额
备注					合计	

第　联

审批：　　发料：　　记账：　　领料：

2. 按填制方法不同，分为一次原始凭证、累计原始凭证和汇总原始凭证

（1）一次原始凭证，即一次凭证，一般在一张原始凭证上只填写一笔经济业务，凭证一次填写完成。如发货票、银行结算凭证、借款单等。大部分原始凭证都是一次凭证。一次凭证使用灵活方便，便于分类保管，但数量较多。

（2）累计原始凭证，即累计凭证，在一张凭证上连续登记一定期间内发生的相同经济业务的凭证，它可以随经济业务的发生分次填写凭证，并随时计算出累计数。累计原始凭证能简化填制手续，减少凭证张数，便于同计划、定额对照，实施预算控制。如限额领料单（见表 2—71）。

表 2—71　　限额领料单

领料部门：　　　　编　　号：
用途：　　年　月　日　　发料仓库：

材料编号	材料名称规格	计量单位	计划投产量	单位消耗定额	领用限额	实发		
						数量	实际（计划）单价	金额
日期	领用			退料			限额结余	
	数量	领料人	发料人	数量	退料人	收料人		
合计								

生产计划部门：　　供销部门：　　仓库：

（3）汇总原始凭证，即汇总凭证，是根据若干张同类经济业务的原始凭证，经过汇总

编制的凭证，如发出材料汇总表（见表2—72）、工资结算汇总表等。汇总凭证可以简化编制记账凭证和登记账簿的手续，同时可为经营管理提供所需的总量指标。

表2—72 **发出材料汇总表**

年 月 日

<table>
<tr><td colspan="2">会计科目</td><td>领料部门</td><td>原材料</td><td>燃料</td><td>合计</td></tr>
<tr><td rowspan="6">生产成本</td><td rowspan="3">基本生产车间</td><td>一车间</td><td></td><td></td><td></td></tr>
<tr><td>二车间</td><td></td><td></td><td></td></tr>
<tr><td>小计</td><td></td><td></td><td></td></tr>
<tr><td rowspan="3">辅助生产车间</td><td>机修车间</td><td></td><td></td><td></td></tr>
<tr><td>供电车间</td><td></td><td></td><td></td></tr>
<tr><td>小计</td><td></td><td></td><td></td></tr>
<tr><td colspan="2" rowspan="3">制造费用</td><td>一车间</td><td></td><td></td><td></td></tr>
<tr><td>二车间</td><td></td><td></td><td></td></tr>
<tr><td>小计</td><td></td><td></td><td></td></tr>
<tr><td colspan="2">合计</td><td></td><td></td><td></td><td></td></tr>
</table>

会计负责人： 复核： 制表：

3. 按格式、使用范围不同，分为通用凭证、专用凭证

（1）通用凭证，即在全国或某行业、某部门以统一格式使用的原始凭证，如全国统一的异地结算银行凭证、税务部门统一印制格式的发票等。

（2）专用凭证，即企业等单位内部自行设计、制定、使用的凭证，为满足本单位内部管理的需要，如借款单、差旅费报销单等。

4. 按用途不同，可分为计算凭证、证明凭证和通知凭证

（1）计算凭证，即根据有关原始凭证和会计核算资料计算后编制的原始凭证，如制造费用分配表、产品成本计算单、工资计算单等。

（2）证明凭证，即用来证明某项经济业务实际发生情况的凭证，如产品入库单、领料单、固定资产报废单，需要上级批准的经济业务的批准文件，根据有关决定处理经济业务的有关会议决定或记录等。

（3）通知凭证，即命令、指示、要求进行某项经济业务的凭证，如罚款（扣款）通知单、工资标准执行单等。

（三）原始凭证的填制

1. 原始凭证的填制要求

由于原始凭证是具有法律效力的书面文件，因此原始凭证的填制是一项细致、规范的基础性工作，必须严格按要求认真填写。原始凭证填制不当，不仅会影响经济业务效率，降低会计工作质量，而且会影响企业等单位的经济利益。

自制原始凭证是由经办单位和人员按照经济业务的实际发生情况填制的，一部分是在经济业务发生和完成的当时填制的，如购进材料时仓库的验收单、领用材料时的领料单、业务人员出差前填制的借款收据等；另一部分自制原始凭证是在经济业务发生之后，有关人员根据凭证和账簿的有关记录整理填制的，如领用材料汇总分配表、工资汇总分配表、

产品成本计算单等。外来原始凭证是由其他单位和个人填写的，它同样要具有证明经济业务和经济责任所具有的内容。

（1）内容真实。原始凭证内容应与实际经济业务相符，不得任意编写项目、数字，弄虚作假，少报多填，违反财经法规。对于实物的数量、质量，应经过相关部门和人员的审核检验，确保无误。

（2）项目齐全。凭证中基本内容的各个项目都应填写齐全，不得遗漏，少填。

（3）书写规范。凭证中文字、数字应按要求填写，字迹工整、清晰，易于辨认，不连笔，不写草字，不写非规范字。一式多联凭证复写时，要上下对齐，不串行，不出格，上下清晰。凭证书写错误应按正确方法更正或作废，不得刮擦、挖补、粘贴、用涂改液消除等。

（4）填写及时。每项经济业务发生或完成，应及时填写有关原始凭证，及时反映经济业务发生、执行情况，不拖后，不误时，以免事后回忆，造成误差。

（5）合理合法。凭证填写内容应符合有关政策、法规、制度的要求，符合单位的实际业务，对不符合政策、法规、制度要求的，不应作为会计凭证，应查明原因，提交有关方面处理。

（6）格式统一。填写的同类经济业务凭证应尽量使用统一的格式，达到科学一致，以免造成混乱，不利于工作。

2. 原始凭证的填制规范

原始凭证填制的基本规范如下：

（1）凡需填大小写金额的凭证，大小写金额必须相等；购入实物的原始凭证，需有第三方的检验证明手续；从个人取得的原始凭证，需有个人的签名或盖章。

（2）一式多联的原始凭证，必须用双面复写纸（自带复写功能的除外）套写，其中只能用一联作为报销凭证；原始凭证作废，应加盖“作废”戳记，连同存根一起保存，不得撕毁。

（3）经上级批准的经济业务或会议决定的事项，应将批准文件或会议决定作为原始凭证的附件，如有关文件、决定需要单独存档，则复印后与凭证一起入账。

（4）凭证要用蓝色或黑色墨水书写。阿拉伯数字应当一个一个地写，不得连笔写，排列要整齐，在书写时应有一定的斜度，一般为 60 度左右。书写时要紧靠横格底线，数字的高度一般占凭证账页横格高度的 1/2，使上方能留出更正空间。阿拉伯金额数字前应写币种符号，如人民币符号“¥”，美元符号“$”，币种符号与阿拉伯数字之间不得留有空白。凡阿拉伯数字前写“¥”的，数字后不再写“元”字。所有以元为单位的阿拉伯数字，除表示单价等情况外，一律填写到角和分；无角和分的，角位和分位可写“00”或符号“—”；有角无分的，分位应写“0”，不得用符号“—”代替。

阿拉伯数字书写标准字样如图 2—13 所示。

图 2—13 阿拉伯数字标准字样

（5）汉字大写金额数字，一律用正楷字或行书字书写，如壹、贰、叁、肆、伍、陆、柒、捌、玖、拾、佰、仟、万、亿、圆、角、分、零、整（正）等易于辨认、不宜涂改字样；不得用0、一、二（两）、三、四、五、六、七、八、九、十等字样代替，不得任意自造简化字；大写金额数字到元或角为止的，在“元”或“角”之后写“整”或“正”字；大写金额数字后有分的，分后面不写“整”或“正”字；大写金额数字前未印有人民币字样的，应加填“人民币”三字，“人民币”三字与金额数字之间不得留有空白。

（6）阿拉伯数字之间有“0”时，汉字大写要写“零”字，如￥2 305.30，汉字大写金额应为：人民币贰仟叁佰零伍圆叁角整。阿拉伯数字之间连续有几个“0”时，汉字大写金额中可以只写一个“零”，如1 002.30，汉字大写金额应写为：人民币壹仟零贰圆叁角整。阿拉伯金额数字元位是“0”，或者数字中间连续几个“0”，元位也是“0”，但角分不是“0”时，汉字大写金额可只写一个“零”字，也可以不写“零”，如￥5 000.36，汉字大写金额应写为：人民币伍仟圆零叁角陆分，或写成人民币伍仟圆叁角陆分。

（四）原始凭证的审核

1. 原始凭证审核的内容

原始凭证是对各式各样经济活动的具体反映，是据以编制记账凭证，进而登记账簿的依据，要保证会计核算资料的真实、有效，充分实施会计的监督职能，发挥会计在管理中的作用，就必须加强对原始凭证的审核。原始凭证审核的内容主要包括：

（1）审核原始凭证所反映的经济业务是否符合国家方针、政策、法规、制度的要求。原始凭证所反映的经济业务是否合规合法，是否违反财经纪律，是否符合有关规定，会计人员应依据国家法令、财经制度等进行认真审核。凡有下列情况之一者不能作为合法的会计凭证：1）多计或少计收入、支出、费用、成本；2）擅自扩大开支范围，提高开支标准；3）不按国家规定的资金渠道和用途使用资金；4）巧立名目，虚报冒领，违反规定出借公款公物；5）套取现金，签发空头支票；6）不按国家规定标准、比例提取费用；7）私分公共财物和资金；8）擅自动用公款、公物请客送礼；9）不经批准，购买、自制属于控制的商品。

（2）审核凭证所反映的经济业务是否符合企业单位制度和管理的要求。要认真贯彻会计经济核算，落实厉行节约、反对浪费、提高经济效益的原则，通过凭证审查，发现是否有违反制度、不按规定办事的行为，有无虚报冒领、伪造凭证等违法乱纪行为，计划预算是否科学合理，内部财物管理、各项支出手续是否严密，相关人员是否签字认可等。

（3）审核原始凭证基本要素是否真实、完整。要按照填制凭证的要求，认真审核原始凭证的内容是否齐全，手续是否完备，所反映的经济业务是否与实际相符，数字计算是否正确。有下列情形之一者，不能作为正确的原始凭证：1）未写接收单位或名称不符；2）数量和金额计算不正确；3）有关责任人员没有签字或盖章；4）凭证联次不符；5）有污染、抹擦、刀刮和挖补等。

2. 原始凭证审核后的处理

原始凭证经过认真严格审核，符合要求的，应及时办理会计手续，据以编制记账凭证，并作为记账凭证的附件一起存档；对不符合会计法规、制度要求，违反原则的事项，应视情况分别处理。

《会计法》规定，会计机构、会计人员必须按照国家统一的会计制度规定对原始凭证进行审核，对不真实、不合法的原始凭证有权不予接受，并向单位负责人报告；对记载不准确、不完整的原始凭证予以退回，并要求按照国家统一会计制度的规定更正、补充。

原始凭证记载的各项内容均不得涂改，原始凭证有错误的，应当由出具单位重开或更正，更正处应当加盖出具单位印章。原始凭证金额有错误的，应当由出具单位重开，不得在原始凭证上更正。

三、记账凭证的编制与审核

（一）记账凭证的基本内容

如前所述，企业、事业单位等的原始凭证种类繁多，格式大小不一，内容不同，不能直接作为记账的依据。所以在登记账簿之前，应先编制记账凭证。记账凭证是根据审核无误的原始凭证编制的，按照会计核算的方法，指出每一项经济业务应登记的账户名称、记账方向及其金额，是直接登记会计账簿的依据。

记账凭证的基本内容包括：

（1）凭证名称；

（2）填制凭证的日期；

（3）经济业务内容摘要；

（4）账户名称（包括一级、二级和明细账户）、记账方向和金额；

（5）记账凭证编号；

（6）所附有的原始凭证和其他资料的张数；

（7）有关人员的签章。

（二）记账凭证的种类

1. 按经济业务内容不同，可分为收款凭证、付款凭证、转账凭证

（1）收款凭证。是指专门用来登记库存现金、银行存款收款业务的记账凭证。它根据加盖“收讫”戳记的收款原始凭证编制，作为登记库存现金、银行存款日记账以及有关账簿的依据。收款凭证的格式如表 2—73 所示。

表 2—73 **收款凭证**

借方科目： 年 月 日 收字第 号

摘要	贷方科目		金额									√	
	总账科目	明细科目	千	百	十	万	千	百	十	元	角	分		附件 张
合计													

会计主管： 记账： 出纳： 稽核： 制证：

（2）付款凭证。是指专门用于登记库存现金、银行存款付款业务的记账凭证。它根据加盖“付讫”戳记的付款原始凭证编制，作为登记库存现金、银行存款日记账和其他有关账簿的依据。付款凭证的格式如表2—74所示。

表2—74 **付款凭证**

贷方科目： 年 月 日 付字第 号

摘要	借方科目		金额										√
	总账科目	明细科目	千	百	十	万	千	百	十	元	角	分	
合计													

附件 张

会计主管： 记账： 出纳： 稽核： 制证：

对于发生在库存现金和银行存款之间的收付业务，如从银行提取现金，或将现金存入银行，一般只填制付款凭证，不再填制收款凭证，以避免重复编制。

（3）转账凭证。是指用于登记不涉及库存现金和银行存款收付的其他经济业务的记账凭证，即登记非现金和银行存款收付的业务，也称转账业务，如生产领用材料、产品入库、月末转账、债权债务产生等。转账凭证的格式如表2—75所示。

表2—75 **转账凭证**

年 月 日 转字第 号

摘要	总账科目	明细科目	√	借方金额										√	贷方金额									
				千	百	十	万	千	百	十	元	角	分		千	百	十	万	千	百	十	元	角	分
合计																								

附单据 张

会计主管： 记账： 稽核： 制证：

2. 按使用范围或用途不同，可分为通用记账凭证和专用记账凭证

（1）通用记账凭证。对各种经济业务（收款、付款、转账业务）都适用的会计凭证。其格式与转账凭证相同，适应于会计人员较少、业务较为简单的小型企业单位。

（2）专用记账凭证。专门适用于某类经济业务的会计凭证，如前所述收款凭证、付款凭证、转账凭证。

3. 按编制方式不同，可分为单式记账凭证和复式记账凭证

（1）单式记账凭证。在一张记账凭证上只填写一个会计科目的记账凭证。一笔经济业务有几个会计科目，就要填写几张单式记账凭证，填列借方账户的称为借项记账凭证（见表2—76），填列贷方账户的称为贷项记账凭证（见表2—77），一笔经济业务至少要填制两张以上的单式记账凭证。该种凭证内容单一，数量较多，便于按科目进行汇总，适合会计人员分工记账，以提高工作效率。但凭证比较分散，不能完整反映经济业务，容易丢失，它适用于经济业务量较大、会计人员较多的单位。

表 2—76 借项记账凭证

对应科目： 年 月 日 编号：

摘要	一级科目	二级或明细科目	金额	记账符号

会计主管： 记账： 出纳：

表 2—77 贷项记账凭证

对应科目： 年 月 日 编号：

摘要	一级科目	二级或明细科目	金额	记账符号

会计主管： 记账： 出纳： 稽核： 制证：

（2）复式记账凭证。将一项经济业务所涉及的所有会计科目登记在一张记账凭证上，即通过一张记账凭证全面完成一项经济业务的分录。其优点是涉及会计科目较少的经济业务只做一张凭证即可完成，复式记账凭证能完整反映经济业务的全貌及会计科目之间的对应关系，便于检查记账凭证编制是否正确。缺点是不便于按会计科目同时进行汇总，不便于分工记账。

4. 按是否进行汇总，可分为分录记账凭证和汇总记账凭证

（1）分录记账凭证。根据原始凭证编制，用以确定每一项经济业务会计分录的记账凭证。如前面所述收款凭证、付款凭证、转账凭证、通用记账凭证等都属于分录记账凭证。

（2）汇总记账凭证。根据一定时期分录记账凭证汇总编制的记账凭证。目的是简化登记总账手续，为日常分析提供资料。按汇总内容不同，一般分为全部汇总凭证和分类汇总凭证。

全部汇总凭证，也称记账凭证汇总表或科目汇总表，是将一定时期的全部记账凭证按会计科目（或账户）进行汇总编制的汇总记账凭证，它集中反映了一定时期经济业务的发生情况，便于分析和集中登记总账。规模较大、经济业务较多的单位多采用全部汇总记账凭证方式，其格式如表 2—78 所示。

表 2—78 科目汇总表

年 月 日 汇字第 号

会计科目	总账页次	本期发生额		凭证起讫号数
		借方	贷方	
库存现金 银行存款 应收账款 其他应收款 …				
合计				

分类汇总凭证是对一定时期的记账凭证进行分类汇总编制的记账凭证，如汇总收款凭证、汇总付款凭证、汇总转账凭证。可以按类别分别编制几张汇总记账凭证，也可以只编制一张分类的全部汇总记账凭证。大中型企业单位多采用分类汇总凭证这一方式。

企业选择什么样的记账凭证，应结合本企业会计事项的多少，会计人员分工情况和会计核算方式确定，采用一种和几种记账凭证。不同种类的记账凭证应印制成不同颜色，以便区别使用。

上述会计凭证分类归纳列示如表 2—79 所示。

表 2—79　　　　会计凭证分类表

<table>
<tr><td rowspan="19">会计凭证</td><td rowspan="19">按填制程序和用途不同</td><td rowspan="10">原始凭证</td><td rowspan="2">按来源不同分类</td><td>外来原始凭证</td></tr>
<tr><td>自制原始凭证</td></tr>
<tr><td rowspan="3">按填制方法不同分类</td><td>一次原始凭证</td></tr>
<tr><td>累计原始凭证</td></tr>
<tr><td>汇总原始凭证</td></tr>
<tr><td rowspan="2">按格式、使用范围不同分类</td><td>通用凭证</td></tr>
<tr><td>专用凭证</td></tr>
<tr><td rowspan="3">按用途不同分类</td><td>计算凭证</td></tr>
<tr><td>证明凭证</td></tr>
<tr><td>通知凭证</td></tr>
<tr><td rowspan="9">记账凭证</td><td rowspan="3">按经济业务内容不同分类</td><td>收款凭证</td></tr>
<tr><td>付款凭证</td></tr>
<tr><td>转账凭证</td></tr>
<tr><td rowspan="2">按使用范围或用途不同分类</td><td>通用记账凭证</td></tr>
<tr><td>专用记账凭证</td></tr>
<tr><td rowspan="2">按编制方式不同分类</td><td>单式记账凭证</td></tr>
<tr><td>复式记账凭证</td></tr>
<tr><td rowspan="2">按是否进行汇总分类</td><td>分录记账凭证</td></tr>
<tr><td>汇总记账凭证</td></tr>
</table>

(三) 记账凭证的编制

1. 记账凭证的编制要求

(1) 依据正确。记账凭证以原始凭证为依据编制，会计人员应对原始凭证内容、手续等认真审核，确保无误后，方可作为编制依据。经审核不符合手续、内容不真实的原始凭证，不能作为编制记账凭证的依据。

(2) 内容完整。记账凭证内容应填写齐全，包括日期、摘要、会计科目以及明细科目、金额、编号、附件和责任人签字等，都不能遗漏或错填。

(3) 编写规范。编制记账凭证时，要规范填写会计科目以及明细科目、金额数字、编号等，字迹工整，易于辨认及核对。

(4) 填制及时。会计人员应对财务收支业务依据手续齐全的收付款原始凭证及时编制记账凭证，及时登记日记账；对转账业务应定期根据原始凭证编制记账凭证，定期登记有关账簿。

2. 记账凭证的编制方法

(1) 日期的填写。日期一般是填写财会人员填制记账凭证的当天日期，也可以根据管理需要，填写经济业务发生的日期或月末日期。例如：报销差旅费的记账凭证填写报销当日的日期；库存现金收、付款记账凭证填写办理收、付现金的日期；银行收款业务的记账凭证一般按财会部门收到银行进账单或银行回执的戳记日期填写；当实际收到的进账单日期与银行戳记日期相隔较远，或次月初收到上月的银行收、付款凭证，可按财会部门实际办理转账业务的日期填写；银行付款业务的记账凭证，一般以财会部门开出银行存款付出单据的日期或承付的日期填写；属于计提和分配费用等转账业务的记账凭证，应以当月最后的日期填写。

（2）摘要的填写。摘要应与经济业务内容相符，言简意赅，表述准确，一般要考虑经办单位或人员、经济业务性质和金额变化方向等因素，使其规范化。向银行提取现金，摘要为“补充库存或备发工资”；小额销售收入现金存入银行，摘要为“存入销货款”；支付现金，摘要为“某职工借差旅费”、“货款”、“某职工购买办公用品”；通过银行付款，摘要为“付某单位某日购货款”、“某职工购买办公用品”；通过银行收款，摘要为“托收某单位某日货款”等。

（3）会计科目的填写。除一级科目外，如有二级科目或明细科目也要填写。会计科目写到哪一级，要根据记账和核算要求，一般要写到会计科目所属最下一级账户。会计科目和明细项目要写全称，不能省略或简化，以便日后核对。

（4）金额的填写。金额要填写清楚，角分位不留空白，可写成“00”；空行画一斜线注销；金额合计第一位数前应填写小写人民币符号“¥”。填写金额要保持会计分录的平衡关系。

（5）编号方法。采用专用凭证的要分类编号，每月从第 1 号编起，如收字第 1 号、付字第 1 号、转字第 1 号。一笔复杂的会计分录要编制多张记账凭证，采用分数编号法，如一笔会计分录要编制三张转账记账凭证，编号为转字第 6 1/3 号、转字第 6 2/3 号、转字第 6 3/3 号。只采用一种通用记账凭证，可以按编制凭证的先后顺序编号，每月从第 1 号编起，以凭证的名称冠以字头，如记字第 1 号；每月末各种记账凭证的最后一张编号，在其旁边要加注“全”字，表示本月凭证编号到此结束，以免丢失。

（6）附件的填写。除结账和更正错误的记账凭证外，记账凭证都必须有原始凭证或其他资料为附件，并要填写附件的张数。附件张数，一般以原始凭证自然张数为准计算。原始凭证的内容和张数应同记账凭证的内容和所列张数一致，不能错置和少置原始凭证。一张原始凭证同几张记账凭证有关，可将该原始凭证附在一张主要记账凭证后面，在其他记账凭证上注明该凭证编号，或将原始凭证复印，附在各记账凭证后面。一张原始凭证所列的支出几个单位共同负担时，要开具原始凭证分割单。分割单应具有原始凭证的基本内容，如凭证名称、填制日期、填制单位或人员名称、经济业务内容、数量、金额及费用分担情况。重要资料或原始凭证数量过多，需单独保存的，要在摘要栏注明。原始凭证要认真整理，依左上角对齐，平整黏附在记账凭证后面；凭证过大，可折叠成比记账凭证略小的面积；凭证过小，可在其后面加一张比原始凭证略小的衬纸；原始凭证破损要修补完好；凭证过厚，可取其表面一层薄纸。平整黏附原始凭证时，应选用既不被鼠咬、虫蛀、不易腐烂，又不使文字、数字、退色的胶水或糨糊。

（7）责任人签字。记账凭证编制无误后，应由有关人员签字或盖章，以明确责任。

3. 记账凭证编制举例

（1）收款凭证编制。凡收到现金和银行存款的经济业务，如销售收入、款项拨入、其他收入等，都应编制收款记账凭证。

【例 2—65】收到新华工厂还来前欠货款 5 000 元，存入银行。根据原始凭证编制的收款凭证如表 2—80 所示。

表 2—80 **收款凭证**

借方科目：银行存款　　2014 年 5 月 12 日　　收字第 5 号

摘要	贷方科目		金额										√	
	总账科目	明细科目	千	百	十	万	千	百	十	元	角	分		
收到新华工厂偿还前欠货款	应收账款	新华工厂					5	0	0	0	0	0		附单据1张
合计金额						¥	5	0	0	0	0	0		

会计主管：　　记账：　　出纳：　　稽核：　　制证：

(2) 付款凭证编制。凡付出现金和银行存款的经济业务，如支付购买材料款、支付工资、支付各项费用、缴纳税金、款项拨出等，都应编制付款记账凭证。

【例 2—66】 以银行存款归还银行短期借款 20 000 元。根据有关原始凭证编制的付款凭证如表 2—81 所示。

表 2—81 **付款凭证**

贷方科目：银行存款　　2014 年 5 月 12 日　　付字第 4 号

摘要	借方科目		金额										√	
	总账科目	明细科目	千	百	十	万	千	百	十	元	角	分		
归还银行短期借款	短期借款	工商银行				2	0	0	0	0	0	0		附单据1张
合计金额					¥	2	0	0	0	0	0	0		

会计主管：　　记账：　　出纳：　　稽核：　　制证：

(3) 转账凭证编制。凡不涉及现金和银行存款收付业务以外的其他业务，如领用材料、计提折旧、摊销费用、债权债务产生、期末收支结转等，都应编制转账记账凭证。

【例 2—67】 月末，生产车间甲产品完工入库，生产成本 35 000 元。根据有关原始凭证编制转账凭证如表 2—82 所示。

表 2—82 **转账凭证**

2014 年 5 月 31 日　　转字第 58 号

摘要	总账科目	明细科目	√	借方金额										√	贷方金额										
				千	百	十	万	千	百	十	元	角	分		千	百	十	万	千	百	十	元	角	分	
产品完工入库	库存商品	甲产品					3	5	0	0	0	0	0												附单据1张
	生产成本	甲产品																3	5	0	0	0	0	0	
	合计金额					¥	3	5	0	0	0	0	0				¥	3	5	0	0	0	0	0	

会计主管：　　记账：　　稽核：　　制证：

(四) 记账凭证的审核

记账凭证编制完成后，要经过认真审核，才能据以登记账簿。记账凭证审核的主要内容包括：

1. 与原始凭证是否相符

主要审查记账凭证的内容与原始凭证的内容是否相符，原始凭证张数与记账凭证所填张数是否一致。

2. 所填会计科目是否正确

记账凭证所编制的应借、应贷会计科目对应关系是否正确，总账科目和明细科目是否填列齐全，借贷金额是否相等。

3. 项目填写是否齐全

审核记账凭证各个项目，如凭证填制日期、摘要、会计科目及明细项目、金额、凭证编号、附件数以及有关人员是否签章齐全等。

(1) 填制凭证的日期是否正确：收款凭证和付款凭证的填制日期是否是货币资金的实际收入日期、实际付出日期；转账凭证的填制日期是否是收到原始凭证的日期或者是编制记账凭证的日期。

(2) 凭证是否编号，编号是否正确。

(3) 经济业务摘要是否正确反映了经济业务的基本内容。

(4) 记账凭证所列金额计算是否准确，书写是否清楚、符合要求。

(5) 填制凭证人员、稽核人员、记账人员、会计机构负责人、会计主管人员的签名或盖章是否齐全。

经过审核，只有符合规定要求的记账凭证才能作为记账的依据；不符合规定要求、手续不完备的记账凭证，不能作为记账依据，应重新编制，或补全手续、更正错误。

知识测试

一、判断题

1. 原始凭证金额出现错误，应由开出单位出具证明更正，并加盖单位印章。(　　)

2. 记账凭证填制日期应当与原始凭证填制日期相同。(　　)

3. 企业将现金存入银行或从银行提取现金，可以只编制付款凭证，不用编制收款凭证。(　　)

4. 记账凭证是登记明细分类账户的依据，原始凭证是登记总分类账户的依据。(　　)

5. 企业每项经济业务的发生都必须从外部取得原始凭证。(　　)

6. 原始凭证对于发生和完成的经济业务具有证明效力。(　　)

7. 任何单位办理一切经济业务，都必须取得或填制具有证明效力的合法的会计凭证。(　　)

8. 对于不同性质的经济业务，其凭证传递程序和时间是相同的。(　　)

9. 结账和更正错误的记账凭证可以不附原始凭证。（　　）

10. 在填制原始凭证时，以元为单位的阿拉伯数字，一律写到元。（　　）

11. 在填制原始凭证时，如果出现金额错误，应予更正。（　　）

12. 销售产品一批，贷款金额共计伍佰零玖元肆角整，在填写发票小写金额时应为509.4元。（　　）

二、单项选择题

1. 会计凭证按其（　　）不同，可以分为原始凭证和记账凭证。

A. 填制的方式　　B. 取得的来源

C. 填制的程序和用途　　D. 反映经济业务的次数

2. 结转完工入库产品生产成本应编制（　　）。

A. 收款凭证　　B. 付款凭证　　C. 转账凭证　　D. 累计凭证

3. 下列会计凭证中属于自制原始凭证的是（　　）。

A. 收款凭证　　B. 付款凭证　　C. 收料单　　D. 银行结算凭证

4. 下列记账凭证中可以不附原始凭证的是（　　）。

A. 所有收款凭证　　B. 所有付款凭证

C. 所有转账凭证　　D. 用于转账的记账凭证

5. 下列不属于记账凭证类的会计凭证是（　　）。

A. 转账凭证　　B. 收款凭证　　C. 累计凭证　　D. 付款凭证

6. 下列不是自制原始凭证的是（　　）。

A. 收料单　　B. 耗用材料汇总表　　C. 银行收款通知单　　D. 领料单

7. 记账凭证要以（　　）编号。

A. 年　　B. 月　　C. 季　　D. 日

8. 借记"应收账款"科目，贷记"主营业务收入"科目的会计分录，应填制（　　）。

A. 付款凭证　　B. 收款凭证　　C. 转账凭证　　D. 收款和付款凭证

9. 企业向银行提取现金若干准备发放工资，根据这笔业务的有关原始凭证，应填制的记账凭证是（　　）。

A. 收款凭证　　B. 转账凭证　　C. 付款凭证　　D. 收款和付款凭证

10. 下列凭证中，属于累计凭证的是（　　）。

A. 领料单　　B. 收料单　　C. 发货单　　D. 限额领料单

11. 对于不真实、不合法的原始凭证，会计机构和会计人员有权（　　）。

A. 扣留并举报　　B. 退回

C. 不予接受并向单位负责人报告　　D. 要求更正

12. 原始凭证上的数字和文字要清楚、规范，大小写金额要相符指的是（　　）审核。

A. 真实性　　B. 合法合规性　　C. 合理性　　D. 正确性

13. 第三号记账凭证共有三页，则第三页凭证的编号应为（　　）。

A. 1/3　　B. 2/3　　C. 3/3　　D. 3

14. 对于同一性质经济业务的原始凭证，可以编制原始汇总表，亦称汇总原始凭证，然后再（　　）。

A. 据以登记账簿　　B. 据以核对账簿
C. 据以核对原始凭证　　D. 据以填制记账凭证

三、多项选择题

1. 属于一次原始凭证的有（　　）。

A. 收料单　　B. 报销凭单　　C. 领料单　　D. 限额领料单

2. 涉及库存现金与银行存款之间收付款业务时，可以编制的记账凭证有（　　）。

A. 库存现金收款凭证　　B. 库存现金付款凭证
C. 银行存款收款凭证　　D. 银行存款付款凭证

3. 原始凭证的内容有（　　）。

A. 凭证的名称、日期、编号　　B. 接受单位或个人名称
C. 会计分录　　D. 业务内容

4. 企业购买材料一批验收入库，该项业务可能取得的原始凭证有（　　）。

A. 支票存根　　B. 发票　　C. 收料单　　D. 经济合同

5. 某一张记账凭证的编制依据可以是（　　）。

A. 某一张原始凭证　　B. 反映一类经济业务的多张原始凭证
C. 汇总原始凭证　　D. 有关账簿记录

6. 记账凭证的作用在于（　　）。

A. 对经济业务进行归类　　B. 确定会计分录
C. 据以记账　　D. 分清有关人员责任

7. 下列各项中，属于记账凭证审核内容的有（　　）。

A. 金额是否正确　　B. 项目是否齐全　　C. 科目是否正确　　D. 书写是否正确

8. 按其填制手续和内容不同，下列属于自制原始凭证是（　　）。

A. 单式凭证　　B. 一次凭证　　C. 汇总原始凭证　　D. 累计凭证

9. 填制原始凭证时应当做到（　　）。

A. 内容真实　　B. 要素齐全　　C. 填制及时　　D. 书写清楚

10. 对原始凭证的审核，主要包括（　　）。

A. 对原始凭证合法性的审核　　B. 对原始凭证真实性的审核
C. 对原始凭证完整性的审核　　D. 对原始凭证合理性的审核

11. 由供货单位开具的发货单是（　　）。

A. 自制原始凭证　　B. 原始凭证　　C. 记账凭证　　D. 外来原始凭证

12. 收款凭证的贷方科目不可能为下列科目的是（　　）。

A. 库存现金　　B. 银行存款　　C. 材料采购　　D. 管理费用

四、技能训练题

1. 练习收款凭证、付款凭证的编制。

资料：远华工厂 2014 年 12 月发生下列经济业务：

(1) 4 日，购买一台设备，价款 30 000 元，以银行存款支付。

(2) 10 日，从银行提取现金 1 500 元备用。

(3) 11日，工厂王经理出差，预借差旅费2 000元，以现金支付。

(4) 15日，向银行借入三年期借款200 000元存入银行结算账户。

(5) 16日，销售产品一批，货款200 000元，增值税34 000元，全部收到并存入银行。

(6) 17日，王经理出差回来，报销差旅费2 180元。

(7) 17日，收回以前销货款100 000元，存入银行。

(8) 18日，购买办公用品500元，以转账支票付讫。

(9) 18日，开出转账支票一张，偿还前欠新华工厂货款160 000元。

(10) 20日，接到银行收款通知，收到大明工厂支付的货款225 000元。

(11) 20日，提取现金52 000元，备发工资。

(12) 20日，以现金发放工资52 000元。

(13) 25日，购买材料一批，货款100 000元，增值税17 000元，开出转账支票支付。

(14) 27日，通过银行预付购买甲材料价款80 000元。

(15) 30日，销售A产品5辆，每辆售价15 000元，货款75 000元，增值税税额12 750元，款项收到并存入银行。

要求：根据上述经济业务编制收款凭证、付款凭证。

2. 练习转账凭证的编制。

资料：光明公司2014年11月发生下列经济业务：

(1) 向新华工厂购入甲材料60 000元，增值税税额10 200元，运费5 000元，货款和运费尚未支付，材料验收入库。

(2) 销售A产品40 000元，增值税税额6 800元，货款未收到。

(3) 生产A产品领用甲材料7 000元。

(4) 分配本月职工工资50 000元。其中，生产工人工资30 000元、车间管理人员工资2 000元、企业行政管理人员工资18 000元。

(5) 提取本月固定资产折旧费7 000元。其中，车间折旧费4 000元、管理部门折旧费3 000元。

(6) A产品200件完工入库，单位成本60元。

(7) 结转本月发生的制造费用5 000元。其中，A产品应负担3 500元，B产品应负担1 500元。

要求：根据上述经济业务编制转账凭证。

任务5 账簿的登记

技能目标

1. 能规范登记各种类型的账簿；

2. 能正确结账；
3. 能规范更正错账。

知识目标

1. 了解账簿的种类与构成；
2. 掌握日记账、明细账、总账的登记方法；
3. 掌握总账与明细账的平行登记方法；
4. 熟悉错账的更正方法。

一、会计账簿的设置、启用、登记和保管

企业、事业单位等应当依据《会计法》的有关规定，依法设置会计账簿。一个单位的账簿如何设置，设置哪些账簿，采用哪种账页格式，既要符合国家统一会计制度的规定，又能全面反映经济活动情况，满足单位进行会计核算和经营管理的需要。

（一）会计账簿的意义

会计账簿，简称账簿或账，是由一定格式的账页组成的，以会计凭证为依据，全面、连续、系统地记录和反映各项经济业务的簿籍。设置和登记账簿是会计核算的方法之一。

如前所述，企业、事业单位发生的经济业务，已经记录到会计凭证上。由于会计凭证格式不一，大小不等，比较分散，特别是原始凭证，数量较多，只能反映单项经济业务引起的资金运动的变化，不能全面反映企业、事业单位一定时期全部经济业务情况。因此，为了对资金运动进行全面、连续、系统的反映，有必要根据会计凭证，对企业、事业单位所发生的经济业务，在会计账簿中进行系统的登记，提供会计核算所需要的信息指标。

设置和登记会计账簿是会计核算工作的重要环节，在经济管理中具有极其重要的作用，表现在以下几个方面：

1. 全面反映经济活动，提供连续、系统的会计信息

通过设置和登记总分类账、明细分类账等，可以全面、系统、连续地记录和反映一个单位各项会计要素的增减变动，以及资金、成本、利润的形成和分配等情况，为改进经营管理、加强经济核算、控制企业生产经营活动，提供总括和明细的会计信息。

2. 为编制财务会计报告提供依据

财务会计报告主要是依据记录、计算的有关数据资料编制的，其指标是否真实，资料是否完整，都与会计账簿设置和登记有直接关系。

3. 监督财产安全完整

通过设置和登记有关财产物资的明细账簿，能反映每一项财产物资的增减变化和实存情况，监督其使用，保护财产物资的安全完整。出现问题及时发现，杜绝财物意外流失。

4. 是进一步发挥会计管理职能的基础

现代会计在企业管理中发挥着越来越重要的作用，通过会计账簿提供所需数据信息，分析企业生产经营活动，检查企业财务执行情况，为进行会计预测、作出会计决策、实施

会计控制发挥基础作用。

（二）会计账簿的种类

根据资金运动特点和会计核算的要求，按不同标准可对会计账簿作如下分类：

1. 按用途分类

（1）日记账。日记账亦称序时账，是按经济业务发生的时间先后顺序，逐日逐笔登记的账簿，用以反映经济业务随时间变化情况。如反映现金收付业务的库存现金日记账、用以反映银行存款增减结余的银行存款日记账。

（2）分类账。分类账是按经济业务类别分别登记的账簿。分类账按登记内容的详细程度不同，又分为总分类账和明细分类账。

1）总分类账。简称总账，是依据总分类科目设置，通过对全部经济业务的登记，以全面、系统、总括地反映全部资金增减变化和结存情况的分类账。总分类账可以提供全部资金的总括资料，是一种非常重要的账簿，所有单位都要设置总分类账。

2）明细分类账。是根据明细分类科目（或细目）设置，用以具体反映某类（某种）资金增减变化和结存情况的账簿。

（3）备查账簿。备查账簿也称辅助账簿，是对日记账和分类账中不能反映和记录的事项进行补充登记的账簿。主要记录一些供日后查阅的经济事项，如“代销商品登记簿”、“租入固定资产登记簿”。它只是对其他账簿记录的一种补充，与其他账簿之间没有依存、勾稽关系。

2. 按外表形式分类

（1）订本账。订本账是指会计账簿在使用前已经固定装订成册并编好页次的账簿。一般用于库存现金日记账、银行存款日记账、总分类账等。其优点是：账簿账页固定，可防止账页散失及任意抽换，保证账簿完整。其缺点是：预留账页往往与实际需用页数不一致，影响业务记录连续性或者造成浪费，也不便于分工记账。

（2）活页账。活页账是指将一定数量的账页按顺序装在账夹内，并可根据需要随时加入或取出部分账页的账簿。其优点是：可根据经济业务的多少变化，加入、取出或移动部分账页，使用灵活；便于分类计算和汇总，有利于分工记账；多余账页可取出，防止浪费。其缺点是：账页分散，容易丢失或抽换。活页账常用于明细分类账和明细账。

（3）卡片账。卡片账是指由一定数量的卡片格式的账页组成的账簿。一般按一定顺序码放在卡片箱内，根据需要随时加入和抽取。其优缺点与活页账类似，适用于设置固定资产、低值易耗品等使用时间较长、平时记录少的财产明细账。

3. 按账页格式分类

（1）三栏式账簿。三栏式账簿是指在账页中设置三个金额栏的账簿。一般设借方、贷方、余额三个金额栏，是账簿的基本格式。

（2）数量金额式账簿。数量金额式账簿也称三大栏式账簿，是指三大栏内再设置数量、单价、金额三小栏。适用于既核算数量，又核算金额，如原材料、库存商品等实物资产。

（3）多栏式账簿。多栏式账簿是指在账页中设置三个以上金额栏的账簿。通常按经济业务组成项目或内容设置，以反映经济业务构成。适用于“生产成本”、“管理费用”等明细账。

(4) 横线登记式账簿。横线登记式账簿是指采用平行式账页，将同一经济业务在同一横行内进行详细登记的账簿。主要记录每笔经济业务的完成及变动情况。适用于“在途物资”等明细账。

(三) 会计账簿的基本内容

会计账簿的基本内容即会计账簿的组成部分。尽管各种会计账簿记录经济业务的内容不同，其格式不尽相同，但基本的组成是相同的，一般包括三部分：

1. 封面

会计账簿的封面，除保护账簿以外，主要用于填写账簿名称（如总账、应收应付账款明细账等），账簿使用年度等。

2. 扉页

扉页一般在封面的次页，印有“账簿启用及交接登记表”或“账簿启用（使用）表”字样，用于填写账簿名称、启用日期、账簿页数以及会计机构负责人、会计主管和记账人员姓名以及交接记录等。其格式如表 2—83 所示。

表 2—83 账簿启用及交接登记表

<table>
<tr><td colspan="2">使用单位</td><td colspan="3"></td><td rowspan="7">单位盖章</td></tr>
<tr><td colspan="2">账簿名称</td><td colspan="3"></td></tr>
<tr><td colspan="2">账簿编号</td><td colspan="3"></td></tr>
<tr><td colspan="2">账簿页数</td><td colspan="3">本账簿共计 页</td></tr>
<tr><td colspan="2">启用日期</td><td colspan="3">年 月 日至 年 月 日</td></tr>
<tr><td colspan="2" rowspan="2">经管人员</td><td>负责人</td><td>主管</td><td>记账</td></tr>
<tr><td></td><td></td><td></td></tr>
<tr><td rowspan="6">交接记录</td><td rowspan="2"></td><td rowspan="2"></td><td colspan="2">接管 年 月 日</td><td rowspan="6"></td></tr>
<tr><td colspan="2">交出 年 月 日</td></tr>
<tr><td rowspan="2"></td><td rowspan="2"></td><td colspan="2">接管 年 月 日</td></tr>
<tr><td colspan="2">交出 年 月 日</td></tr>
<tr><td rowspan="2"></td><td rowspan="2"></td><td colspan="2">接管 年 月 日</td></tr>
<tr><td colspan="2">交出 年 月 日</td></tr>
</table>

3. 账页

账页是账簿的主要组成部分，其内容主要包括：账户名称，用来设立账户的会计科目、明细分类科目、明细项目；登记日期栏，填写记账凭证的时间；凭证种类及号数；摘要栏，用于填写经济业务摘要；借、贷方金额及余额方向、余额，用于填写资金运动增减变化及余额；页次，表明账页的顺序。

(四) 会计账簿的设置

1. 会计账簿的设置原则

对从事生产、经营的各类纳税人，都要按规定设置账簿，根据合法、有效凭证记账，进行核算，但由于各单位规模、组织结构不一，经济业务性质不同，因而在设置账簿种类、数量、账页格式时，既要满足会计核算和管理的需要，符合生产经营的特点，又要和国家统一的会计制度相符合。一般来说，要遵循以下原则：

(1) 符合会计法规要求。《会计法》规定，各单位发生的各项经济业务事项应当在依法设置的会计账簿上统一登记、核算，不得违反会计法和会计制度私设会计账簿。

(2) 满足经济管理和会计核算实际需要。应当根据本单位经济活动特点和经济管理需要以及会计人员多少来确定，一般都应设置日记账、总分类账、明细账和必要辅助性账簿。既不会使会计账簿重复，又不会过于简化。

(3) 设置要科学严密。账簿体系设置要严密，层次分明，对应关系清晰。账簿之间互相联系，分工明确，互相制约，能清晰反映账户之间的控制或平行关系，提供完整、系统的资料。

(4) 反映的核算指标要统一。要按照企业会计准则的规定和各单位实际经济业务确定账簿所记录的内容，全面反映经济活动情况，为会计信息使用者提供满足其需要的各项数据资料。

2. 会计账簿的设置规定

(1) 从事生产、经营的纳税人自领取营业执照之日起15日内设置账簿。

(2) 扣缴义务人应当自扣缴义务发生之日起10日内，按照所代扣、代收的税种，分别设置代扣代缴、代收代缴税款账簿。

(3) 生产经营规模小又确无建账能力的个体工商户，可以聘请注册会计师或者经税务机关认可的财会人员代为建账和办理账务；聘请注册会计师或者经税务机关认可的财会人员有实际困难的，经县以上税务机关批准，可以按照税务机关的规定，建立收支凭证粘贴簿、进货销货登记簿等。

(五) 账簿启用规则

会计账簿是一种重要的会计档案。为了使会计账簿的记录完整、准确，便于明确责任，必须按照一定规则启用会计账簿。

启用会计账簿时，首先在账簿的封面上写明单位名称、账簿名称和使用年度，在账簿扉页上认真填写账簿启用及交接登记表或账簿启用表，内容包括：启用日期、账簿页数以及会计机构负责人、会计主管和记账人员姓名，并加盖人名章和单位公章，以明确责任。记账人员或会计主管工作调动时，应按有关规定办理交接手续，注明交接日期、交出和接办人员以及监交人员姓名，由交接双方人员签名或盖章。

启用订本账时，应当从第一页到最后一页按顺序编写页数，不得跳页、缺号；使用活页式账页，应当按账户顺序编号，并需定期装订成册，装订后再按实际使用的账页顺序编写页码，另加目录，记录每个账户的名称和页次。

(六) 账簿登记规则

账簿的登记，通常叫做记账或过账。《会计法》规定："会计账簿登记，必须以经过审核的会计凭证为依据，并符合有关法律、行政法规和国家统一的会计制度的规定。"账簿登记的规则是：

(1) 登记会计账簿时，应将会计凭证日期、编号、业务内容摘要、金额和其他有关资料记入账簿相关栏内。“时间”栏登记记账凭证的填制时间，“凭证”栏登记会计凭证的种类、编号，“摘要”栏一般按记账凭证内容填写，“金额”栏按记账凭证金额栏的借贷方向和金额填写。

(2) 账簿登记完毕，要在记账凭证上签名或盖章，并在记账凭证“记账符号”栏登记过入账页页码或划“√”表示记账完毕，避免重记或漏记。

(3) 账簿书写的文字或数字之上要留适当空距，即不要写满格，一般应占格高的1/2。

(4) 登记账簿要使用蓝黑墨水或碳素墨水书写，不得使用铅笔或圆珠笔（银行的复写账簿除外）书写，下列情况可用红色墨水记账：

1) 按照用红字冲账的记账凭证，冲销错误记录。

2) 在不设借贷等栏的多栏式账页中，登记减少数。

3) 在三栏式账户的余额栏前，如未印明余额的方向，在余额栏内登记负数余额。

4) 根据国家统一的会计制度规定的可以用红字登记的其他会计记录。

(5) 各种账簿要按页次、行次顺序连续登记，不得跳行、隔页。发生跳行时，要在空行的“摘要”栏从左上角至右下角划红线，或注明“此行空白”字样以示注销；发生隔页时，要在空页上划红色对角线，或注明“此页空白”字样以示注销。注销的空行或空页要由记账人员签章以示负责。

(6) 凡需要结出余额的账户，结出余额后，应在“借或贷”栏内写明“借”或“贷”等字样。没有余额的账户，应在“借或贷”栏内写“平”字，并在余额栏内用“0”表示。

(7) 每一账页登记完毕结转下页时，应结出本页合计数及余额，写在本页最后一行和下一页第一行有关栏内，并在本页摘要栏内注明“转次页”字样，在次页的摘要栏内注明“承前页”字样。

对需要结计本月发生额的账户，结计“转次页”的本页合计数应当为自本月初至本页末止的发生额合计数；对需要结计本年发生额的账户，结计“转次页”的本页合计数应当为自年初起至本页末止的累计数；对既不需要结计本月发生额，也不需要结计本年累计发生额的账户，可以只将每页末的余额结转次页。

(8) 会计账簿为了便于长期查阅使用，要保持清洁，不得污损；发生记账错误，要按规定方法更正，不得撕毁、涂抹、挖补、刮擦、遮盖或使用药物清除字迹。

（七）账簿的更换和保管

1. 账簿的更换

会计年度结束，按照会计制度规定需结束本年度会计账簿记录，更换旧账，建立新的账簿。在旧账结束时，应检查各账簿结账手续是否完备，是否可以封账。建立新账时，首先在新账的账簿封面上写明单位名称、账簿名称和使用年度，在新账扉页上填写账簿启用及交接登记表或账簿启用表，内容包括：启用日期、账簿页数以及会计机构负责人、会计主管和记账人员姓名，并加盖人名章和单位公章。然后，将全部账户年终余额转入新账中的相应账户第一页第一行余额栏内，一定要将余额填写准确，并写清方向，在摘要栏注明

“上年结转”字样。

总账、日记账和大部分的明细账要每年更换一次。部分明细账，如固定资产明细账，因年度中业务数量较少，可以不必更换新账，继续使用原账簿。可在摘要栏，注明“结转下年”字样，以分清新旧年度之间的业务界限。新旧账户之间结转年终余额，可以不用填制记账凭证。

新旧年度之间会计科目如有不同的，在建立新账时还应编制“新旧会计科目对照表”，将上一年有关会计科目的余额，转到新年度对应会计科目的相应栏内。

2. 账簿的保管

如前所述，会计账簿是重要的会计档案和历史资料，应认真妥善保管。在日常会计账簿记录中，要仔细、规范，注意爱护，对订本式的固定账簿不得任意撕毁账页，对活页式账簿在年终结账后要装订成册，并按顺序编号，不能随意抽换账页。要按照谁记账、谁负责的原则，明确账簿日常保管责任。一般来说，会计账簿不得外借，以防丢失或损坏，遇特殊情况需要调用时，须经单位负责人批准。

年度业务结束后，会计账簿要归档保管，同其他会计资料一起按顺序编号，移交会计档案室登记归档保管。(1) 会计凭证类：企业的原始凭证、记账凭证和汇总凭证保管 15 年。(2) 会计账簿类：总账（包括日记总账）、明细账保管 15 年；日记账保管 15 年，其中，现金日记账和银行存款日记账保管 25 年；固定资产卡片在固定资产报废清理后保管 5 年；辅助账簿保管 15 年。(3) 财务报告类：月、季度财务报告保管 3 年，年度财务报告永久保管。(4) 其他类：银行余额调节表、银行对账单保管 5 年，会计移交清册保管 15 年，会计档案保管和销毁清册永久保管。各种会计档案的保管年限和销毁的审批程序，应按《会计档案管理办法》的统一规定严格执行。

小讨论

北京市第二中级人民法院（以下简称北京二中院）2009 年 9 月的一纸判决书，首次从法律上明确：公司股东，特别是那些不参与公司经营的中小股东有权查阅包括原始账簿在内的会计账簿。在某技术服务公司的股东朱女士要求查阅公司原始会计账簿的诉讼中，北京二中院判决朱女士胜诉。

[背景资料] 1996 年，朱女士出资 25 万元成为某技术服务公司股东，并被选举为公司董事。在近 10 年的时间里，该技术服务公司以经营亏损或持平为借口，不进行利润分配，朱女士作为公司股东，始终无法了解公司业务和财产状况。朱女士提出要求查阅公司 1996 年至 2006 年的原始会计账簿，但遭公司拒绝。朱女士诉至法院。

法院一审判决朱女士胜诉后，该技术服务公司不服，以朱女士长期生活在国外，公司与其联系不上，其未参与过公司的经营活动，造成其不知道公司经营情况，这是朱女士的责任为由上诉至北京二中院。

北京二中院经审理认为，朱女士是技术服务公司的合法股东，依据公司章程和修改后的《公司法》的相关规定，朱女士作为股东不仅有权查阅、复制公司股东会会议记录、财务会计报告，而且可以查阅公司会计账簿。股东的上述知情权不能因其不在国内、未参与过公司的经营活动而被剥夺。据此，作出终审判决：该技术服务公司向朱女士提供1996年至2006年的原始会计账簿供其查阅。

据悉，该案是《公司法》修改后，北京市法院首次依法确认公司的股东有权查阅公司原始账簿。

专家认为，新公司法虽然规定了股东可以查阅会计账簿，但没有明确列出查账的范围包含"会计原始凭证"，将可能使得控股股东可以逃避查账。因为实践中会计账簿都是根据会计原始凭证编制的，会计原始凭证极为重要，但是并未明示列入查账对象之中，无疑不利于保护中小股东的财务知情权。

法院在审判中认定，查阅公司原始账簿是股东保护自己对公司经营活动知情权的重要手段，股东能更好地了解公司运营情况，这对于保护股东尤其是中小股东的权益，是有实质意义的。

讨论：

1. 会计账簿记载什么内容？是根据什么、如何记载的？
2. 朱女士为什么要查阅原始会计账簿？通过会计账簿可以了解企业的哪些信息？

二、日记账的设置和登记

（一）库存现金日记账的设置和登记

库存现金日记账是由出纳员根据库存现金的收款、付款凭证，按照发生时间顺序逐日逐笔进行登记的账簿。其目的在于随时掌握库存现金的收入、付出及结余情况，便于检查库存现金收支业务，加强库存现金管理。

库存现金日记账必须采用订本式账簿，根据核算和管理的需要采用不同的账页格式，一般采用三栏式。

其"三栏式"账页基本结构为"收入"、"支出"和"结余"三栏，为便于反映资金的来龙去脉，一般还设有"对方科目"栏。其账页基本格式如表2—84所示。

表2—84　　库存现金日记账

2014年		凭证号数	摘要	对方科目	收入	支出	结余
月	日						
4	1		期初余额				800
	1	付1	赵明出差借款	其他应收款		500	300
	2	付2	提取现金	银行存款	3 000		3 300
	4	付5	购买办公用品	管理费用		1 200	2 100
	6	收1	零星销售	主营业务收入	200		2 300
	11	付8	车间购维修材料	制造费用		1 800	500
	25	付12	提取现金	银行存款	6 000		6 500
	25	付13	支付员工培训费	管理费用		6 000	500
			本月发生额及余额		9 200	9 500	500

登记库存现金日记账时，要依据当日审核无误的库存现金收、付款凭证逐笔进行。收入栏（借方）一般根据库存现金收款凭证登记，支出栏（贷方）一般根据库存现金付款凭证登记。由于从银行提取现金业务，只填制付款凭证，因此从银行提取现金后收入的现金，应依据银行存款付款凭证记入收入栏。将当日经济业务全部登记入日记账后，在最后一笔业务的下方划一通栏红线，并在下一行“摘要栏”填入“本日合计”，将当日借贷双方发生额合计后分别填入该行的“借方”、“贷方”栏内，计算的当日余额填入该行的“余额栏”，并同当日库存现金实际金额进行核对，确保账实相符。

在实际工作中，当单位每日收付业务较少时，为简化记账手续也可不计算当日合计发生额，而只结算当日余额，并记入当日最后一笔业务的余额栏。

（二）银行存款日记账的设置和登记

银行存款日记账是由出纳员依据银行存款收款、付款凭证逐日逐笔序时登记，反映银行存款增减变化和结存情况的日记账。目的在于随时掌握银行存款实有数，加强对银行存款的监督管理，并便于同银行对账。

银行存款日记账必须采用订本式账簿，根据核算和管理的需要采用不同的账页格式，一般采用三栏式。其格式与库存现金日记账基本相同，由于银行存款收付业务通过银行结算凭证进行，因此，银行存款日记账账页还设置了“结算凭证—种类、号数”栏。其账页基本格式如表 2—85 所示。

表 2—85　　银行存款日记账

年		凭证号数	摘要	结算凭证	对方科目	收入	支出	结余
月	日							

银行存款日记账要依据当日审核无误的银行存款收款、付款凭证逐笔按顺序登记，其余额栏应定期与银行对账单核对，如果银行存款日记账余额与银行对账单余额不符，必须认真逐笔查明原因，及时处理，并按月编制“银行存款余额调节表”，直至调整相符。

库存现金日记账和银行存款日记账也可采用多栏式，其基本结构是将“收入”和“支出”栏按对应科目分设专栏，格式如表 2—86 所示。

表 2—86　　银行存款（库存现金）日记账（多栏式）

年		凭证号数	摘要	收入			收入合计	支出			支出合计	结余
月	日			营业收入	应收账款	…		原材料	管理费用	…		

发生外币业务的企业，还应按币种不同分别设置外币的库存现金日记账和银行存款日记账，其账页格式为复币式，就是在三栏式日记账的基础上，在收入（借方）、支出（贷

方）、余额三个金额栏再分别设置“外币金额”、“兑换率”及“人民币金额”几个栏目，以同时记录各种外币及折合人民币的增减、结存情况。其格式如表 2—87 所示。

表 2—87　外币银行存款日记账

年		凭证号数	摘要	借方			贷方			借或贷	余额		
月	日			外币	兑换率	人民币	外币	兑换率	人民币		外币	兑换率	人民币

三、总分类账的设置和登记

总分类账简称总账，是根据总分类科目开设的分类账。它既提供了会计核算的总括资料，又对日记账、明细分类账起控制作用。每个企事业单位都要设置总分类账，以全面、连续、系统、总括地反映本单位资金运动的整体情况，为编制会计报表提供资料依据，保证会计账簿记录的完整性。

总分类账一般采用订本式账簿，其账页格式为三栏式。三栏式总分类账的账页格式设借方、贷方、余额三栏，全面、系统、总括地反映资金运动的增减变化和结存情况，如表 2—88 所示。

表 2—88　三栏式总分类账

账户名称：

年		凭证号数	摘要	借方	贷方	借或贷	余额
月	日						

由于总分类账采用订本式账簿，页次固定，因此在同一账簿设立全部总分类账户时，每一账户根据其经济活动内容多少，可预留若干账页，为便于记账及查找，每个账户第一页可用索引纸（口取纸）标明。

总账的登记方法取决于企业所采用的会计核算组织形式（也称账务处理程序）。总账可根据记账凭证逐日逐笔登记，也可将记账凭证汇总编制成汇总记账凭证或科目汇总表，再据之登记总账。

总账账页中各基本栏目的登记方法如下：

（1）“日期”栏填写登记总账所依据的凭证上的日期。

（2）“凭证类别、号数”栏填写登记总账所依据的凭证的字（如收、付、转、汇收、汇付、汇转等）和编号。

（3）“摘要”栏填写所依据的凭证的简要内容。依据记账凭证登账的，应填写与记账凭证中的摘要内容一致的内容；依据汇总记账凭证、科目汇总表登账的，应填写“某日至某日发生额”字样。

(4)“对方科目”栏填写与所设总账账户发生对应关系的账户。

(5)“借、贷方金额”栏填写所依据凭证上记载的各账户的借、贷方发生额。

(6)“借或贷”栏表示余额的方向，填写“借”字或“贷”字；如期末余额为零，则填写“平”字。

四、明细分类账的设置和登记

明细账是根据明细项目设置账户，提供经济业务具体、详细的核算资料的账簿。在不设明细分类账的单位，明细账可直接设在总分类账之下。除会计制度规定不需要进行明细核算的账户外，各账户都要依据统一会计制度的要求，以及单位内部经营管理对会计核算的需要，设置明细账，特别是各项存货、债权债务、费用、固定资产、收入等都必须设置明细账，进行明细分类核算。

由于反映的经济业务内容与性质不同，不同明细账账页格式也不尽相同，主要分以下三种：

1. 三栏式明细账

三栏式明细账的账页格式与三栏式总分类账的账页格式相同，主要分借方、贷方、余额三个金额栏，其格式如表 2—89 所示。

表 2—89 **××明细分类账（三栏式）**

二级或明细科目：

年		凭证号数	摘要	借方	贷方	借或贷	余额
月	日						

这种明细账适用于只进行金额核算，不需要进行数量核算的明细账。如“应收账款”、“应付账款”、“应收（应付）票据”、“短期借款”等的明细核算。

2. 数量金额式明细账

数量金额式明细账账页在收入、支出、结存三栏中，再分设数量、单价、金额三栏，既以实物计量和货币计量，又对经济业务进行实物数量核算和价值核算。因此，这种明细账格式适用于既要进行金额核算，又要进行实物数量核算的明细账，如“原材料”、“库存商品”等。其格式如表 2—90 所示。

表 2—90 **××明细分类账（数量金额式）**

材料种类： 计量单位：

材料名称： 存放地点：

年		凭证号数	摘要	收入			支出			结存		
月	日			数量	单价	金额	数量	单价	金额	数量	单价	金额

3. 多栏式明细账

多栏式明细账是根据经济业务特点和经营管理的需要，在一张账页内设置三个以上金额栏的明细账。按有关明细项目设置众多专栏，可在一张账页上集中反映各有关明细项目的详细资料。这种明细账适用于费用、成本以及收入等的明细核算，如“主营业务收入”、“制造费用”、“管理费用”等。

多栏式明细账账页格式又可分为两种：一种是只设借方专栏，不设贷方专栏，贷方转出的金额在借方以红字登记，如表2—91所示；另一种是在三栏式账页的基础上，借方、贷方分设多个专栏而形成的带余额的多栏式明细账，如表2—92所示。

表2—91　　制造费用明细账

<table>
<tr><th colspan="2">年</th><th rowspan="2">凭证号数</th><th rowspan="2">摘要</th><th colspan="4">借方</th><th rowspan="2">合计</th></tr>
<tr><th>月</th><th>日</th><th>工资</th><th>折旧费</th><th>修理费</th><th>…</th></tr>
<tr><td></td><td></td><td></td><td></td><td></td><td></td><td></td><td></td><td></td></tr>
<tr><td></td><td></td><td></td><td></td><td></td><td></td><td></td><td></td><td></td></tr>
</table>

表2—92　　××明细分类账

<table>
<tr><th colspan="2">年</th><th rowspan="2">凭证号数</th><th rowspan="2">摘要</th><th colspan="3">借方</th><th colspan="3">贷方</th><th rowspan="2">借或贷</th><th rowspan="2">余额</th></tr>
<tr><th>月</th><th>日</th><th></th><th></th><th>合计</th><th></th><th></th><th>合计</th></tr>
<tr><td></td><td></td><td></td><td></td><td></td><td></td><td></td><td></td><td></td><td></td><td></td><td></td></tr>
<tr><td></td><td></td><td></td><td></td><td></td><td></td><td></td><td></td><td></td><td></td><td></td><td></td></tr>
</table>

五、总分类账和明细分类账的平行登记

总分类账和明细分类账的平行登记，就是依据会计凭证，在将一项经济业务记入有关明细分类账的同时，记入有关的总账。平行登记方法的要点可归纳如下：

（一）同时登记

同时登记，即在同一会计期间内，对每一项经济业务，既记入有关总分类账，又记入其所属的所有相关明细分类账。在实际会计工作中，两者记账的具体时间并不一定要求同时进行，但一定是在同一会计期间内。

（二）方向相同

根据会计凭证记入有关总分类账和明细分类账的记账方向必须相同：总分类账记入借方，明细分类账也要记入借方；总分类账记入贷方，明细分类账也要记入贷方。

（三）金额相等

对每一项经济业务，记入总账中的金额应与记入总账所属各明细账户的金额之和相等。

下面以“原材料”和“应付账款”两个账户为例，说明总分类账和明细分类账的平行登记方法。

【例 2—68】某公司 2014 年 11 月“原材料”总分类账户借方月初余额为 10 800 元，所属两个明细账户。其中，甲材料 600 千克，每千克 8 元，借方月初余额为 4 800 元；乙材料 10 吨，每吨 600 元，借方月初余额为 6 000 元。“应付账款”总分类账户贷方月初余额为 22 000 元，所属两个明细账户。其中，A 工厂明细账贷方月初余额为 8 000 元，B 工厂明细账贷方月初余额为 14 000 元。本月发生以下经济业务：

(1) 本月 10 日，从 F 工厂购入以下原材料，均已验收入库，货款尚未支付。

甲材料：1 000 千克，每千克 8 元，计 8 000 元。

乙材料：10 吨，每吨 600 元，计 6 000 元。

作出会计分录如下：

借：原材料——甲材料　　8 000
　　　　　——乙材料　　6 000
　贷：应付账款——F 工厂　　14 000

(2) 15 日，生产车间领用原材料进行生产。

甲材料：800 千克，每千克 8 元，计 6 400 元。

乙材料：12 吨，每吨 600 元，计 7 200 元。

作出会计分录如下：

借：生产成本　　13 600
　贷：原材料——甲材料　　6 400
　　　　　　——乙材料　　7 200

(3) 20 日，以银行存款偿还前欠 B 工厂、F 工厂货款各 10 000 元。

作出会计分录如下：

借：应付账款——B 工厂　　10 000
　　　　　　——F 工厂　　10 000
　贷：银行存款　　20 000

(4) 25 日，从 A 工厂购入乙材料 6 吨，每吨 600 元，计 3 600 元，材料验收入库，货款尚未支付。

作出会计分录如下：

借：原材料——乙材料　　3 600
　贷：应付账款——A 工厂　　3 600

根据上述总分类账户和明细账户月初余额资料及本月发生的经济业务会计分录，按平行登记的原则，将“原材料”、“应付账款”两个总分类账及所属的明细分类账记录列示如下。

总分类账户如表 2—93、表 2—94 所示。

表 2—93 总分类账户

账户名称：原材料

2014 年		凭证号数	摘要	借方	贷方	借或贷	余额
月	日						
11	1		月初余额			借	10 800
	10		购入甲、乙材料	14 000		借	24 800
	15		生产领用		13 600	借	11 200
	25		购入乙材料	3 600		借	14 800
	30		本月合计	17 600	13 600	借	14 800

表 2—94 总分类账户

账户名称：应付账款

2014 年		凭证号数	摘要	借方	贷方	借或贷	余额
月	日						
11	1		月初余额			贷	22 000
	10		购入甲、乙材料		14 000	贷	36 000
	20		偿还货款	20 000		贷	16 000
	25		购入乙材料		3 600	贷	19 600
	30		本月合计	20 000	17 600	借	19 600

明细账户如表 2—95、表 2—96、表 2—97、表 2—98、表 2—99 所示。

表 2—95 原材料明细账户

明细账户名称：甲材料

2014 年		凭证号数	摘要	收入			发出			结存		
月	日			数量	单价	金额	数量	单价	金额	数量	单价	金额
11	1		月初余额							600	8	4 800
	10		购入	1 000	8	8 000				1 600	8	12 800
	15		生产领用				800	8	6 400	800	8	6 400
			本月合计	1 000	8	8 000	800	8	6 400	800	8	6 400

表 2—96 原材料明细账户

明细账户名称：乙材料

2014 年		凭证号数	摘要	收入			发出			结存		
月	日			数量	单价	金额	数量	单价	金额	数量	单价	金额
11	1		月初余额							10	600	6 000
	10		购入	10	600	6 000				10	600	12 000
	15		生产领用				12	600	7 200	8	600	4 800
	25		购入	6	600	3 600				14	600	8 400
			本月合计	16	600	9 600	12	600	7 200	14	600	8 400

表 2—97 应付账款明细账户

明细账户名称：A 工厂

2014 年		凭证号数	摘要	借方	贷方	借或贷	余额
月	日						
11	1		月初余额			贷	8 000
	25		购入乙材料		3 600	贷	11 600
	30		本月合计		3 600	贷	11 600

表 2—98 **应付账款明细账户**

明细账户名称：B工厂

2014 年		凭证号数	摘要	借方	贷方	借或贷	余额
月	日						
11	1		月初余额			贷	14 000
	20		偿还材料款	10 000		贷	4 000
	30		本月合计	10 000		贷	4 000

表 2—99 **应付账款明细账户**

明细账户名称：F工厂

2014 年		凭证号数	摘要	借方	贷方	借或贷	余额
月	日						
11	10		购入甲、乙材料		14 000	贷	14 000
	20		偿还材料款	10 000		贷	4 000
	30		本月合计	10 000	14 000	贷	4 000

总分类账户和明细分类账户经过平行登记，在发生额和余额两方面必然有如下相等关系，即：

总分类账户本期借方发生额应等于其所属的明细分类账户借方发生额之和。

总分类账户本期贷方发生额应等于其所属的明细分类账户贷方发生额之和。

总分类账户期初余额应等于其所属的明细分类账户期初余额之和。

总分类账户期末余额应等于其所属的明细分类账户期末余额之和。

总分类账户和明细分类账户经过平行登记以后取得的上述相等关系，可以检验账簿记录是否正确、完整。总分类账户和明细分类账户的检验工作，通常是通过编制总分类账户所属明细分类账户的本期发生额及期末余额对照表来进行的。现将【例 2—68】中“原材料”、“应付账款”两个总分类账及所属的明细分类账记录，编制对照表，如表 2—100、表 2—101 所示。

表 2—100 **“原材料”明细账户本期发生额及余额对照表**

2014 年 11 月

明细账户	月初结存		本期发生额		月末结存	
	借方	贷方	借方	贷方	借方	贷方
甲材料	4 800		8 000	6 400	6 400	
乙材料	6 000		9 600	7 200	8 400	
合计	10 800		17 600	13 600	14 800	

表 2—101 **“应付账款”明细账户本期发生额及余额对照表**

2014 年 11 月

明细账户	月初余额		本期发生额		月末余额	
	借方	贷方	借方	贷方	借方	贷方
A工厂		8 000		3 600		11 600
B工厂		14 000	10 000			4 000
F工厂			10 000	14 000		4 000
合计		22 000	20 000	17 600		19 600

以上两表数据与表 2—93、表 2—94 的数据对比表明："原材料"、"应付账款"两个总分类账户及所属的明细分类账户的本期发生额及余额相等，账簿记录是正确的。如果上述有关发生额和余额不相等，表明账簿记录有错误，应及时查明原因，予以更正。

小知识：总分类账户是明细分类账户的集中和概括，对所属的明细分类账户起着统驭和控制作用；而明细分类账户是对总分类账户的详细说明，从属于总分类账户，起补充和辅助作用。总分类账户可称统驭账户，明细分类账户可称从属账户。总分类账户和所属明细分类账户核算的经济内容是一致的，只是详略程度不同，两者提供的资料互相补充，既总括又详细地说明经济业务。

六、错账的更正

在记账过程中，由于种种原因，难免发生记账错误，一般称之为错账。对不同的错账，更正的方法也不同。一般常用的更正记账错误的方法有划线更正法、红字更正法和补充登记法等。

（一）划线更正法

划线更正法也称红线更正法，是采用在错误记录上划红线的方式注销原有记录，从而更正账簿记录错误的方法。适用于在结账以前发现记账凭证正确，而账簿记录存在文字或数字错误的情况。

具体做法是：先在错误的文字或数字（整个数字）上划一条红线注销，使原来的字迹仍可辨认，以备查考，然后将正确的文字或数字填写在上方空白处，并由记账人员在更正处盖章，以示负责。对改正错误的数字一定要用红线全部划去，不能只改个别数字。如将 768 错写成 678，应将 678 用红线全部划去，再在红线上面空白处写上 768。对于文字的错误，可只划去错误的部分。

如果将正确的数字误认为是错误加以更正了，经检查后发现，可将上面的错误数字划销，用红笔在正确的数字两旁各划"△"表示正确，并在错误处盖章。

（二）红字更正法

红字更正法是记账以后，如果记账凭证中会计科目或金额发生错误，可采用红字方式冲销或冲减原有记录，从而更正错账的方法。具体做法是：更正时先用红字金额，填一张与错误记账凭证分录相同的记账凭证，在摘要栏填写"更正某月某日第×号凭证的错误"并据以用红字金额记账，冲销原有错误记录，再用蓝字编制一张正确的记账凭证，在摘要栏注明"补记某月某日账"，登记入账。

使用红字更正法更正错账时一般分以下两种情况：

（1）记账凭证中会计科目或金额出现错误，用红字更正法更正时。

【例 2—69】生产车间领用材料 600 元，用于一般耗用。编制凭证时错填为以下会计分录并登记入账。

借：管理费用 600

贷：原材料 600

发现错误后，应先用红字金额编制一张与错误凭证相同的记账凭证，并据以记账。

借：管理费用 600

贷：原材料 600

然后，用蓝字编制一张正确的记账凭证，并登记入账。

借：制造费用 600

贷：原材料 600

上述红字更正法因将账簿记录的错误全部用红字冲销，另以蓝字重新登记正确的内容，故又称红字冲销法。

(2) 如记账凭证中会计科目和记账方向没有错误，只是所记金额大于应记金额，可以用红字按照多记金额部分填制一张记账凭证，据以登记入账，冲销多记金额即可。

【例 2—70】以银行存款支付广告费 2 000 元。编制记账凭证时将金额错记为 20 000 元，并登记入账。错误的会计分录金额是：

借：销售费用 20 000

贷：银行存款 20 000

发现错误后，可以将多记金额 18 000 元，用红字编制一张记账凭证，摘要栏注明“冲减某月某日错账”，并据以记账。分录如下；

借：销售费用 18 000

贷：银行存款 18 000

上述红字更正法因将账簿上错误数字多于正确数字的差额部分用红字冲减，故又称红字冲减法。

（三）补充登记法

补充登记法是采用蓝字增记金额方式，补充账簿中原有记录，从而更正账簿记录错误的方法。该方法适用于记账以后发现记账凭证中，所列会计科目及其对应关系都是正确的，但记账凭证存在所记金额小于应记金额的错误，从而导致账簿记录中出现同样数字错误的情况。更正时，按应记金额与错误金额的差额，用蓝字填一张记账凭证补足少记差额，在摘要栏注明“补记某月某日错账”字样，并据以记账。

【例 2—71】仍以上例，假如编制记账凭证时将金额错记为 200 元，并登记入账。错误的会计分录金额是：

借：销售费用 200

贷：银行存款 200

发现上述少记金额错误，更正时，可以将少记金额 1 800 元用蓝字编制如下记账凭证进行补充更正，并据以记账。分录如下；

借：销售费用 1 800

贷：银行存款 1 800

七、财产清查

（一）财产清查的种类

财产清查是指通过对实物、库存现金的实地盘点和对银行存款、往来款项的核对，确定各项财产物资、货币资金和往来款项的实有数额，以查明账存数额和实有数额是否相符的一种会计核算的专门方法。财产清查可按照清查对象的范围和清查的时间分类。

1. 按照清查对象的范围分为全面清查和局部清查

(1) 全面清查。全面清查是指对属于本单位或存放在本单位的全部财产物资、货币资金和各项债权债务进行盘点和核对。清查的对象一般包括：

1）货币资金，包括库存现金、银行存款等。

2）财产物资，包括在本单位的所有固定资产、库存商品、材料物资、包装物、低值易耗品；属于本单位但在途中的各种在途商品、在途材料物资；存放在本单位的代销商品、材料物资等。

3）债权债务，包括各项应收款项、应付和应交款项以及银行借款等。

全面清查的内容多，范围广，需要投入的人力多，花费的时间长。因此，一般只在下述几种情况下，才需要进行全面清查。

1）年终决算前，为确保年度财务会计报告的真实、可靠，需进行全面清查；

2）企业单位撤销、合并或改变隶属关系时，为了明确经济责任，需进行全面清查；

3）按规定进行清产核资或资产评估时，为了摸清家底，准确核定资金，需进行全面清查。

(2) 局部清查。局部清查是指根据需要只对部分财产物资进行的盘点和核对。局部清查范围小，涉及人员少，但专业性较强。其清查对象主要是流动性较大的财产，一般包括：

1）库存现金，出纳人员应于每日业务终了时清点核对。

2）银行存款，出纳人员每月至少同银行核对一次。

3）库存商品、材料物资、包装物等，年内应轮流盘点或重点抽查；对各种贵重物资，每月都应清查盘点一次。

4）债权债务，每年至少应同对方核对一至两次。

5）各种财产物资的保管人员调动时，应对其所保管的财产物资进行清查。

2. 按照清查的时间分为定期清查和不定期清查

(1) 定期清查。定期清查是指按规定或预先计划安排的时间，对财产物资所进行的清查。这种清查通常是在年末、季末、月末结账前进行，从而可以在编制会计报表前，发现账实不符的情况，据以调整有关账簿记录，使账实相符，从而保证会计报表资料的客观真实性。这种清查对象可以是全面清查，也可以是局部清查。一般年末进行全面清查，季末、月末进行局部清查。

(2) 不定期清查。不定期清查是指事先没有计划安排，而是根据临时需要所进行的清查。一般在以下几种情况下进行不定期清查。

1）更换财产物资和现金的保管人员时，为了分清经济责任，需要对其所保管的财产物资、库存现金进行清查。

2）发生自然灾害或意外损失时，为了查明损失情况，要对受损的有关财产进行清查。

3）有关部门对本单位进行会计检查时，为了验证会计资料的真实可靠性，要按检查要求和范围进行清查。

4）进行临时性的清产核资时，要对本单位的财产物资进行清查。

不定期清查，既可以是全面清查，又可以是局部清查。

（二）货币资金的清查

货币资金的清查主要包括库存现金的清查和银行存款的清查。

1. 库存现金的清查

库存现金的清查，是通过实地盘点的方法，确定库存现金的实存数，然后与库存现金日记账的账面余额进行核对，以查明账实是否相符。

对库存现金的清查，包括出纳人员每日进行的清查和专门清查小组进行的清查。每日业务终了，出纳人员都应将库存现金日记账的账面余额与库存现金的实存数进行核对，做到账实相符；专门清查小组对库存现金进行清查时，为了明确经济责任，出纳人员必须在场。盘点时，除查明账实是否相符外，还要查明有无违反库存现金管理制度的行为，如有无用不具法律效力的借条、收据或“白条”充抵库存现金，库存现金是否超过规定限额，有无坐支现金的现象等。盘点结束后，应根据盘点结果，及时填制库存现金盘点报告表，并由盘点人员和出纳人员共同签章。库存现金盘点报告表是重要的原始凭证，它既具有盘存单的作用，又有实存账存对比表的作用，是反映库存现金实有数和调整账簿记录的重要依据。库存现金盘点报告表的格式如表2—102所示。

表2—102 **库存现金盘点报告表**

单位名称： 年 月 日

实存金额	账存金额	实存与账存对比		备注
		盘盈	盘亏	

盘点人签章： 出纳员签章：

2. 银行存款的清查

银行存款的清查方法与库存现金的清查方法不同，它是采用与开户银行核对账目的方法进行的。即将从银行取得的对账单与单位的银行存款日记账逐笔进行核对，以查明账实是否相符。

企业在同银行核对账目之前，应先详细检查本单位银行存款日记账的正确性和完整性，发现有错记或漏记的，应及时更正、补记，然后与从银行取来的对账单逐笔核对。通过核对，往往会发现银企双方账目不一致。究其原因，一是企业与银行之间的一方或双方同时记账有错误外，二是双方之间往往会出现未达账项。

所谓未达账项，是指企业和银行之间，由于凭证的传递时间不同，而导致的一方已经入账，另一方由于尚未接到有关结算凭证而尚未入账的款项。企业与银行之间的未达账项，一般有以下四种情况：

（1）企业已收款入账，银行尚未收款入账的款项。例如：企业将销售产品收到的支票送存银行，根据银行盖章退回的“进账单”回单联登记收款入账；而银行要等款项收妥后才能记账，此时，银行尚未收款入账。

（2）企业已付款入账，银行尚未付款入账的款项。例如：企业开出一张支票购买办公用品，企业根据支票存根、发票及入库单等凭证，登记付款入账；而银行此时尚未收到付款凭证，因而尚未登记付款入账。

（3）银行已收款入账，企业尚未收款入账的款项。例如：外地某单位给企业汇来销货款，银行收到汇款后登记入账，而企业未收到汇款凭证尚未登记入账。

（4）银行已付款入账，企业尚未付款入账的款项。例如：银行在季末已将短期借款利息划出，已付款入账，而企业尚未接到付款通知，而未付款入账。

上述任何情况都会使企业银行存款日记账的余额与银行对账单的余额不一致，因此，在核对双方账目时，必须注意有无未达账项。对于双方账目上都有的记录，可划上“√”的标记，无标记的则可能是未达账项。对于未达账项，应编制银行存款余额调节表进行调整，从而确定企业与银行双方记账是否一致，双方的账面余额是否相符。

小知识：为便于企业对账，大多数银行提供的“银行对账单”与企业的“银行存款日记账”的收、付方向一致，但也有部分银行提供的对账单与企业的收、付方向正好相反。

下面举例说明银行存款余额调节表的编制方法。

【例 2—72】 某企业 2014 年 11 月银行存款日记账和银行转来的银行对账单如表 2—103、表 2—104 所示。

该企业银行存款日记账期末余额为 277 280 元，银行对账单上余额为 279 550 元。经逐笔核对，查明有以下未达账项：

（1）11 月 26 日，企业委托银行支付电费 4 200 元，企业因尚未收到有关凭证而尚未入账；

（2）11 月 28 日，企业开出现金支票一张，金额 3 150 元，支付维修费，银行因尚未收到单据而没有入账；

（3）11 月 29 日，企业委托银行代收销货款 7 700 元，银行已入账，企业因尚未收到收款通知而尚未入账；

（4）11 月 30 日，企业收到货款（转账支票一张），金额 4 380 元，银行因尚未收到单据而没有入账。

表 2—103 **银行存款日记账** 单位：元

2014 年		凭证号数	摘要	结算凭证		收入	付出	结存
月	日			种类	号数			
11	20		余额					250 000
	22	银付 61	支付购货款	略	略		41 800	208 200

续前表

2014年		凭证号数	摘要	结算凭证		收入	付出	结存
月	日			种类	号数			
	24	银付62	支付运费	略	略		300	207 900
	25	银收35	收销货款	略	略	72 000		279 900
	27	银付63	支付购货款	略	略		3 850	276 050
	28	银付64	支付维修费	略	略		3 150	272 900
	30	银收36	收回货款	略	略	4 380		277 280

表2—104 **银行对账单** 单位：元

2014年		摘要	结算凭证		收入	付出	结存
月	日		种类	号数			
11	20	余额					250 000
	24	支付运费	略	略		300	249 700
	25	代收销货款	略	略	72 000		321 700
	26	支付电费	略	略		4 200	317 500
	27	支付购货款	略	略		41 800	275 700
	29	代收销货款	略	略	7 700		283 400
	30	支付购货款	略	略		3 850	279 550

根据上述资料编制银行存款余额调节表，操作步骤如下：

(1) 对账。企业的银行存款日记账与银行对账单逐笔勾对，核对相符的，在金额后面同时打钩（√）。

(2) 编制银行存款余额调节表。在银行存款日记账和银行对账单双方余额的基础上，交叉调整对方已记账、本方未记账的未达账项（账单内对不上的，即未打钩的账项）。如表2—105所示。

表2—105 **银行存款余额调节表**

2014年11月30日

单位：元

项目	金额	项目	金额
企业存款日记账余额	277 280	银行对账单余额	279 550
加：银行已收企业未收款 减：银行已付企业未付款	7 700 4 200	加：企业已收银行未收款 减：企业已付银行未付款	4 380 3 150
调整后余额	280 780	调整后余额	280 780

经调整后，双方余额相等，说明双方记账相符，否则说明记账有错误，应予以更正。调整后的余额是企业当时实际可以动用的存款数额。应当指出的是，银行存款余额调节表只起对账作用，不能作为调节账面余额的凭证，应在有关结算凭证到达后，再据以记账。对于长期存在的未达账项，应及时查明原因，予以解决。

(三) 实物资产的清查

实物资产的清查主要是指对存货、固定资产等财产物资的清查。由于各种实物资产的形态、体积、重量、存放方式等的不同，因而所采用的清查方法也不尽相同。比较常见的有以下两种方法：

1. 实地盘点法

实地盘点法是通过逐一清点或用计量器具具体衡量出实物的实际结存数量。这种方法计量准确、直观，适用范围较大，对企业大多数财产物资的清查都可以采用这种方法。

2. 技术推算法

技术推算法是通过量方、计尺等方法，结合有关数据，推算出实物资产的实际结存数量。这种方法计量的结果并不精确，允许有一定的误差，适用于大量、分散、成堆、笨重、难以逐一清点的财产物资。

除对实物资产的数量进行清查外，还应对实物资产的质量进行核查。在核查实物资产质量时，根据其特点可采用物理的或化学的方法检测。在清查过程中，还应了解实物资产的利用和储备情况，以及在收发、保管等方面存在的问题。

为明确经济责任，在进行实物资产的清查时，实物保管人员必须在场，但保管人员不宜单独承担清查任务，这样才能客观地评价财产物资的管理、保管工作的成绩和存在的问题。

清查后，应及时将清查结果如实记录在盘存单上，并由清查人员和保管、使用人员签章。盘存单既是记录实物资产盘点结果的书面证明，又是反映实物资产实有数额的原始凭证。盘存单的一般格式如表 2—106 所示。

表 2—106 **盘存单**

财产类别：
存放地点：
编号： 年 月 日

编号	名称	规格	计量单位	数量	单价	金额	备注

盘点人员： 实物保管人员：

盘存单中的编号、名称、规格、计量单位、单价各栏所填写的内容，应与对应账簿记载的相同，以便核对。

为进一步查中实际盘点后的结果与对应账簿的账面结存数额是否一致，盘存单填制审核完毕后，应根据盘存单和有关账簿记录编制账存实存对比表，以确定实物的盈亏情况。账存实存对比表既是用于调整有关账簿记录的原始凭证，又是确定有关人员经济责任的依据。账存实存对比表的一般格式如表 2—107 所示。

表 2—107 **账存实存对比表**

年 月 日 编号：

编号	规格	名称	计量单位	单价	账存		实存		盘盈		盘亏	
					数量	金额	数量	金额	数量	金额	数量	金额
备注												

会计主管： 复核： 制表：

对于委托单位加工、保管的财产物资，租出的财产物资以及在途的财产物资等，可以按照有关账簿的账面结存数额，通过信函等方式与对方核查，以查明账实是否相符。

（四）往来款项的清查

往来款项主要包括各种应收、应付、预收、预付款项。往来款项的清查，一般采用与对方单位或个人通过对账单核对账簿记录的方法进行。

在清查过程中，应先检查本单位各种往来款项账簿记录的正确性和完整性。确定无误后，编制往来款项对账单，送对方单位或个人进行核对。对方单位或个人如果数额核对相符，应在回单联上盖章退回；如果数额核对不符，应在回单联上将不符情况注明，再另抄写一份对账单一起退回，作为进一步核对的依据。

（五）财产清查结果的账务处理

为了反映财产物资的盘盈、盘亏和毁损情况，应设置“待处理财产损溢”账户。其账户结构如表 2—108 所示。

表 2—108　　“待处理财产损溢”账户结构

借方　　　　待处理财产损溢	贷方
已发生但尚未处理的财产物资的盘亏或毁损数额，及经批准转销的盘盈数额	已发生但尚未处理的财产物资的盘盈数额，及经批准转销的盘亏或毁损数额

“待处理财产损溢”账户属于双重性质账户，用来核算清查中各项财产物资的盘盈、盘亏、毁损及处理情况。该账户下设置两个明细账户：“待处理流动资产损溢”和“待处理固定资产损溢”。其借方登记财产物资的盘亏或毁损数额，以及各项盘盈财产报经批准后的转销数额；贷方登记各项财产物资的盘盈数额和各项盘亏或毁损财产报经批准后的转销数额。期末一般无余额。

下面举例说明财产清查结果的账务处理方法。

1. 库存现金清查结果的账务处理

【例 2—73】企业在清查中发现库存现金短缺 98 元。

(1) 根据清查结果，填制库存现金盘点表，据此编制记账凭证，做如下账务处理：

借：待处理财产损溢——待处理流动资产损溢　　98

　贷：库存现金　　98

(2) 经查，短款因出纳人员工作疏忽造成，应由其负责赔偿，在赔偿款尚未收到之前，做如下账务处理：

借：其他应收款——××个人　　98

　贷：待处理财产损溢——待处理流动资产损溢　　98

若直接收到赔偿款，做如下账务处理：

借：库存现金　　98

　贷：待处理财产损溢——待处理流动资产损溢　　98

(3) 如上述短款是由于非常损失（火灾、盗窃等）造成的，经报批核销时，做如下账务处理：

借：营业外支出 98

贷：待处理财产损溢——待处理流动资产损溢 98

(4) 如上述短款原因无法查明，经批准可转作管理费用，做如下账务处理：

借：管理费用 98

贷：待处理财产损溢——待处理流动资产损溢 98

【例 2—74】 企业在清查中，发现库存现金长款 104 元。

(1) 根据清查结果，填制库存现金盘点表，据此编制记账凭证，做如下账务处理：

借：库存现金 104

贷：待处理财产损溢——待处理流动资产损溢 104

(2) 经反复核查，未查明上述现金长款的原因，经批准转作营业外收入，做如下账务处理：

借：待处理财产损溢——待处理流动资产损溢 104

贷：营业外收入 104

(3) 如长款现金属于应支付给有关人员或单位的，做如下账务处理：

借：待处理财产损溢——待处理流动资产损溢 104

贷：其他应付款——××个人或单位 104

2. 财产物资实物清查结果的账务处理

财产物资实物清查是指对各种存货和固定资产进行的清查。

(1) 存货清查结果的账务处理。在财产清查中，对于盘盈、盘亏或毁损的存货，应先记入“待处理财产损溢”账户，根据查明的原因，按照规定进行处理。盘盈的存货，应冲减当期的管理费用；盘亏的存货，在减去过失人或者保险公司等赔款和残料价值之后，计入当期管理费用，属于非常损失的，计入营业外支出。

【例 2—75】 企业在财产清查过程中，发现甲材料盘亏 1 500 元。

a. 材料盘亏，做如下账务处理：

借：待处理财产损溢——待处理流动资产损溢 1 500

贷：原材料——甲材料 1 500

b. 经查，上述盘亏原因是定额内的自然损耗，属于正常损失，可列入企业当期损益核算。待审核批准后，应按规定手续进行如下账务处理：

借：管理费用 1 500

贷：待处理财产损溢——待处理流动资产损溢 1 500

c. 如上述盘亏是由于工作人员保管不当造成的，属于非正常损失，应由责任人赔偿。经审核批准后，按规定手续进行如下账务处理：

借：其他应收款——××× 1 500

贷：待处理财产损溢——待处理流动资产损溢 1 500

d. 如上述盘亏是由于自然灾害造成的，应由企业投保的保险公司赔付 1 000 元，余额经批准列作企业的营业外支出，做如下账务处理：

借：其他应收款——应收保险公司赔款 1 000

　　营业外支出　　500

　贷：待处理财产损溢——待处理流动资产损溢　　1 500

【例 2—76】 企业在财产清查过程中，发现乙材料盘盈 50 千克，价值 1 000 元。

a. 材料盘盈，做如下账务处理：

借：原材料——乙材料　　1 000

　贷：待处理财产损溢——待处理流动资产损溢　　1 000

b. 经查，盘盈的存货属计量不准造成，按规定可冲减当期损益账户——“管理费用”账户。经审核批准后，做如下账务处理：

借：待处理财产损溢——待处理流动资产损溢　　1 000

　贷：管理费用　　1 000

（2）固定资产清查结果的账务处理。在财产清查中，对于盘亏或毁损的固定资产，应先记入“待处理财产损溢”账户，根据查明的原因，按照规定处理。

【例 2—77】 企业在财产清查中，发现短少设备一件，该设备账面原值为 20 000 元，已提折旧 8 000 元。

a. 对于在财产清查中盘亏的固定资产，应做如下账务处理：

借：待处理财产损溢——待处理固定资产损溢　　12 000

　　累计折旧　　8 000

　贷：固定资产　　20 000

b. 经审核批准，上述固定资产盘亏损失可转作企业的“营业外支出”，做如下账务处理：

借：营业外支出　　12 000

　贷：待处理财产损溢——待处理固定资产损溢　　12 000

在财产清查中盘盈的固定资产，应作为前期差错处理，记入“以前年度损益调整”账户，并按重置成本确定其入账价值，借记“固定资产”账户，贷记“以前年度损益调整”账户。

【例 2—78】 企业在财产清查中，发现一台账外设备，重置成本为 40 000 元。

根据会计制度规定，盘盈的固定资产，应按照重置成本作为其入账价值。应做如下账务处理：

借：固定资产　　40 000

　贷：以前年度损益调整　　40 000

八、账簿的对账与结账

（一）账簿的对账

《会计法》规定：“各单位应当定期将会计账簿记录与实物、款项及有关资料互相核对，保证会计账簿记录与实物及款项的实有数额相符、会计账簿记录与会计凭证的有关内容相符、会计账簿之间相对应的记录相符、会计账簿记录与会计报表的有关内容相符。”所以，为了使会计核算资料之间保持一致，保证会计账簿记录正确无误，必须加强对账工作。

对账即核对账目，就是将账簿记录同其他会计资料和有关实物互相核对，以查验账簿记录是否正确的工作。对账包括日常核对和定期核对两方面。日常核对就是对日常填制的记账凭证所进行的随时审核。由于此项工作随时进行，一旦发现差错，记账之前就可以查明更正。定期核对一般在月末、季末、年末结账之前进行，以验明记账工作是否正确和账实是否相符。对账的内容包括账证核对、账账核对、账实核对、账表核对。

1. 账证核对

账证核对是将账簿记录同记账凭证及其所附原始凭证相核对，以保证账证相符。账簿是依据记账凭证及其所附的原始凭证进行登记的，记账凭证及其所附的原始凭证是检验账簿记录内容是否准确的重要凭证，账簿记录应与会计凭证保持一致。核对时，依次检查双方的时间、凭证字号、会计科目、业务内容以及数量金额等是否相符一致。

2. 账账核对

账账核对是指各种会计账簿之间的有关数字核对相符。各种会计账簿之间互相联系，互相制约，总账统驭着明细分类账、日记账，所以通过账账核对可以使会计账簿之间的记录保持一致。账账核对的具体内容包括：

(1) 总账的核对，即总账中全部账户的借方发生额合计数与贷方发生额合计数、期末借方余额合计数与期末贷方余额合计数应分别核对相符。

(2) 总分类账和日记账的核对，即现金日记账和银行存款日记账的期末余额应与总账中“库存现金”和“银行存款”账户的期末余额核对相符。

(3) 总账与明细分类账的核对，即总分类账户的期末余额与其所属各明细分类账户(包括明细账)的期末余额合计数核对相符。

3. 账实核对

账实核对是将账簿记录与财产实有数额进行核对，包括各项财产物资、货币性资产的实存数核对。具体内容包括：

(1) 库存现金日记账余额应与库存现金实有数额核对相符。

(2) 银行存款日记账的余额应与银行对账单核对，并编制银行存款余额调节表，调节相符。

(3) 财产物资明细账的结存数应与财产物资盘点的实存数核对相符。

(4) 各种应收账款、应付账款明细账的期末余额应与各相关单位核对相符。

4. 账表核对

账表核对是将会计账簿记录与会计报表的相关指标进行核对。会计账簿为会计报表的编制提供了资料，为了保证会计报表的正确性，应保证会计报表的有关指标数据与账簿记录核对相符。

(二) 账簿的结账

结账是指在将一定时期（月、季、年）内所发生的经济业务全部登记入账的基础上，计算出账户的本期发生额和期末余额，为编制财务报告提供依据。

1. 结账的程序

在结账前，必须将本期内所发生的各项经济业务全部登记入账，检查是否有错记的经济业务，对于发现的记账错误要及时更正；应及时调整需期末调整的账项，按照权责发生制的要求，核对有关收入和费用是否进行账项调整。在确认当期发生的经济业务，调整账项及有关转账业务全部登记入账后，可办理结账手续。

2. 结账的方法

根据结账的时间不同，结账可分为月结、季结和年结。

(1) 月结。月结是在月末计算出各账户的本月发生额和期末余额。结账方法是在最后一笔业务记录的数字下面划一通栏红线，在红线下计算出本月借、贷方发生额和余额，并在摘要栏内注明“本月发生额及余额”或“本月合计”字样，并在下面通栏划单红线，以便将本期与下期的记录明显分开。如果账户没有发生额，则不用进行月结。

(2) 季结。季结是在季度终了计算出本季度的借、贷方发生额合计数，写在月结数的下一行内，在摘要栏注明“本季合计”字样，并在季结下面划一通栏红线。

(3) 年结。年结是在12月月结和第4季度的季结后，计算出全年12个月的发生额合计数，填写在季结的下一行，在摘要栏注明“年度发生额和余额”或“本年累计”字样，将本年度的借、贷方发生额分别记入借方和贷方栏，并在年结数字下面通栏划双红线，表示封账。结账后，根据各账户的年末余额，结转下年，在摘要栏注明“结转下年”字样。在下一年度新账第一行余额栏内填写上年转入的余额，并在摘要栏注明“上年结转”字样。

结账划线的目的是突出本月（季、年）合计数及月末余额，表示本会计期的会计记录已经截止或结束，并将本期与下期的记录明显分开。月结划单红线，年结划双红线，划线应划通栏线，不应只在本账页中的金额部分划线。

结账方法举例如表2—109所示。

表2—109　　应收账款（总分类账）

2014年		凭证号数	摘要	借方	贷方	借或贷	余额
月	日						
1	1		上年结转			借	20 000
	10	汇1	1—10汇总	18 000	22 000	借	16 000
	20	汇2	11—20汇总	26 000	21 000	借	21 000
	30	汇3	21—30汇总	34 000	20 000	借	35 000
	31		本月发生额及余额	78 000	63 000	借	35 000
2	10	汇1	1—10汇总	23 000	31 000	借	27 000
			…	…	…		…
12	31		本月发生额及余额	75 000	81 000	借	28 000
	31		第四季度发生额及余额	342 000	358 000	借	31 000
	31		本年度累计发生额及余额	1 342 000	1 279 000	借	31 000
			结转下年				

知识测试

一、判断题

1. 总账一般用订本式账簿，明细账一般用活页式账簿，日记账一般用卡片式账簿。（　）

2. 备查账簿是企业一种重要账簿，与其他账簿存在数量对等关系。（　）

3. 会计账簿就是账户。（　）

4. 库存现金日记账可以根据库存现金收款凭证、库存现金付款凭证、银行存款付款凭证登记。（　）

5. 在结账以前，如发现账簿记录有文字或数字错误，而记账凭证没错，应采用划线更正法进行错账更正。（　）

6. 订本式会计账簿的优点是防止账页散失和非法抽换，缺点是不便于分工记账，不能根据记账需要增添及减少账页。（　）

7. 总账、日记账和大部分的明细账要每年更换一次。（　）

8. 使用订本账时，要为每一个账户预留若干空白账页。（　）

9. 对需要按月进行月结的账簿，结账时，应在“本月合计”字样下面通栏划单红线，而不是划双红线。（　）

10. 活页式账簿便于账页的重新排列和记账人员的分工，但账页容易散失和被随意抽换。（　）

11. 多栏式账簿主要适用于既需要记录金额，又需要记录实物数量的财产物资明细账户。（　）

12. 会计账簿登记中，如果不慎发生隔页，应立即将空页撕掉，并更改页码。（　）

13. 对账，就是核对账目，即对各种会计账簿之间的对应记录进行核对。（　）

14. 全面清查可以定期进行，也可以不定期进行。（　）

15. 银行存款的清查，主要是将银行存款日记账与总账进行核对。（　）

16. 未达账项是造成企业银行存款日记账余额与银行对账单余额不符的唯一原因。（　）

二、单项选择题

1. 银行存款日记账的借方除了依据银行收款凭证登记外，还要依据（　）登记。

A. 库存现金收款凭证　　B. 记账凭证

C. 库存现金付款凭证　　D. 银行存款付款凭证

2. 记账以后，如发现记账错误是由记账凭证所列会计科目或记账方向有误引起的，应采用（　）进行错账更正。

A. 划线更正法　　B. 红字更正法　　C. 补充登记法　　D. B或C都行

3. 总账一般采用（　）账簿。

A. 活页式　　B. 订本式　　C. 多栏式　　D. 卡片式

4. （　）账簿必须逐日逐笔登记。

A. 总账　　B. 明细账　　C. 日记账　　D. 备查账

5. 记账以后，如发现记账凭证和账簿登记金额小于应记的正确金额，没有其他错误，应采用（　　）进行错账更正。

A. 划线更正法　　B. 红字更正法　　C. 补充登记法　　D. B或C都行

6. 下列适合采用多栏式明细账格式核算的是（　　）。

A. 原材料　　B. 制造费用　　C. 应付账款　　D. 库存商品

7. 更正错账时，划线更正法的适用范围是（　　）。

A. 记账凭证上会计科目或记账方向错误，导致账簿记录错误

B. 记账凭证正确，在记账时发生错误，导致账簿记录错误

C. 记账凭证上会计科目或记账方向正确，所记金额大于应记金额，导致账簿记录错误

D. 记账凭证上会计科目或记账方向正确，所记金额小于应记金额，导致账簿记录错误

8. 启用账簿时，不能在扉页上书写的是（　　）。

A. 单位名称　　B. 账簿名称　　C. 账户名称　　D. 启用日期

9. 登记账簿时，错误的做法是（　　）。

A. 文字和数字的书写占格高的1/2　　B. 使用圆珠笔书写

C. 用红字冲销错误记录　　D. 在发生的空页上注明“此页空白”

10. 登记账簿时，正确的做法是（　　）。

A. 文字或数字的书写必须占满格　　B. 书写可以使用蓝黑墨水圆珠笔或铅笔

C. 用红字冲销错误记录　　D. 发生的空行、空页一定要补充书写

11. 下列做法错误的是（　　）。

A. 现金日记账采用三栏式账簿　　B. 产成品明细账采用数量金额式账簿

C. 生产成本明细账采用三栏式账簿　　D. 制造费用明细账采用多栏式账簿

12. 对账时，账账核对不包括（　　）。

A. 总账各账户的余额核对　　B. 总账与明细账的核对

C. 总账与备查账的核对　　D. 总账与日记账的核对

13. 对现金清查所采用的基本方法是（　　）。

A. 实地盘点法　　B. 核对法　　C. 技术推算法　　D. 估算法

14. 清查银行存款所采用的一般方法是（　　）。

A. 技术推算法　　B. 测量计算法　　C. 实地盘点法　　D. 对账单法

15. 未达账项是指企业与银行之间由于结算凭证传递的时间不同而造成的（　　）。

A. 双方登记金额不一致的账项

B. 一方重复记账的账项

C. 一方已经入账，而另一方尚未登记入账的账项

D. 双方均尚未登记入账的账项

三、多项选择题

1. 登记账簿的要求有（　　）。

A. 可用圆珠笔、蓝黑或黑色墨水书写

B. 文字和数字高度一般占格高的1/2

C. 特殊情况可用红色墨水记账

D. 账簿应按页次连续登记，不得跳行、隔页

2. 会计工作可以使用的更正错账的方法是（　　）。

A. 补充登记法　　B. 红字更正法　　C. 用涂改液改错　　D. 划线更正法

3. 会计账簿按其用途不同可以分为（　　）。

A. 序时账簿　　B. 分类账簿　　C. 备查账簿　　D. 活页账簿

4. 对账的内容包含（　　）。

A. 账簿记录与有关会计凭证进行核对

B. 总账与日记账进行核对

C. 账簿之间的有关金额进行核对

D. 财产物资的账面数额与实存数额进行核对

5. 登记库存现金日记账的依据有（　　）。

A. 库存现金收款凭证　　B. 库存现金付款凭证

C. 银行存款收款凭证　　D. 银行存款付款凭证

6. 划线更正法更正错账的正确做法是（　　）。

A. 将错误数字或文字部分划红线注销

B. 将错误数字或文字全部划红线注销

C. 将正确的数字或文字用蓝黑字写在划线上方

D. 更正人不用在划线处盖章

7. 结账工作的程序和方法一般包括（　　）。

A. 将本期内所发生的各项经济业务全部登记入账

B. 及时调整期末需要调整的账项

C. 如果账户没有发生额，则不用进行月结

D. 结账后，在本月发生额和余额下面通栏划单红线

8. 以下对明细分类账正确的表述是（　　）。

A. 明细分类账是在总账下设置，对经济业务进行明细核算的账户

B. 明细分类账应根据记账凭证及其原始凭证登记

C. 明细分类账要逐日逐笔登记

D. 明细分类账是对总账的补充说明

9. 必须逐日结出余额的账簿是（　　）。

A. 库存现金总账　　B. 银行存款总账　　C. 库存现金日记账　　D. 银行存款日记账

10. 收回货款1 500元存入银行，记账凭证误填为15 000元，并已入账。错误的更正方法是（　　）。

A. 采用划线更正法更正

B. 用蓝字借记“银行存款”，贷记“应收账款”

C. 用蓝字借记“应收账款”，贷记“银行存款”

D. 用红字借记“银行存款”，贷记“应收账款”

11. 结账时，正确的做法是（　　）。

A. 结出当月发生额的，在“本月合计”下面通栏划单红线

B. 结出本年累计发生额的，在“本年累计”下面通栏划单红线

C. 12 月末，结出全年累计发生额的，在下面通栏划单红线

D. 12 月末，结出全年累计发生额的，在下面通栏划双红线

12. 可以用三栏式明细分类账核算的是（　　）。

A. 原材料　　B. 实收资本　　C. 生产成本　　D. 短期借款

13. 全面清查，一般是在（　　）时进行。

A. 年终　　B. 一次性清产核资

C. 月终　　D. 单位撤销、合并或改变隶属关系

14. 不定期清查，一般是在（　　）时进行。

A. 年终　　B. 财产保管员变动

C. 自然灾害造成部分财产损失　　D. 部分财产霉变

15. 月末，企业银行存款日记账与银行对账单不一致，造成企业账面存款余额大于银行对账单存款余额的原因是（　　）。

A. 企业已收款入账，而银行尚未入账　　B. 企业已付款入账，而银行尚未入账

C. 银行已收款入账，而企业尚未入账　　D. 银行已付款入账，而企业尚未入账

16. “待处理财产损溢”账户的借方核算（　　）。

A. 发生的财产盘盈数　　B. 发生的财产盘亏数

C. 发生的财产毁损数　　D. 处理的财产盘盈数

四、业务计算题

1. 练习日记账的登记。

资料：

(1) ××工厂 12 月初“库存现金日记账”期初余额为 2 000 元，“银行存款日记账”期初余额为 70 000 元。

(2) 本月发生库存现金、银行存款收付业务见项目二任务 3 技能训练题 8。

要求：根据收付款凭证登记“库存现金日记账”、“银行存款日记账”并结出余额。

2. 练习总账和明细账的平行登记。

资料：

(1) ××公司 11 月 1 日“原材料”总分类账户借方月初余额为 11 000 元。其中，甲材料 1 000 千克，每千克 6 元，计 6 000 元；乙材料 10 吨，每吨 500 元，计 5 000 元。

“应付账款”总分类账户贷方月初余额为 22 000 元。其中，黄岛工厂明细账贷方月初余额为 8 000 元，新华工厂明细账贷方月初余额为 14 000 元。

(2) 本月发生以下经济业务：

1) 5 日，向黄岛工厂购入甲材料 1 500 千克，每千克 6 元，计 9 000 元；乙材料 20 吨，每吨 500 元，计 10 000 元。增值税税额为 3 230 元，材料已验收入库，贷款尚未支付。

2) 10 日，以银行存款偿付黄岛、新华工厂前欠货款各 10 000 元。

3）15 日，生产领用以下材料：甲材料 1 600 千克，每千克 6 元，计 9 600 元；乙材料 25 吨，每吨 500 元，计 12 500 元。

4）20 日，从新华工厂购入乙材料 15 吨，每吨 500 元，计 7 500 元，材料已验收入库，货款尚未支付。

要求：

(1) 根据资料 (1) 开设“原材料”、“应付账款”总分类账户及其所属明细账户，登记期初余额。

(2) 根据资料 (2) 的经济业务编制会计分录，登记“原材料”、“应付账款”总分类账户及其所属明细账户。

(3) 结出“原材料”、“应付账款”总分类账户及其所属明细账户的本期发生额及期末余额，编制本期发生额及期末余额对照表，核对总分类账户及其所属明细账户的本期发生额及期末余额是否相符。

3. 练习账簿的登记。

资料：

(1) ××工厂 12 月初各账户月初余额如表 2—110 所示：

表 2—110　　账户月初余额表　　单位：元

会计科目	借方余额	贷方余额
库存现金	3 000	
银行存款	60 000	
原材料	55 000	
应收账款	32 000	
其他应收款	3 000	
固定资产	180 000	42 000
累计折旧		76 000
应付账款		22 000
短期借款		18 000
应缴税费		1 000
实收资本		170 000
未分配利润		4 000
合计	333 000	333 000

(2) 本月发生下列经济业务：

1）企业收到国家投入资本人民币 300 000 元，存入银行。

2）向银行借入期限 3 个月借款 200 000 元，存入银行。

3）向新华工厂购入甲材料 2 000 千克，单价 10 元，计 20 000 元；乙材料 4 000 千克，单价 20 元，计 80 000 元。共计货款 100 000 元，增值税税额为 17 000 元。货款及税额以银行存款支付，材料未到。

4）以银行存款支付上述甲、乙材料运费 5 000 元，进项税额扣除率为 7%，运费按材料重量分配。

5）上述甲、乙材料已运到验收入库，结转入库材料实际成本。

6）从仓库领用甲材料 23 000 元，乙材料 65 000 元。其中，A 产品耗用 46 000 元，B 产品耗用 32 000 元，车间一般耗用 8 000 元，行政管理部门耗用 2 000 元。

7）王经理出差，预借差旅费 2 500 元，以现金支付。

8）销售给新世纪公司 A 产品 800 件，每件 100 元，计货款 80 000 元，增值税税额为 13 600 元，货款及增值税税款尚未收到。

9）以银行存款 2 000 元支付广告费。

10）王经理出差归来，报销差旅费 2 200 元，余款交回。

11）以银行存款支付下年度报刊费 6 000 元。

12）月末结算本月份应付职工工资共 50 000 元。其中，制造 A 产品工人工资 18 000 元，制造B 产品工人工资 20 000 元，车间管理人员工资 5 000 元，行政管理人员工资 7 000元。

13）从银行提取现金 50 000 元，发放职工工资。

14）本月计提职工福利费 7 000 元。

15）以银行存款支付水电费 2 300 元。其中，车间 1 500 元，行政管理部门 800 元。

16）计提本月短期借款利息 3 200 元。

17）计提本月固定资产折旧费 5 600 元。其中，车间固定资产折旧 4 200 元，行政管理部门固定资产折旧 1 400 元。

18）将本月发生的制造费用 20 000 元，按生产工人工资的比例分配计入 A、B 产品成本。

19）本月 A 产品 1 000 件完工入库，单位成本 70 元，结转其实际成本。

20）结转销售 A 产品 800 件成本，每件成本 70 元。

21）结转有关收支账户，计算本月收支净额。

要求：

(1) 根据资料 (1) 开设有关账户，登记期初余额。

(2) 根据资料 (2) 的经济业务编制会计分录，登记账簿。

(3) 结出有关账户的本期发生额及期末余额，并试算平衡。

4. 练习错账的更正方法。

资料：新华公司在记账以后发现以下记账错误：

(1) 经理办公室以现金购买办公用品 600 元，会计分录编为：

借：管理费用　　6 000

　贷：库存现金　　6 000

(2) 以银行存款支付车间维修费用 3 200 元，会计分录编为：

借：管理费用　　5 200

　贷：银行存款　　5 200

(3) 支付本月水电费 26 000 元。其中，车间负担 18 000 元，厂部负担 8 000 元。会计分录编为：

借：制造费用　　1 800

管理费用 800

贷：银行存款 2 600

(4) 结转当月销售产品成本 46 000 元，会计分录编为：

借：库存商品 46 000

贷：生产成本 46 000

(5) 月末结转制造费用 37 000 元，会计分录编为：

借：生产成本 37 000

贷：制造费用 37 000

登记账户时，误记为 73 000 元。

(6) 以银行存款支付生产车间固定资产修理费用 78 万元。编制的会计分录为：

借：制造费用 87

贷：银行存款 87

要求：对以上记账错误按正确的方法予以更正。

5. 练习编制银行存款余额调节表，掌握银行存款清查的方法。

资料：某企业××年 10 月银行存款日记账和银行送来的对账单内容如表 2—111、表 2—112 所示。

表 2—111 **银行存款日记账**

××年		凭证号数	摘要	结算凭证		借方	贷方	余额
月	日			种类	号数			
10	24		余额					250 000
	25	银付 31	支付购料款	略	略		200 000	50 000
	26	银付 32	支付运费	略	略		1 000	49 000
	27	银收 18	应收销货款	略	略	234 000		283 000
	30	银付 33	支付购料款	略	略		90 000	193 000
	30	银付 34	支付修理费	略	略		2 500	190 500
	31	银收 19	应收销货款	略	略	150 000		340 500

表 2—112 **银行对账单**

×× 年		摘要	结算凭证		借方	贷方	余额
月	日		种类	号数			
10	24	余额					250 000
	26	代收销货款	略	略		234 000	484 000
	28	支付运费	略	略	1 000		483 000
	28	支付购料款	略	略	200 000		283 000
	28	支付电费	略	略	23 000		260 000
	29	代收销货款	略	略		63 200	323 200
	30	支付购料款	略	略	90 000		233 200

要求：

(1) 根据上述资料将银行存款日记账和银行对账单进行核对，确定未达账项。

(2) 编制银行存款余额调节表，计算月末企业可以动用的银行存款实有数额。

任务 6 财务会计报告的编制

技能目标

1. 会编制资产负债表；
2. 会编制利润表。

知识目标

1. 了解财务会计报告的构成与类别；
2. 熟悉财务会计报告的质量要求；
3. 熟悉资产负债表、利润表的编制方法。

一、认识财务会计报告

企业的财务会计报告是企业会计核算的最终成果，是企业对外提供财务会计信息的主要形式，是企业外界相关人员了解企业会计信息的主要渠道。财务会计报告是指企业对外提供的反映企业某一特定日期财务状况和某一会计期间经营成果、现金流量的文件。

（一）财务会计报告的意义

财务会计报告是企业对外提供会计信息的重要手段，完整、及时、准确地编报企业的财务会计报告对满足信息使用者的需要，提高单位管理水平，乃至加强国民经济管理，都具有非常重要的意义。主要体现在以下几个方面：

（1）对编报企业自身来说，通过分析企业的财务会计报告，便于企业了解自身一定时期的财务状况，掌握本单位经济活动、财务收支和财务成果的全面情况，发现经济管理工作中存在的问题，从而正确规划未来和作出经营决策，有助于挖掘企业潜力，进一步提高经济效益。

（2）对企业外部的信息使用者来说，通过分析企业的财务会计报告，可以获得对决策有用的信息。对企业的投资者、债权人来说，通过真实、公允的财务会计报告，可以分析企业的偿债能力、获利能力，预测企业的发展前景，据以作出正确的决策；对于国家财税部门来说，通过企业报表，可以检查企业对国家财政、税收制度的贯彻执行情况，是否及时、足额完成应交的税金和利润以及其他应交的上交任务，保证国家财政收入的及时与完整；对于银行等金融机构来说，通过企业财务会计报告，可以了解企业的经营能力和偿贷资金的运用方向、运用效益，分析企业的偿还能力，以确定对企业的偿贷政策。

（3）对政府管理部门而言，财务会计报告是进行国民经济宏观调控的主要依据。基层企业的财务会计报告逐级汇总，形成综合性的财务会计报告，便于国家了解和掌握国民经济的发展情况，了解国有资产的使用和变动情况，有利于进行国民经济的宏观调控，制定科学的发展计划，促进整个国民经济持续、稳定、健康地发展。

（二）财务会计报告的构成

财务会计报告包括财务会计报表和其他应当在财务报告中披露的相关信息和资料。财务会计报表至少应当包括下列组成部分：

（1）资产负债表；

（2）利润表；

（3）现金流量表；

（4）所有者权益（或股东权益，下同）变动表；

（5）附注。

（三）会计报表的分类

会计报表可按不同标准分类。

1. 按照会计报表所反映的经济内容分类

企业会计报表按照反映的经济内容，可分为反映企业财务状况的报表和反映企业经营成果的报表。反映企业财务状况的报表如资产负债表、现金流量表，反映企业经营成果的报表如利润表。

2. 按照会计报表的编制时间分类

企业会计报表按照编制时间的长短，可分为中期财务会计报表和年度财务会计报表。中期财务会计报表是指以短于一个完整会计年度的报告期间为基础编制的财务会计报表，包括月报、季报、半年报。月报要求简明扼要，反映及时；季报和半年报反映的信息详细程度介于月报和年报之间。年度财务会计报表则要求揭示完整，反映全面。中期财务会计报表至少应当包括资产负债表、利润表、现金流量表和附注。

3. 按照会计报表的报送对象分类

企业会计报表按照报送对象，可分为对外会计报表和内部会计报表。对外会计报表如资产负债表、利润表、现金流量表等，内部会计报表如成本报表等。

4. 按照会计报表的编制单位分类

企业会计报表按照编制单位，可分为基层单位会计报表和汇总会计报表。基层单位会计报表是由实行独立核算的基层单位编制的，汇总会计报表是上级主管部门根据所属基层会计报表和本部门会计资料汇总编制的。

5. 按照会计报表所反映的会计主体分类

企业会计报表按照所反映的会计主体，可分为个别会计报表和合并会计报表。个别会计报表只反映单个企业的经营状况及财务成果。合并会计报表则反映整个企业集团的经营状况及财务成果。合并会计报表是以整个企业集团为一个会计主体，以组成这个企业集团的母公司和子公司的个别会计报表为基础并抵消内部交易事项对个别报表的影响而编制的。合并会计报表是由企业集团中对其他企业有控制权的控股公司或母公司编制的。

6. 按照会计报表反映的资金的运动状况分类

企业会计报表按照反映的资金的运动状况，可分为静态会计报表和动态会计报表。静态会计报表如资产负债表，动态会计报表如利润表和现金流量表。

(四) 财务会计报告编制前的准备工作

(1) 企业编制财务会计报告时，应当根据真实的交易事项以及完整、准确的账簿记录等资料，并按会计准则规定的编制基础、编制依据、编制原则和方法进行。

(2) 为了保证财务会计报告的编制依据真实、完整，企业应当在编制年度财务会计报告前，按照有关规定，全面清查资产、核实债务，查明财产物资的实存数量与账面数量是否一致、各项结算款项的拖欠情况及原因、材料物资的实际储备情况、各项投资是否达到预期目的、固定资产的使用情况及其完好程度等，对发现的问题以及处理办法向企业的董事会或者相应机构报告，并根据国家统一会计制度的规定进行相应的会计处理。此外，企业应当根据规定，对会计报表中的各项会计要素进行合理的确认和计量，不得随意改变会计要素的确认和计量标准。

(五) 财务会计报告编制的质量要求

为了保证财务会计报告的质量，使会计信息真正成为使用者进行决策和管理的依据，企业应当根据完整无误的账簿记录和其他有关资料编制会计报表，做到数字真实、计算准确、内容完整，不得漏报或者任意取舍。

1. 数字真实

数字真实主要是指会计报表必须在账证、账账、账实核对无误的账簿记录的基础上编制，不得弄虚作假、篡改数据，以计划数、估计数代替实际数。

2. 计算准确

计算准确主要是指会计报表各项目的数额应按照统一会计制度中规定的计算方法计算填列。会计报表之间、会计报表各项目之间，凡有对应关系的数字，应当相互一致；会计报表汇总的本期与上期的有关数字应当相互衔接。

3. 内容完整

内容完整是指单位对于会计准则规定应予填报的各种报表和表内各项目要填报齐全，不得随意漏编、漏报，应报的报表不得缺报；主管部门汇总会计报表时不得漏汇；各补充资料和应该编制的附表以及财务状况说明书，必须同时编报。

(六) 财务会计报告的审核及报送

企业对外提供的财务会计报告必须经过专门的审核，确保对外提供的财务会计报告反映的会计信息真实、完整，并按照法律、行政法规和国家统一的会计制度有关财务会计报告提供期限的规定，及时对外提供财务会计报告。

企业对外提供的财务会计报告应当依次编定页数，加具封面，装订成册，加盖公章。封面上应当注明企业名称、企业统一代码、组织形式、地址、报表所属年度或者月份、报出日期，并由企业负责人和主管会计工作的负责人、会计机构负责人（会计主管人员）签名并盖章；设置总会计师的企业，还应当由总会计师签名并盖章。

二、资产负债表的编制

（一）资产负债表的内容和结构

1. 资产负债表的内容

资产负债表由资产、负债、所有者权益三个会计要素组成。资产负债表是反映企业某一特定日期财务状况的报表。由于它反映的是某一时点上的情况，因此又称为静态报表。

资产负债表是根据“资产＝负债＋所有者权益”这一会计恒等式而设计的，按照一定的分类标准和顺序，把企业一定日期的资产、负债和所有者权益各项目予以适当安排，反映企业资产、负债、所有者权益的总体规模和结构。

在资产负债表中，企业通常按照资产、负债、所有者权益分类分项反映。资产和负债按其流动性大小进行列示，所有者权益则按其在企业的永久性程度进行列示。

2. 资产负债表的结构

资产负债表一般由表首和正表两部分组成。其中，表首概括说明了报表名称、编制单位、编制日期、报表编号、货币名称、计量单位等。正表是资产负债表的主体，列示了用以说明企业某一特定日期财务状况的各个项目。资产负债表的正表格式一般有两种：报告式和账户式。报告式资产负债表是上下结构，上半部列示资产，下半部列示企业的负债和所有者权益，具体格式如表 2—113 所示。账户式资产负债表是左右结构，左边列示资产各项目，反映全部资产的分布以及存在形态；右边列示负债和所有者权益各项目，反映全部负债和所有者权益的内容以及构成情况，具体格式如表 2—114 所示。

我国企业的资产负债表多采用账户式。

表 2—113 **资产负债表（报告式）**

项目	金额
资产	
流动资产	××××
长期股权投资	××××
固定资产	××××
无形资产	××××
其他资产	××××
资产合计	××××
负债	
流动负债	××××
长期负债	××××
负债合计	××××
所有者权益	
实收资本	××××
资本公积	××××
盈余公积	××××
未分配利润	××××
所有者权益合计	××××

表 2—114　　　　　　　　　　　　资产负债表（账户式）　　　　　　　　　　　　会企 01 表

编制单位：　　　　　　　　　　　　　年　月　日　　　　　　　　　　　　　　单位：元

资产	行次	期末余额	年初余额	负债和所有者权益	行次	期末余额	年初余额
流动资产：				流动负债：			
货币资金				短期借款			
交易性金融资产				交易性金融负债			
应收票据				应付票据			
应收账款				应付账款			
预付款项				预收款项			
其他应收款				应付职工薪酬			
应收利息				应交税费			
应收股利				应付利息			
存货				应付股利			
一年内到期的非流动资产				其他应付款			
其他流动资产				一年内到期的非流动负债			
流动资产合计				其他流动负债			
非流动资产：				流动负债合计			
可供出售金融资产				非流动负债：			
持有至到期投资				长期借款			
长期应收款				应付债券			
长期股权投资				递延所得税负债			
固定资产				其他非流动负债			
在建工程				非流动负债合计			
工程物资				负债合计			
固定资产净值				所有者权益（或股东权益）：			
无形资产				实收资本（或股本）			
商誉				资本公积			
长期待摊费用				盈余公积			
递延所得税资产				未分配利润			
其他长期资产				所有者权益（或股东权益）合计			
其他非流动资产							
非流动资产合计							
资产总计				负债及所有者权益总计			

（二）资产负债表的编制方法

资产负债表是静态报表，在编制该表时，应根据有关账户的期末余额填列。资产负债表一般采用对比式填列，即各项目均对比填列“期末余额”和“年初余额”，这样有利于进行纵向对比分析，了解各项目在本期的增减变动，便于年末现金流量表的编制。

资产负债表中“年初余额”栏内各项数字，应根据上年末资产负债表“期末余额”栏内所列数字填列。如果本年度资产负债表规定的各项目名称和内容同上年度不一致，应对上年年末资产负债表各项目的名称和数字按照本年度的规定进行调整，填入资产负债表“年初余额”栏内。

资产负债表“期末余额”栏内各项数字，应根据有关账簿记录填列。大多数报表项目可直接根据总分类账户的期末余额填列，少数报表项目则需要根据总分类账户余额分析填列。具体方法主要有以下几种：

1. 根据总分类账户的期末余额直接填列

根据总分类账户的期末余额直接填列的报表项目有：应收票据、应收股利、应收利息、固定资产清理、递延所得税负债、短期借款、交易性金融负债、应付票据、应付职工薪酬、应付股利、应交税费、实收资本、资本公积、盈余公积等。这类报表项目名称与账户名称完全一致，或者虽不完全一致，但其含义相同。

【例 2—79】 某企业 2014 年 12 月 31 日结账后，“应交税费”科目余额为贷方63 000元。

则资产负债表中，“应交税费”项目金额为 63 000 元。

【例 2—80】 某企业 2009 年 12 月 31 日结账后，“资本公积”科目余额为贷方100 000元。

则资产负债表中，“资本公积”项目金额为 100 000 元。

2. 根据几个总分类账户的期末余额合计填列

当报表项目与账户名称完全不一致时，应根据各个指标的含义和有关账户的关系，采用几个账户余额之和的方法进行填列。

(1)“货币资金”项目，应根据“库存现金”、“银行存款”、“其他货币资金”合计填列。

(2)“存货”项目，应根据“原材料”、“库存商品”、“生产成本”、“周转材料”、“材料成本差异”、“委托加工物资”等账户余额之和（“材料成本差异”若为贷方余额，则相减）减去“存货跌价准备”合计填列。

(3)“未分配利润”项目，在中期财务报告采用表结法时，应根据“本年利润”账户和“利润分配”账户的余额计算填列，未弥补的亏损，用“—”填列：“本年利润”账户和“利润分配”账户的余额均在贷方的，用二者余额之和填列；余额均在借方的，用二者余额之和以“—”填列；二者余额一个在借方，一个在贷方的，用二者余额相抵后的差额填列，如为借方差额以“—”填列。但在年末时，可直接根据“利润分配”账户的年末余额进行填列，如为借方余额以“—”填列。

【例 2—81】 某企业 2014 年 12 月 31 日结账后，“库存现金”科目余额为 6 500 元，“银行存款”科目余额为 1 350 000 元，“其他货币资金”科目余额为 8 000 元。

则资产负债表中，“货币资金”项目金额＝6 500＋1 350 000＋8 000＝1 364 500（元）。

【例 2—82】 某企业 2014 年 12 月 31 日结账后，“原材料”科目余额为 76 000 元，“生产成本”科目余额为 48 000 元，“库存商品”科目余额为 1 370 000 元，“在途物资”科目余额为 230 000 元。

则资产负债表中，“存货”项目金额＝76 000＋1 370 000＋230 000＋48 000＝ 1 724 000（元）。

【例 2—83】 某企业 2014 年 6 月 30 日结账后，“本年利润”科目余额为借方 9 000 元，“利润分配”科目余额为贷方 50 000 元。

则 6 月 30 日的资产负债表中，“未分配利润”项目金额＝50 000－9 000＝41 000（元）。

【例 2—84】某企业 2014 年 6 月 30 日结账后，“本年利润”科目余额为贷方 150 000 元，“利润分配”科目余额为借方 250 000 元。

则 6 月 30 日的资产负债表中，“未分配利润”项目金额＝15 000－25 000＝ －10 000（元）。

3. 根据有关明细账户的余额计算分析填列

资产负债表中的某些指标应根据有关明细账户的期末余额分析填列。这些报表项目如下：

（1）应收账款和预收账款。报表中的应收账款应根据“应收账款”和“预收账款”总分类账户所属各明细账户的期末借方余额之和，减去“坏账准备”账户中有关应收账款计提的坏账准备期末贷方余额后的数额填列；报表中的预收账款应根据“预收账款”和“应收账款”总分类账户所属明细账户期末贷方余额之和合计填列。

（2）应付账款和预付账款。报表中的应付账款应根据“应付账款”和“预付账款”总分类账户所属明细账户的期末贷方余额之和合计填列；报表中的预付账款应根据“预付账款”和“应付账款”总分类账户所属明细账户的期末借方余额之和合计填列。

【例 2—85】某企业 2014 年 12 月 31 日结账后，有关账户余额如表 2—115 所示。

表 2—115　　　　账户余额表　　　　单位：元

科目名称	总账科目余额		明细账科目余额	
	借方余额	贷方余额	借方余额	贷方余额
应收账款	500 000			
——甲企业			400 000	
——乙企业			250 000	
——丙企业				100 000
——丁企业				50 000
预收账款		50 000		
——C 公司			30 000	
——D 公司				80 000
坏账准备		2 000		2 000
应付账款		350 000		
——X 公司			150 000	
——Y 公司				280 000
——Z 公司				220 000
预付账款	93 000			
——A 公司			100 000	
——B 公司				7 000

则该企业 2014 年 12 月 31 日的资产负债表中，有关项目金额如下：

(1)“应收账款”项目金额＝应收账款所属明细科目的借方余额＋预收账款所属明细科目的借方余额－坏账准备贷方余额 ＝400 000＋250 000＋30 000－2 000＝678 000（元）。

(2)“预收账款”项目金额＝应收账款所属明细科目的贷方余额＋预收账款所属明细科目的贷方余额 ＝100 000＋50 000＋80 000＝230 000（元）。

(3)“应付账款”项目金额＝应付账款所属明细科目的贷方余额＋预付账款所属明细科目的贷方余额 ＝280 000＋220 000＋7 000＝507 000（元）。

(4)“预付账款”项目金额＝预付账款所属明细科目的借方余额＋应付账款所属明细科目的借方余额 ＝100 000＋150 000＝250 000（元）。

4. 根据总分类账户和明细账户计算分析填列

资产负债表中的有些项目需要根据总分类账户和明细账户的余额分析填列。例如：长期借款项目应根据“长期借款”总分类账户贷方余额扣除“长期借款”所属明细账户中反映的将于一年内到期的长期借款部分分析计算填列。这些项目有：长期应收款、长期待摊费用、长期借款、应付债券、长期应付款等。

【例 2—86】 某企业 2014 年 12 月 31 日结账后，长期借款情况如表 2—116 所示。

表 2—116 **长期借款情况表** **单位：元**

借款日期	借款期限	借款金额（元）	还款日期
2011 年 6 月 1 日	4 年	200 000	2015 年 5 月 31 日
2012 年 7 月 1 日	5 年	150 000	2017 年 6 月 30 日
2013 年 10 月 1 日	3 年	170 000	2016 年 9 月 30 日

该企业“长期借款”科目余额为 520 000 元，其中有 200 000 元将于一年内到期，所以 12 月 31 日的资产负债表中，“长期借款”项目金额为 320 000 元，“一年内到期的非流动负债”项目金额为 200 000 元。

5. 根据有关资产账户与其备抵账户相减后的净额填列

资产负债表中的有关资产账户应根据原账户与备抵账户相减后的净额填列。例如：“固定资产”项目应根据“固定资产”账户的期末借方余额减去“累计折旧”、“固定资产减值准备”等账户的期末贷方余额填列。这些项目有：持有至到期投资、应收账款、其他应收款、存货、长期股权投资、长期债权投资、在建工程、无形资产等。

【例 2—87】 某企业 2014 年 12 月 31 日结账后，“固定资产”科目借方余额为1 800 000元，“累计折旧”科目贷方余额为 250 000 元，“固定资产减值准备”科目贷方余额为 5 000元。

则资产负债表中，“固定资产”项目金额＝1 800 000－250 000－5 000＝1 545 000 元。

（三）资产负债表编制举例

【例 2—88】 Y 股份公司 2013 年 12 月 31 日的资产负债表（年初数略）以及 2014 年 12 月 31 日有关科目余额分别如表 2—117、表 2—118 所示。

根据上述资料，编制该公司 2014 年 12 月 31 日的资产负债表，如表 2—119 所示。

表 2—117 **资产负债表** **会企 01 表**

编制单位：Y 股份公司 2013 年 12 月 31 日 **单位：元**

资产	行次	期末余额	年初余额	负债和所有者权益	行次	期末余额	年初余额
流动资产：				流动负债：			
货币资金		806 300		短期借款		200 000	
交易性金融资产		20 000		交易性金融负债			
应收票据		246 000		应付票据		150 000	
应收账款		280 000		应付账款		353 800	
预付账款		80 000		预收账款		50 000	
其他应收款		5 000		应付职工薪酬		170 000	
应收利息				应交税费		55 500	
应收股利				应付利息			
存货		2 540 000		应付股利		5 000	
一年内到期的非流动资产				其他应付款		50 000	
其他流动资产				一年内到期的非流动负债			
流动资产合计		3 977 300		其他流动负债			
非流动资产：				流动负债合计		1 034 300	
可供出售金融资产				非流动负债：			
持有至到期投资		200 000		长期借款		500 000	
长期应收款			略	应付债券			
长期股权投资		200 000		递延所得税负债			
固定资产		900 000		其他非流动负债			
在建工程		1 000 000		非流动负债合计			
工程物资				负债合计		1 534 300	
固定资产清理				所有者权益（或股东权益）：			
无形资产		400 000					
商誉				实收资本（或股本）		4 700 000	
长期待摊费用				资本公积		100 000	
递延所得税资产				盈余公积		150 000	
其他非流动资产		100 000		未分配利润		93 000	
非流动资产合计		2 600 000		所有者权益（或股东权益）合计		5 043 000	
资产总计		6 577 300		负债及所有者权益总计		6 577 300	

表 2—118 **科目余额表**

2014 年 12 月 31 日 单位：元

总分类科目	明细科目	借方余额	贷方余额	总分类科目	明细科目	借方余额	贷方余额
库存现金		6 500		短期借款			10 000
银行存款		1 350 000		应付票据			20 000
其他货币资金		8 000		应付账款			350 000
					——X公司	150 000	
					——Y公司		280 000
					——Z公司		220 000

续前表

总分类科目	明细科目	借方余额	贷方余额	总分类科目	明细科目	借方余额	贷方余额
交易性金融资产		10 000		预收账款			50 000
					——C企业	30 000	
					——D企业		80 000
应收票据		45 000		应付职工薪酬			210 000
应收账款		500 000					
	——甲企业	400 000					
	——乙企业	250 000					
	——丙企业		100 000				
	——丁企业		50 000				
预付账款		93 000		坏账准备			2 000
	——A公司	100 000					
	——B公司		7 000				
其他应收款		5 000		应交税费			63 000
生产成本		48 000		其他应付款			30 000
在途物资		230 000					
原材料		76 000		应付股利			1 500
库存商品		1 370 000		长期借款			520 000
					一年内到期的长期借款		200 000
				实收资本			4 700 000
持有至到期投资		200 000		资本公积			100 000
	一年内到期的债券投资	80 000					
固定资产		1 800 000		盈余公积			200 000
工程物资		150 000		利润分配	——未分配利润		190 000
在建工程		350 000		累计折旧			250 000
无形资产		360 000		固定资产减值准备			5 000
其他长期资产		100 000					
合计		6 701 500		合计			6 701 500

表 2—119 **资产负债表** **会企 01 表**

编制单位：Y股份公司 2014 **年** 12 **月** 31 **日** **单位：元**

资产	行次	期末余额	年初余额	负债和所有者权益	行次	期末余额	年初余额
流动资产：				流动负债：			
货币资金		1 364 500	806 300	短期借款		10 000	200 000
交易性金融资产		10 000	20 000	交易性金融负债			
应收票据		45 000	246 000	应付票据		20 000	150 000
应收账款		678 000	280 000	应付账款		507 000	353 800
预付款项		250 000	80 000	预收款项		230 000	50 000

续前表

资产	行次	期末余额	年初余额	负债和所有者权益	行次	期末余额	年初余额
其他应收款		5 000	5 000	应付职工薪酬		210 000	170 000
应收利息				应交税费		63 000	55 500
应收股利				应付利息			
存货		1 724 000	2 540 000	应付股利		1 500	5 000
一年内到期的非流动资产		80 000		其他应付款		30 000	50 000
				一年内到期的非流动负债		200 000	
其他流动资产				其他流动负债			
流动资产合计:		4 156 500	3 977 300	流动负债合计		1 271 500	1 034 300
非流动资产:				非流动负债:			
可供出售金融资产				长期借款		320 000	500 000
持有至到期投资		120 000	200 000	应付债券			
长期应收款				递延所得税负债			
长期股权投资				其他非流动负债			
固定资产		1 545 000	200 000	非流动负债合计			
在建工程		350 000	900 000	负债合计		1 591 500	1 534 300
工程物资		150 000	1 000 000	所有者权益（或股东权益）:			
固定资产清理							
无形资产		360 000	400 000	实收资本（或股本）		4 700 000	4 700 000
商誉				资本公积		100 000	100 000
长期待摊费用				盈余公积		200 000	150 000
递延所得税资产				未分配利润		190 000	93 000
其他非流动资产		100 000	100 000	所有者权益（或股东权益）合计		5 190 000	5 043 000
非流动资产合计		2 625 000	2 600 000				
资产总计		6 781 500	6 577 300	负债及所有者权益总计		6 781 500	6 577 300

表2—119中数据的来源：年初全额来源于表2—117中的数据，期末余额主要根据表2—118进行计算填列。

三、利润表的编制

（一）利润表的内容和结构

1. 利润表的内容

利润表是由收入、费用、利润三个会计要素组成的，是反映企业在一定会计期间经营成果的报表。由于它反映的是企业某一期间的情况，因此又称为动态报表。

利润表分项列示了企业在一定会计期间因销售商品、提供劳务、对外投资等所取得的各项收入，以及与各项收入相对应的费用、损失，并将收入和费用相配比，计算出企业的净利润。通常，利润表按各项收入、费用以及构成利润的各个项目分项列示。收入通常按其重要性进行列示，主要指主营业务收入、其他业务收入、公允价值变动收益、投资收益、营业外收入；费用按其性质进行列示，主要指主营业务成本、营业税金及附加、其他业务成本、销售费用、管理费用、财务费用、营业外支出、所得税费用等。这里的收入和费用概念应从广义上加以理解。

2. 利润表的结构

利润表的结构是由其反映的基本内容决定的，按照“收入－费用＝利润”这一平衡关系，形成了利润表的基本结构。

利润表一般包括表首、正表两部分。表首有报表名称、编制单位、编制日期、报表编号、货币名称、计量单位等；正表是利润表的主体，反映形成企业经营成果的各个项目，各个项目又分为“本期金额”和“上期金额”两栏。

利润表正表的结构一般有两种：单步式利润表和多步式利润表。单步式利润表是将当期所有的收入列在一起，所有的费用列在一起，二者相减，即计算出企业的当期利润，单步式利润表计算简单，如表 2—120 所示。

表 2—120　　　　利润表（单步式）

项目	金额
收入：	
营业收入	
公允价值变动收益	
投资收益	
营业外收入	
收入合计	
减：成本与费用	
营业成本	
营业税金及附加	
销售费用	
管理费用	
财务费用	
投资损失	
营业外支出	
所得税费用	
净利润	

多步式利润表是按照企业利润的构成内容，分层次、分步骤地逐项计算编制，能够分层次地提供利润总额的构成，通常可分为以下几步：

(1) 营业利润。从营业收入开始，减去为取得营业收入而发生的营业成本、营业税金及附加、期间费用（销售费用、管理费用、财务费用），加（减）公允价值变动收益（变动损失），加（减）投资收益（投资损失）后，得出企业的营业利润。

(2) 利润总额（或亏损总额）。利润总额（或亏损总额）是在营业利润的基础上，加上营业外收入，减去营业外支出后得出。

(3) 净利润（或净亏损）。净利润（或净亏损）是在利润总额（或亏损总额）的基础上，减去本期计入损益的所得税费用后得出。

多步式利润表最大的优点是：利润的构成内容非常清楚，排列方式上体现了配比原则，提供的会计信息便于多层次地进行财务分析，较好地满足了各信息使用者的信息需求。我国当前所采用的是多步式利润表，具体格式如表 2—121 所示。

表 2—121 利润表（多步式）

会企 02 表

编制单位： 年 月 单位：元

项目	行次	本期金额	上期金额
一、营业收入			
减：营业成本			
营业税金及附加			
销售费用			
管理费用			
财务费用			
加：公允价值变动收益（损失以“—”号填列）			
投资收益（损失以“—”号填列）			
其中：对联营企业和合营企业的投资收益			
二、营业利润（亏损以“—”号填列）			
加：营业外收入			
减：营业外支出			
其中：非流动资产处置损失			
三、利润总额（亏损以“—”号填列）			
减：所得税费用			
四、净利润（净亏损以“—”号填列）			
五、每股收益			
（一）基本每股收益			
（二）稀释每股收益			

（二）利润表的编制方法

利润表一般应根据期末结转前各损益类账户本期发生额计算填列。按照多步式利润表的格式，利润表中的“本期金额”和“上期金额”两栏填列方法如下：

1. 报表中“本期金额”一栏

该栏反映各项目本期实际发生数，在编制利润表时，根据各账户的本期发生额分析填列，具体操作方法如下：

(1) 按照各有关账户的本期实际发生额填列，主要包括：“营业税金及附加”、“销售费用”、“管理费用”、“财务费用”、“公允价值变动收益”（损失在金额前加“—”号填列）、“投资收益”（损失在金额前加“—”号填列）、“营业外收入”、“营业外支出”和“所得税费用”。

(2) 按照各有关账户的本期实际发生额之和填列，主要包括：“营业收入”、“营业成本”项目。“营业收入”项目根据“主营业务收入”和“其他业务收入”两个账户本期发生额之和填列，“营业成本”项目根据“主营业务成本”和“其他业务成本”两个账户本期发生额之和填列。

(3)“营业利润”、“利润总额”、“净利润”三个项目，按照其所属加减项目计算填列。

2. 报表中“上期金额”一栏

利润表“上期金额”栏内各项数字，应根据上年该企业利润表“本期金额”栏内所列数字填列。如果上期利润表的项目名称和内容与本期利润表不一致，应对上期利润表项目的名称和数字按本期的规定进行调整，填入本期利润表“上期金额”栏内。

（三）利润表编制举例

【例 2—89】W 公司 2014 年度各损益类账户本年发生额和 2013 年度利润表分别如表 2—122、表 2—123 所示。

表 2—122 **账户发生额表**

2014 **年度** **单位：元**

账户名称	2014 年度发生额	
	借方	贷方
主营业务收入		490 000
其他业务收入		150 000
投资收益		40 000
营业外收入		5 000
主营业务成本	320 000	
营业税金及附加	5 000	
其他业务成本	90 000	
销售费用	3 000	
管理费用	40 000	
财务费用	2 000	
营业外支出	1 000	
所得税费用	55 250	

表 2—123 **利润表** **会企 02 表**

编制单位：W 公司 2013 **年** 12 **月** **单位：元**

项目	行次	本期金额	上期金额
一、营业收入		330 000	略
减：营业成本		222 000	略
营业税金及附加		3 000	略
销售费用		2 000	略
管理费用		15 000	略
财务费用		1 000	略
加：公允价值变动收益（损失以“—”号填列）			略
投资收益（损失以“—”号填列）		23 000	略
其中：对联营企业和合营企业的投资收益			略
二、营业利润（亏损以“—”号填列）		110 000	略
加：营业外收入		9 000	略
减：营业外支出		1 000	略
其中：非流动资产处置损失			略
三、利润总额（亏损以“—”号填列）		118 000	略
减：所得税费用		29 500	略
四、净利润（净亏损以“—”号填列）		88 500	略
五、每股收益			
（一）基本每股收益			
（二）稀释每股收益			

根据上述资料，编制 W 公司 2014 年度的利润表，如表 2—124 所示。

表 2—124 **利润表** **会企 02 表**

编制单位：W 公司 2014 **年** 12 **月** **单位：元**

项目	行次	本期金额	上期金额
一、营业收入		640 000	330 000
减：营业成本		410 000	222 000
营业税金及附加		5 000	3 000
销售费用		3 000	2 000
管理费用		40 000	15 000
财务费用		2 000	1 000
加：公允价值变动收益（损失以“—”号填列）			
投资收益（损失以“—”号填列）		40 000	23 000
其中：对联营企业和合营企业的投资收益			
二、营业利润（亏损以“—”号填列）		220 000	110 000
加：营业外收入		5 000	9 000
减：营业外支出		4 000	1 000
其中：非流动资产处置损失			
三、利润总额（亏损以“—”号填列）		221 000	118 000
减：所得税费用		55 250	29 500
四、净利润（净亏损以“—”号填列）		165 750	88 500
五、每股收益			
（一）基本每股收益			
（二）稀释每股收益			

知识测试

一、判断题

1. 财务会计报告是由单位根据经过审核的记账凭证填制的。（　　）

2. 利润表是反映一定日期经营成果的会计报表。（　　）

3. 在实际工作中，为使会计报表及时报送，可以提前结账。（　　）

4. 资产负债表中的“货币资金”项目应根据“银行存款”、“库存现金”和“其他货币资金”账户的期末余额填列。（　　）

5. 中期财务报表是指半年度财务报表。（　　）

6. 营业利润减去期间费用后即是利润总额。（　　）

7. 资产负债表中的“长期借款”项目应根据“长期借款”项目期末余额直接填列。（　　）

8. 会计档案保管期限届满后，会计人员便可销毁会计档案。（　　）

9. 银行存款余额调节表也属于会计档案。（　　）

10. 会计档案定期保管的期限应为 5～25 年。（　　）

二、单项选择题

1. 下列报表项目可以直接填列的有（　　）。

A. 应付职工薪酬　B. 应收账款　C. 货币资金　D. 预付账款

2. 下列会计报表中，反映某一会计主体特定时点财务状况的报表是（　　）。

A. 资产负债表　B. 利润表

C. 所有者权益变动表　D. 现金流量表

3. 我国企业资产负债表的格式主要采用（　　）。

A. 账户式　B. 报告式　C. 单步式　D. 多步式

4. 期末，“预收账款”所属明细账户如果出现借方余额，编制资产负债表时应将其填列在（　　）。

A. 应付账款　B. 预付账款　C. 应收账款　D. 预收账款

5. 下列资产负债表项目中，需要根据几个总账账户的期末余额进行汇总填列的是（　　）。

A. 应付职工薪酬　B. 短期借款　C. 存货　D. 盈余公积

6. 企业年末“应付账款”所属明细账户有贷方余额 50 000 元，借方余额 20 000 元，则年末编制资产负债表时“应付账款”项目的金额是（　　）。

A. 50 000 元　B. 20 000 元　C. 70 000 元　D. 30 000 元

7. 资产负债表中的资产项目，一般以（　　）标准进行排列。

A. 盈利性　B. 时间长短　C. 收益性　D. 流动性

8. 会计报表编制的依据是（　　）。

A. 原始凭证　B. 记账凭证　C. 科目汇总表　D. 账簿记录

9. 年度会计报表的保存期限为（　　）。

A. 15 年　B. 5 年　C. 25 年　D. 永久

三、多项选择题

1. 资产负债表中的存货项目包括（　　）。

A. 原材料　B. 工程物资　C. 生产成本　D. 库存商品

2. 下列各项中，不能直接根据总分类账户的期末余额填列的项目有（　　）。

A. 固定资产　B. 应付账款　C. 长期待摊费用　D. 应付票据

3. 影响企业营业利润的要素包括（　　）。

A. 投资收益　B. 营业外收入　C. 其他业务收入　D. 财务费用

4. 会计报表按报送对象可分为（　　）。

A. 对外会计报表　B. 对内会计报表　C. 个别会计报表　D. 合并会计报表

5. 下列影响利润总额计算的项目有（　　）。

A. 营业收入　B. 营业外收入　C. 投资收益　D. 所得税费用

6. 企业中期会计报表至少应包括（　　）。

A. 资产负债表　B. 利润表　C. 现金流量表　D. 所有者权益变动表

7. 下列各项中，属于资产负债表流动资产项目的有（　　）。

A. 存货　B. 预付账款　C. 货币资金　D. 交易性金融资产

8. 多步式利润表是通过多步计算出当期利润，一般将其计算过程划分为（　　）等进行。

A. 营业收入　　B. 营业利润　　C. 利润总额　　D. 净利润

四、业务计算题

1. 根据以下资料，填写资产负债表中的有关项目。

资料：某公司 2010 年 12 月 31 日有关账户余额如表 2—125 所示：

表 2—125　　　　**账户余额表**　　　　**单位：元**

总分类科目	明细科目	借方余额	贷方余额
库存现金		7 600	
银行存款		853 400	
应收账款		300 000	
	——A 企业	40 000	
	——B 企业		100 000
应付账款			200 000
	——C 企业	50 000	
	——D 企业		150 000
预收账款			60 000
	X 公司		60 000
预付账款		80 000	
	Y 公司	80 000	
原材料		86 000	
生产成本		53 000	
库存商品		340 000	

要求：根据以上资料，填写资产负债表中“货币资金”、“应收账款”、“预收账款”、“应付账款”、“预付账款”、“存货”项目。

2. 某公司 2009 年 12 月 31 日部分总账及其所属的明细账余额如表 2—126 所示：

表 2—126　　　　**账户余额表**　　　　**单位：元**

总分类账户	余额		明细分类账户	余额	
	借方	贷方		借方	贷方
原材料	60 000				
在途物资	20 000				
库存商品	40 000				
生产成本	30 000				
应收账款	80 000		甲公司	86 000	
			乙公司		6 000
预收账款		40 000	A 公司		60 000
			B 公司	20 000	
应交税费		17 000	应交增值税		17 000
短期借款		80 000			

要求：(1) 根据上述资料计算并填列资产负债表（见表 2—127）中的空白项目。

表 2—127

资产负债表（简化格式）

2009 年 12 月 31 日

单位：元

资产	金额	负债及所有者权益	金额
		短期借款	（ ）
		预收账款	（ ）
货币资金	150 000	应付账款	80 000
应收账款	（ ）	应交税费	（ ）
存　货	（ ）		
固定资产	411 000		
		实收资本	600 000
		未分配利润	—20 000
资产总计	823 000	负债及所有者权益总计	823 000

（2）回答下列问题：

表中“未分配利润”项目“—20000 元”反映的内容是（　　）。

A. 本年未实现的利润　　B. 本年未分配的利润

C. 累计未弥补的亏损　　D. 本年 12 月份未实现的利润

3. 某企业 2009 年 1 月 1 日至 12 月 31 日损益类科目累计发生额如下：

主营业务收入 3 750 万元（贷方）　　主营业务成本 1 375 万元（借方）

营业税金及附加 425 万元（借方）　　销售费用 500 万元（借方）

管理费用 250 万元（借方）　　财务费用 250 万元（借方）

投资收益 500 万元（贷方）　　营业外收入 250 万元（贷方）

营业外支出 200 万元（借方）　　其他业务收入 750 万元（贷方）

其他业务成本 450 万元（借方）　　所得税费用 600 万元（借方）

要求：计算该企业 2009 年的营业利润、利润总额和净利润。

4. 根据以下资料，编制利润表。

资料：某公司 2009 年 12 月 31 日各损益类账户全年累计发生额如表 2—128 所示：

表 2—128

账户全年累计发生额

单位：元

总分类账户	借方发生额	贷方发生额
主营业务收入		1 300 000
其他业务收入		150 000
投资收益		50 000
营业外收入		30 000
主营业务成本	8 200 000	
营业税金及附加	36 000	
其他业务成本	110 000	
销售费用	5 000	
管理费用	116 500	
财务费用	2 000	
营业外支出	18 000	

要求：根据以上资料编制利润表（该企业所得税税率为 25%）。

项目三
财务分析基础

任务1 认识财务分析

技能目标

1. 围绕分析目标能准确收集、整理分析资料；
2. 能熟练运用各种财务分析方法。

知识目标

1. 理解财务分析的内涵；
2. 理解各财务分析主体进行财务分析的不同目的；
3. 熟悉各种财务分析方法。

一、财务分析的作用

财务分析是以会计报表及其他相关资料为依据，运用一定的方法和手段，对企业等经济组织过去和现在的偿债能力、营运能力、盈利能力和发展能力状况等进行分析与评价的经济管理活动。财务分析以财务报表为主要依据，是在财务报表所披露信息的基础上，进一步提供和利用信息，揭示有关指标之间的关系及变化趋势，以便对企业的财务活动和有关经济活动作出评价和预测，从而为报表使用者进行相关经济决策提供直接、相关的信息，是财务报表编制工作的延续和发展。投资者、债权人、经营者及其他关心企业的组织或个人通过财务分析可以了解企业过去、评价企业现状、预测企业未来，从而为作出正确决策提供准确的信息或依据。

财务分析既是财务预测的前提，又是过去经营活动的总结，具有承上启下的作用。

（一）财务分析是评价财务实力及经营业绩的重要依据

通过财务分析，可以了解企业偿债能力、营运能力、盈利能力、发展能力和现金流量状况，合理评价经营者的经营业绩，以奖优罚劣，促进企业管理水平的提高。

（二）可以挖掘企业潜力，寻求提高企业经营管理水平和经济效益的途径

通过财务分析，不断挖掘潜力，从各方面揭露矛盾，找出差距，充分认识未被利用的人力、物力资源，寻找利用不当的原因，促进企业经营活动围绕企业价值最大化目标开展。

（三）财务分析是实施正确投资决策的重要步骤

投资者通过财务分析，可以了解企业获利能力、偿债能力，从而进一步预测投资后的

收益水平和风险程度，以作出正确的投资决策。

总之，财务分析是采用特定的方法和手段将报表数据转化为对特定决策有用的信息，是连接财务报表和使用者的桥梁和纽带，其实质是对财务会计报告所提供的会计信息进行进一步加工、利用的过程。

二、财务分析的目的

财务分析的目的是进行财务分析的最终目标，财务分析的最终目标是为财务报表使用者作出相关决策提供可靠的依据。财务分析的一般目的可以概括为：评价过去的经营业绩、衡量现在的财务状况、预测未来的发展趋势。

一般来说，与企业有着经济利益的企业经营者、投资者、债权人以及其他与企业经济利益有关系的单位或个人都是财务分析的主体。这些分析者的利益侧重点不同，他们站在各自的立场上，对目标企业的财务状况、现金流量和经营成果进行分析与评价，从而为自己的决策服务，因而他们进行财务分析的具体目的也是各不相同的。

（一）企业经营管理者

企业经营管理是一项复杂的系统工程。企业经营管理者务必要迅速获得企业的重要财务信息，以便采取必要的措施和有效方法，应对瞬息万变的环境，而进行财务分析是经营管理者得到各项财务信息的有效途径。

企业经营管理者进行财务分析的目的是多方面的。具体来说，企业经营管理者财务分析的目的是：（1）通过财务分析，将错综复杂的会计数字转化为简单明了的财务信息，以增强财务会计资料对经营管理者的有用性；（2）通过财务分析，使经营管理者了解企业目标完成情况及目前财务状况，并进一步了解影响企业经营目标完成的好坏以及财务状况优劣的原因，以便经营管理者采取措施，改进工作；（3）通过财务分析，为经营管理者预测未来的发展前景，作出正确的经营决策提供可靠的财务信息。

（二）企业投资者

企业投资者包括企业现在的投资者和潜在的投资者。他们投资的目标都是分享企业的利润。因此，考察企业的盈利能力是投资者进行财务分析的根本目标。不过，投资者仅关心盈利能力是不够的，企业在经营过程中往往还伴随着经营风险，这就意味着投资者也面临着投资风险。因此，投资者还要对企业的经营方式、投资风险和收益稳定性进行财务分析，这些信息有助于他们预测企业未来的发展前景，作出新的投资决策。例如：潜在投资者是否向企业投资，企业现在的投资者是否保持现有投资或追加新的投资等。

（三）企业债权人

债权人是指向企业提供债务资金的经济组织或个人。债权人在决定是否向企业提供资金之前，必须通过债务人的会计报表，分析与评价企业的偿债能力，要求企业具备按时、足额还本付息的能力。因此，银行或其他金融机构等债权人在决定是否对某一企业贷款时，必然审慎分析借款企业的财务状况。

对于短期债权人，财务分析的目的在于了解借款企业的短期财务状况、短期偿债能力及存货周转情况等，以便决定是否发放贷款、收回贷款或停止贷款。短期债权人关心企业财务状况（偿债能力）超过企业的经营效益（盈利能力）。

对于长期债权人，一般较重视借款企业未来较长期间的偿债能力。其财务分析的目的在于根据借款企业现在的经营情况和财务状况，预测其未来较长期间的偿债能力、经营前景以及企业在竞争中的应变能力，以便作出对借款企业是否长期贷款的决策。

（四）注册会计师和审计人员

注册会计师和审计人员通过财务分析来了解被审计单位及其环境，发现审计线索，实施审计程序。注册会计师对会计报表分析的目的主要是判断企业财务状况和经营成果的真实性与合理性，并将分析的结果作为全面分析及评价企业会计报表是否可靠的依据。

（五）其他企业利益相关者

除了上述人员外，其他相关部门或单位也会出于各自的需要关注企业的财务报表，主要包括财政部门、财政机关、企业主管部门、国有资产管理部门、企业的供应商和客户等。例如：财政部门通过了解企业的财务状况，掌握企业资金的流向，制定相应的财政政策来规范企业的发展；税务部门采用特定的财务分析方法，了解企业纳税所得是否合理，计税方法是否正确，应纳税额是否及时上交；企业主管部门通过对企业的财务分析，监督所辖企业各项计划（预算）指标的执行情况，以便作出综合平衡；国有资产管理部门主要通过企业会计报表的分析，掌握国有资产的运用效率与投资报酬率，从投资者角度研究分析企业的财务状况与经营成果；企业的供应商和客户需要分析企业的存货周转情况、支付能力和偿债能力等，了解企业的财务状况，判断企业的信用额度，从而确定是否与企业进行交易，交易后能否及时收回各种款项。

三、财务分析的内容

财务分析是由不同的使用者进行的，他们各自既有不同的分析重点，又有共同的要求。财务分析的基本内容主要包括以下几个方面：

（一）偿债能力分析

偿债能力是指企业及时、足额偿还债务的能力，包括短期偿债能力和长期偿债能力。由于短期债务是企业日常经营活动中弥补营运资金不足的一个重要来源，通过分析有助于判断企业短期资金的营运能力以及营运资金的周转状况。通过对长期偿债能力的分析，不仅可以判断企业的经营状况，还可以促使企业提高融通资金的能力。从债权人的角度来看，通过偿债能力分析，有助于了解其贷款的安全性，以确保其债务本息能够及时、足额地得以偿还。

（二）营运能力分析

营运能力分析主要是对企业所运用的资产进行全面分析，分析企业各项资产的使用效果、资金周转的快慢以及挖掘资金的潜力，以提高资金的使用效果。企业营运状况直接关系到资本增值的程度，关系到企业生产经营的成败。

（三）盈利能力分析

盈利能力分析主要是通过将资产、负债、所有者权益与经营成果相结合来分析企业的各项报酬率指标，从不同角度判断企业的获利能力，分析企业利润目标的完成情况和各年度盈利水平的变动情况，以预测企业盈利前景。

（四）发展能力分析

企业发展能力是指企业未来发展趋势与发展速度，包括企业规模的扩大、利润和所有者权益的增加。企业发展能力是随着市场环境的变化，企业资产规模、盈利能力、市场占有率持续增长的能力，反映了企业未来的发展前景。

（五）财务综合分析

所谓财务综合分析，就是将企业偿债能力、营运能力、盈利能力和发展能力等方面的分析纳入一个有机的分析系统之中，全面地对企业财务状况、经营状况进行解剖和分析，从而对企业经济效益作出较为准确的评价与判断。它通常是采用多种财务评价指标，通过归纳综合，从整体上对企业的财务状况进行系统评价的方法。常用的综合分析方法有杜邦分析法、沃尔评分法等。

在以上各个方面的财务分析中，偿债能力是财务目标实现的稳健保证，营运能力是财务目标实现的物质基础，盈利能力和发展能力是它们共同作用的结果，各方面相辅相成，共同构成企业财务分析的基本内容。

小知识： 财务分析的起源

财务分析始于19世纪末至20世纪初期的美国，财务报表分析是美国工业发展的产物。在美国工业大发展之前，企业规模较小，银行根据个人信用贷款。然而随着经济的发展，企业的业务日益扩大，组织日趋庞大与复杂，所需资金增加，向银行贷款的数额也相应增加。若企业倒闭，则连累银行也要破产。于是，银行家们就更关注企业的财务状况，特别是偿债能力。财务分析就应运而生。

四、财务分析的依据

财务分析的依据（资料）一般来说可以分为：财务会计报告和财务会计报告以外的有关资料。前者是财务分析的主要资料，后者是财务分析的辅助资料。

（一）财务会计报告

如前所述，财务分析要以企业财务会计报告为基础。财务会计报告由会计报表、会计报表附注和财务情况说明书构成。

会计报表包括资产负债表、利润表、现金流量表及相关附表。会计报表附注是为了便于会计报表使用者了解会计报表的内容而对会计报表的编制基础、编制依据、编制原则和编制方法，以及主要项目等所做的解释。财务情况说明书是对企业一定会计期间内财务、成本等情况分析总结的书面文字报告，也是财务会计报告的重要组成部分，它全面展示了企业生产经营、业务活动情况，分析并总结了经营业绩和存在的问题及不足，是企业财务会计报告使用者，特别是单位负责人和国家宏观管理部门了解和考核企业生产经营活动和业务活动开展情况的重要资料。

（二）财务会计报告以外的有关资料

除了财务会计报告，财务分析所用的资料一般还包括：

1. 国家有关经济政策和法律规范

这方面的信息主要包括产业政策、信贷政策、财政政策、货币政策、分配政策、税务法规、财务法规、金融法规等。财务分析者会从企业的行业性质、组织形式等方面分析企业对政策、法规的敏感程度，以合理揭示经济政策调整及法律法规变化对企业财务状况与经营业绩的影响。例如：在供过于求的情况下，宏观政策会导致货币发行量收缩，利率提高，使得企业获得资金的可能性减少，资金成本增加。企业扩大再生产受到资金的制约，产品供过于求的局面会适当缓解。当经济较为低迷、疲软时，政府就会降低利率，增加货币投放量，降低贷款门槛，增加贷款范围，以此来刺激企业发展生产，提高效益，活跃社会经济。

2. 市场信息

企业要不断提高经济效益，保证经营状况和财务状况不断改善，必须面向市场、进入市场，才能在市场竞争中立于不败之地。外部市场主要包括消费品市场、生产资料市场、资本市场、劳动力市场、技术市场等。例如：商品供求与价格会影响企业的销量与利润；劳动力供求与价格会影响企业资本结构与资本成本，影响企业的人工费用，进而影响企业效益。因此，在进行企业财务分析时，必须关注各种市场信息，以便能从市场环境的变化中揭示企业财务状况的成因及其变化趋势。

3. 行业信息

财务分析必须关注行业平均水平与先进水平信息。因为财务业绩和财务潜力都是相对的，必须通过时间上的纵向比较与空间上的横向比较，才能予以客观评价和揭示。其中，纵向比较就是将同一企业不同时期的相关财务指标进行比较，从指标的动态变化上评价业绩和揭示潜力。这种比较的有关信息主要来源于企业内部。而横向比较主要是将企业的财务指标与同行业平均水平和先进水平以及国家统一规范的评价标准相比较，确定财务状况和经营业绩的行业差距，据以评价财务业绩和揭示财务潜力。另外，在分析行业先进水平和平均水平的同时，还要关注行业前景信息，即市场前景和政策前景。其中，市场前景是指行业所经营项目在市场需求及价格方面的变动趋势。若趋势看好，企业的财务状况与经营业绩有望持续、稳定地发展，企业的财务状况和经营业绩也会因此而获得不断优化的潜力和空间；否则，必然导致其经营发展受限制。因此，要合理预测企业财务状况与经营业绩的变化趋势，为决策者提供可靠的决策依据，必须关注行业信息。

此外，财务分析所用的其他资料还包括：与财务分析有关的定额、计划、统计和业务等方面的资料，会计师事务所出具的审计报告。上市公司财务分析所用的资料还包括招股说明书、上市公告、定期报告、临时公告等。

这些信息资料的主要来源是报纸杂志和互联网。例如：要收集上市公司信息资料，可查阅《中国证券报》、《上海证券报》和《证券时报》等报刊；或登录上海证券交易所网站（http：//www. sse. com. cn/）、深圳证券交易所网站（http：//www. szse. cn/）、中国上市公司资讯网（http：//www. cnlist. com/）等网站。要收集我国宏观信息或行业的信息资料，可登录一些政府网站，如国家统计局网站（http：//www. stats. gov. cn/）、国家发展和改革委员会网站（http：//www. sdpc. gov. cn/）、中国人民银行网站（http：//www. pbc. gov. cn/）、国家外汇管理局网站（http：//www. safe. gov. cn/）、中国行业研究网（http：//www. chinairn. com/）等。

五、财务分析的方法

（一）趋势分析法

趋势分析法是将不同时期财务报告中的相同指标或比率进行比较，直接观察其增减变动情况及变动幅度，考察其发展趋势，预测其发展前景。具体的分析方法包括定基比率和环比比率两种方法。

1. 定基比率

定基比率是用某一时期的数值作为固定的基期指标数值，将其他的各期数值与其对比来分析。其计算公式为：

定基比率＝分析期数值÷固定基期数值×100％

【例 3—1】假设以 2012 年为固定基期，分析 2013 年、2014 年利润增长比率。某企业 2012 年的净利润为 100 万元，2013 年的净利润为 120 万元，2014 年的净利润为 150 万元。则：

2013 年的定基比率＝120÷100×100％＝120％

2014 年的定基比率＝150÷100×100％＝150％

2. 环比比率

环比比率是分别以上一时期数值为基数，下一时期数值与上一时期数值进行比较而计算出来的比率。其计算公式为：

环比比率＝分析期数值÷前期数值×100％

【例 3—2】资料同【例 3—1】。

2013 年的环比比率＝120÷100×100％＝120％

2014 年的环比比率＝150÷120×100％＝125％

在采用趋势分析法时，必须注意以下问题：用于进行对比的各个时期的指标在计算口径上必须一致；必须剔除偶发性项目的影响，使作为分析的数据能反映正常的经营状况；应用例外原则，即对某项有显著变动的指标作重点分析，研究其产生的原因，以便采取对策，趋利避害。

（二）比较分析法

比较分析法是通过实际数与基数的对比来揭示实际数与基数之间的差异，借以提示其增减金额及增减幅度，从中找出差距，判断优劣。也就是将报表中的各项数据，与计划、前期、其他企业等同类数据进行比较。在对比分析中，只有选择合适的对比标准，才能作出客观的评价，反之，评价可能得出错误的结论。

财务分析中经常使用的比较标准有以下几种：

1. 公认标准

公认标准是对各类企业不同时期都普遍适用的指标评价标准。典型的公认标准如流动比率为 2、速动比率为 1，利用这些标准能揭示企业短期偿债能力及财务风险的一般状况。

2. 行业标准

行业标准是反映某行业水平的指标评价标准。在比较分析时，既可以用本企业财务指标与同行业平均水平指标对比，又可以用本企业财务指标与同行业先进水平指标对比，还可以用本企业财务指标与同行业公认标准指标对比。通过行业标准指标比较，有利于揭示本企业在同行业中所处的地位及存在的差距。

3. 目标标准

目标标准是反映本企业目标水平的指标评价标准。当企业的实际财务指标达不到目标标准时，应进一步分析原因，以便改进财务管理工作。

（三）比率分析法

比率分析法是在同一张财务报表的不同项目或不同类别之间，或在不同财务报表的有关项目之间，用两项相关数值的比率反映它们之间的关系，揭示企业财务状况和经营成果的一种分析方法。比率分析法以其简单、明了、可比性强等优点在财务分析实践中被广泛采用。比率指标的类型主要有构成比率、效率比率和相关比率三类。

1. 构成比率

构成比率又称结构比率，是某项财务指标的各组成部分数值占总体数值的百分比，反映了部分与总体的关系。利用构成比率，可以考察总体中某个部分的形成和安排是否合理，以便协调各项财务活动。

【例 3—3】某企业 2014 年期末存货为 100 万元，流动资产总额为 200 万元，则：

存货占流动资产的比例＝100÷200×100％＝50％

2. 效率比率

效率比率是某项财务活动中所费与所得的比率，反映了投入与产出的关系，如利润率类指标。利用效率比率指标，可以进行得失比较，考察经营成果，评价经济效益。

【例 3—4】某企业 2014 年销售收入为 1 000 万元，利润为 200 万元，则：

销售利润率＝200÷1 000×100％＝20％

3. 相关比率

相关比率是将某个项目和与其有关但又不同的项目加以对比所得的比率，反映有关经济活动的相互关系。如周转率类指标。

【例3—5】 某企业2014年销售收入为1 000万元，流动资产为200万元，则：

流动资产周转率＝1 000÷200＝5（次）

采用比率分析法时应该注意以下几点：

（1）对比项目的相关性，将不相关的项目进行对比是没有意义的。

（2）对比口径的一致性，即比率的分子项与分母项必须在时间、范围等方面保持口径一致。

（3）衡量标准的科学性，要注意行业因素、生产经营情况差异性等因素。通常而言，科学、合理的对比标准有预定目标、历史标准、行业标准和公认标准。

（4）要注意将各种比率有机联系起来进行全面分析，不可孤立地看某种或某类比率，同时要结合其他分析方法，这样才能对企业的历史、现状和将来有一个详尽的分析和了解，达到财务分析的目的。

（四）因素分析法

因素分析法是依据分析指标与其影响因素之间的关系，按照一定的程序和方法，确定各因素对分析指标差异影响程度的一种技术方法。因素分析法具体有两种：连环替代法和差额分析法。

1. 因素分析法的运用程序

运用因素分析法的一般程序如下：

（1）确定需要分析的指标；

（2）确定影响该指标的各因素以及与该指标的关系；

（3）计算确定各个因素的影响程度。

2. 因素分析法的运用

（1）连环替代法。连环替代法是将分析指标分解为各个可以计量的因素，并根据各个因素之间的依存关系，依次用各因素的比较值（通常为实际值）替代基准值（通常为标准值或计划值），据以测定各因素对分析指标的影响。

【例3—6】 某企业的产品成本资料如表3—1所示：

表3—1 **产品成本资料表**

项目	2014年	2013年
产品产量（件）	1 200	1 000
单位成本（元/件）	11	12
产品总成本（元）	13 200	12 000

要求： 确定各因素变动对产品总成本的影响程度。

解答：

（1）可以将产品总成本影响因素分解为：

总成本＝产品产量×单位成本

（2）确定产品产量变动对成本的影响。

基期总成本＝基期产品产量×基期单位成本＝1 000×12＝12 000（元） （Ⅰ）

用报告期产品产量替换Ⅰ式中的基期产品产量，则：

替换后的总成本＝1 200×12＝14 400（元） （Ⅱ）

用Ⅱ式减去Ⅰ式，即为产品产量变动对总成本的影响额：

产品产量变动对总成本的影响额＝14 400－12 000＝2 400（元）

(3) 确定单位成本变动对成本的影响额。

用报告期单位成本替换Ⅱ式中的基期单位成本，则：

替换后的总成本＝1 200×11＝13 200（元） （Ⅲ）

用Ⅲ式减去Ⅱ式，即为单位成本变动对总成本的影响额：

单位成本变动对总成本的影响额＝13 200－14 400＝－1 200（元）

(4) 计算各因素影响额之和。

各因素对总成本的影响额之和＝2 400－1 200＝1 200（元）

由上述计算可知，企业总成本报告期比基期增加了 1 200 元，是由产品产量和单位成本两因素共同变动引起的。其中，由于产品产量上升而使总成本上升 2 400 元，由于单位成本降低而使总成本减少 1 200 元。

(2) 差额分析法。差额分析法是连环替代法的一种简化形式，是利用各个因素的比较值与基准值之间的差额，来计算确定各因素对分析指标的影响。

【例 3—7】资料同【例 3—6】。

要求：确定各因素变动对产品总成本的影响程度。

解答：

(1) 可以将产品总成本影响因素分解为：

总成本＝产品产量×单位成本

(2) 确定产品产量变动对成本的影响额。

产品产量变动对总成本的影响额＝（1 200－1 000）×12＝2 400（元）

(3) 确定单位成本变动对成本的影响额。

单位成本变动对总成本的影响额＝1 200×（11－12）＝－1200（元）

(4) 确定各因素影响之和。

各因素对总成本的影响额之和＝2 400－12 00＝1 200（元）

3. 因素分析法运用中应注意的问题

(1) 因素分解的关联性。财务指标分解的各个因素一要经济意义明确，二要与分析指标之间具有相关性，必须能够说明分析指标产生差异的内在原因，即它们之间从理论上必须有紧密逻辑联系的实质，而不仅仅是具有数量关系的等式形式。

(2) 因素替代的顺序性。一般的替代顺序为：先替代数量指标，后替代质量指标；先替代主要指标，后替代次要指标。

(3) 顺序替代的连环性。即计算每一个因素变动时，都是在前一次计算的基础上进行，并采用连环比较的方法确定因素变化影响结果，这样才能保证各因素对分析指标影响程度的准确性，且便于检验分析结果的正确性。

(4) 计算结果的假定性。分析某一因素对分析指标的影响时必须假定其他因素不变，只有这样才能准确计算单一因素对分析指标的影响程度。连环替代法计算的各因素变动的影响额，会因替代计算的顺序不同而有差别，即其计算结果只是在这种假定前提下的结果。

（五）使用财务分析方法应注意的问题

财务分析方法对于考察企业经营得失，评价企业财务状况优劣，判断企业经济效益好坏，帮助投资者、债权人等进行决策，都发挥着极大的积极作用。但是，由于财务分析方法在运用中受到资料来源的局限，财务分析与评价的结果不一定绝对准确。因此，在应用这些财务分析方法时，应注意以下几个问题：

1. 财务数据重结果、轻过程

财务报表通常只能说明企业经营结果及效果，而不能详尽说明企业经营的过程及经济效益的实现过程。例如：企业在资产负债表中的期末债务余额，它只能反映出是企业尚未偿还的债务，并不能揭示企业是如何筹措资金，对筹措的资金又是如何加以运用的，是否及时偿还了债务。这就给企业的财务分析带来了很大的局限性。

2. 财务数据的可比性

财务分析就是将财务报表所提供的数据资料进行比较的过程。因此，财务报表数据资料是否具有可比性，对财务分析结果会产生重大影响，如果将不可比的资料硬性进行比较，就很难得出正确的分析结果。而影响财务报表资料及财务分析可比性的因素，主要有计算方法、计价标准、时间跨度和经营规模等，一旦这些条件发生变化而企业在进行财务分析时又未予以考虑，则必然会影响分析结果的正确性。

3. 财务数据的可靠性

财务分析的目的是通过运用一定的分析方法客观、真实地揭示企业经营管理情况，从而为改善经营管理提供可靠的决策信息。而财务报表所提供的数据资料是否真实、可靠，不仅制约于企业的主观因素，而且与会计方法的合理性密切相关。如果会计方法不当，或者过多地掺杂了各种人为的因素，那么财务报表所提供资料的可靠性就缺乏必要的保证。

知识测试

一、单项选择题

1. 债权人是企业财务信息的使用者之一，其最关心的是（　　）。

A. 投资收益率　　B. 资产利用率　　C. 债权的安全　　D. 总资产收益率

2. 投资报酬分析的最主要分析主体是（　　）。

A. 短期债权人　　B. 长期债权人　　C. 上级主管部门　　D. 企业所有者

3. 投资人最关心的财务信息是（　　）。

A. 总资产收益率　　B. 销售利润率　　C. 净资产收益率　　D. 流动比率

4. 财务分析中最常用的一种基本方法是（　　）。

A. 因素分析法　　B. 比较分析法　　C. 比率分析法　　D. 差额分析法

5. 因素替代法的合理替代顺序确定好以后，每次分析时，为保证其可比性，进行测算的替代顺序应该（　　）。

A. 相同　B. 调整　C. 任意　D. 不同

6. 在分析财务信息时，股东最关注（　　）。

A. 企业的社会效益　B. 债权的安全性　C. 企业的经营理财　D. 投资回报率

7. 反映部分与总体关系的比率为（　　）。

A. 相关比率　B. 效率比率　C. 构成比率　D. 互斥比率

8. 下列比率中能够较好地分析评价企业经营状况和经济效益水平的是（　　）。

A. 构成比率　B. 效率比率　C. 相关比率　D. 定基比率

9. 趋势分析法中的环比比率分析是各年数值均与（　　）比较，计算出趋势百分比。

A. 上年数值　B. 第一年数值　C. 各年平均数值　D. 同行业先进数值

10. 结构比率分析法是将会计报表中的某一关键项目作为（　　），再将其余有关项目换算为对关键项目的百分比，以揭示各个项目的相对地位和总体结构关系。

A. 基数　B. 100％　C. 分子　D. 分母

二、多项选择题

1. 企业财务信息的主要使用者有（　　）。

A. 债权人　B. 投资者

C. 国家财政和税务部门　D. 企业本身

2. 财务分析的目标是（　　）。

A. 为企业的经营决策提供依据

B. 为投资者的投资决策提供依据

C. 为债权人的贷款决策提供依据

D. 为政府的宏观经济决策提供依据

3. 比较分析法按比较的标准划分，可分为（　　）。

A. 历史标准　B. 计划标准　C. 评价标准值　D. 国内外先进水平

4. 财务分析的因素分析法可以分为（　　）。

A. 差额分析法　B. 比较分析法　C. 比率分析法　D. 连环替代法

5. 因素分析法的基本特征有（　　）。

A. 因素替代的顺序性　B. 计算过程的假设性

C. 时间单位和长度的假设性　D. 按照因果关系确定影响因素

6. 财务分析的依据主要有（　　）。

A. 真实、系统和完整的数据资料

B. 客观、可靠的实际情况

C. 法律、法规、制度

D. 政府的方针、政策

7. 企业会计报表分析的主体有（　　）。

A. 企业投资者及潜在投资者　B. 企业债权人和客户

C. 企业管理者　D. 注册会计师

8. 下列表述中，正确的有（　　）。
A. 各种会计报表分析方法不能混合使用
B. 各种会计报表分析方法能够混合使用
C. 各种会计报表分析方法相互补充
D. 使用不同分析方法可以得出满足不同需要的分析结果

三、思考题

1. 试分析债权人与投资者进行财务分析的侧重点有何不同。
2. 简要说明几个基本的财务分析方法。
3. 财务分析需要收集哪些信息？如何收集？
4. 简述财务报表分析的目的。

四、实务操作题

1. 资料：假设某公司生产的甲产品有关材料消耗计划和实际资料如表 3—2 所示：

表 3—2　甲产品材料消耗计划和实际资料

项目	单位	计划	实际
产量	件	20	21
单位产品材料消耗量	千克	40	36
材料单价	元	10	12
材料消耗总额	元	8 000	9 072

要求：运用连环替代法分析材料消耗总额的差异原因。

2. 资料：假设某公司采用计时工资制度，C 产品单位成本中直接人工费用的资料如表 3—3 所示：

表 3—3　C 产品直接人工费用资料

项目	单位产品所耗工时	小时工资率	直接人工费用（元）
本年计划	35	50	1 750
本月实际	31	55	1 705
费用差异			−45

要求：运用差额分析法分析直接人工费用差异原因。

3. 资料：某企业直接材料计划与实际费用对比如表 3—4 所示：

表 3—4　直接材料计划与实际费用对比表

项目	材料消耗数量（千克）	材料单价（元）	直接材料费用（元）
本年计划	23	170	3 910
本月实际	20	200	4 000
费用差异			90

要求：运用差额分析法分解直接材料费用差异。

任务2 企业偿债能力分析

技能目标

1. 能根据各项指标准确评价企业的偿债能力；
2. 会根据企业的财务报告正确分析企业的偿债能力。

知识目标

1. 熟悉分析偿债能力的指标；
2. 掌握各项偿债能力指标的计算；
3. 了解各项偿债能力指标的影响因素、评价方法。

一、偿债能力分析的目的

偿债能力是企业偿还到期债务的承受能力或保证程度。企业在生产经营过程中，为了弥补自身资金不足就要对外举债。举债经营的前提必须是能够按时偿还本金和利息，否则就会使企业陷入困境甚至危及企业的生存。通过偿债能力分析，使债权人和债务人双方都认识到风险的存在和风险的大小，债权人可以以此作出是否贷款的决策，债务人可以了解自己的财务状况和偿债能力的大小，进而为下一步的资金安排或资金筹措作出决策分析。

因此，偿债能力分析的目的主要有：

（1）偿债能力分析有利于投资者作出正确的投资决策。

（2）偿债能力分析有利于经营者作出正确的经营决策。

（3）偿债能力分析有利于债权人作出正确的借贷决策。

（4）偿债能力分析有利于正确评价企业的财务状况。

企业偿债能力是反映企业财务状况和经营能力的重要标志。企业的债务按到期时间的长短分为短期负债和长期负债，因而企业的偿债能力分析也分为短期偿债能力分析和长期偿债能力分析。

二、短期偿债能力分析

（一）短期偿债能力的含义

短期偿债能力是指一个企业以其流动资产支付流动负债的能力，它反映企业偿付日常到期债务的能力。一个企业的短期偿债能力大小，要看流动资产和流动负债的多少和质量状况。

流动资产的质量是指其流动性，即转换成现金的能力，包括能否不受损失地转换为现金以及转换需要的时间。对于流动资产的质量应着重理解以下三点：

(1) 资产转变成现金是经过正常交易程序变现的。

(2) 流动性的强弱主要取决于资产转换成现金的时间和资产预计出售价格与实际出售价格的差额。

(3) 流动资产的流动性期限在1年以内或超过1年的一个正常营业周期。

企业的流动负债包括：应付账款、应付票据、应付职工薪酬、应交税费、预收账款以及长期债务中当年到期的债务。流动负债也有“质量”问题。一般说来，企业的所有债务都是要偿还的，但是并非所有债务都需要在到期时立即偿还，债务偿还的强制程度和紧迫性被视为负债的质量。

(二) 衡量企业短期偿债能力的指标

一般而言，衡量企业短期偿债能力的指标主要有营运资金、流动比率、速动比率。但在评价这些指标时，必须同时关注流动资产和流动负债的质量状况。

1. 营运资金

(1) 营运资金的含义。营运资金是企业所拥有的流动资产与流动负债的差额，是反映企业短期偿债能力的绝对数指标。其计算公式为：

营运资金=流动资产－流动负债

(2) 营运资金的影响因素及评价方法。营运资金越多，证明企业越有能力偿还短期债务；当营运资金为零或负值时，表明企业的流动资产已无力偿还全部短期负债，企业资金将无法周转。但是，并不是说营运资金越多越好。营运资金过多，说明企业有部分资金闲置，没有充分发挥其效益，会影响获利能力。因此，营运资金应保持适当的数额。

从公式中可看出，流动资产的价值大小，决定了营运资金的多少，也就决定了短期偿债能力的大小。流动资产一般是按账面价值列示的，而账面价值往往低于市价，这就低估了流动资产的价值，从而低估了营运资金。

应该注意，营运资金指标必须与过去期间的营运资金指标相比才能衡量指标的合理性。由于营运资金是绝对数，它是否适合企业生产经营的实际需要，取决于企业的生产经营规模的大小，因此要注意企业规模的扩大和缩小问题。由于不同企业之间及同一企业的不同年份之间，可能存在显著的规模差异，因此，直接比较该指标而不考虑规模因素通常是没有意义的。如果营运资金显得不正常，过高或过低，就必须逐项分析流动资产和流动负债。

一般来说，零售商的营运资金较多，因为他们除了流动资产外没有什么可以偿债的资产，而信誉好的餐饮企业的营运资金很少，有时甚至是一个负数，因为其稳定的收入可以偿还同样稳定的流动负债。制造企业一般有正的营运资金，但其数额差别很大。

【例3—8】 康美有限责任公司2014年度会计报表资料如表3—5、表3—6所示。

表3—5 资产负债表

编制单位：康美有限责任公司 **单位：万元**

资产	年初数	年末数	负债及股东权益	年初数	年末数
货币资金	900	850	短期借款	10 750	14 000
交易性金融资产	100	50	应付票据	1 500	1 700
应收票据	2 200	1 800	应付账款	2 200	3 100
应收账款	4 400	5 100	预收款项	100	200

续前表

资产	年初数	年末数	负债及股东权益	年初数	年末数
预付账款	200	200	应付职工薪酬	600	600
其他应收款	400	200	应交税费	500	800
存货	20 800	23 000	应付股利	1 100	1 300
流动资产合计	29 000	31 200	其他应付款	150	200
长期股权投资	500	900	流动负债合计	16 900	21 900
固定资产	22 900	24 400	长期借款	4 700	2 700
在建工程	3 000	3 400	应付债券	700	600
无形资产	1 300	1 100	非流动负债合计	5 400	3 300
非流动资产合计	27 700	29 800	负债合计	22 300	25 200
			实收资本	14 000	14 000
			资本公积	16 100	16 100
			盈余公积	3 400	4 200
			未分配利润	900	1 500
			股东权益合计	34 400	35 800
资产总计	56 700	61 000	负债及股东权益总计	56 700	61 000

表 3—6　　利润表

编制单位：康美有限责任公司　　单位：万元

项目	本年	上年
一、营业收入	112 000	121 000
减：营业成本	88 000	94 100
营业税金及附加	8 800	10 000
销售费用	3 000	4 100
管理费用	2 800	2 700
财务费用	1 200	1 000
资产减值损失		
加：公允价值变动收益		
投资收益	300	100
二、营业利润	8 500	9 200
加：营业外收入	250	200
减：营业外支出	350	400
三、利润总额	8 400	9 000
减：所得税费用	2 100	2 250
四、净利润	6 300	6 750
五、每股收益		
（一）基本每股收益		
（二）稀释每股收益		

要求：计算该公司 2013 年、2014 年的营运资金，并简要评价。

解答：

2013 年营运资金＝29 000－16 900＝12 100（万元）

2014 年营运资金＝31 200－21 900＝9 300（万元）

该公司 2014 年的营运资金比 2013 年相比有所下降，短期偿债能力有所减弱。从表

3—5 可以看出，该公司流动资产 2014 年度比 2013 年度有所增长，增长幅度为 7.6% [=(31 200−29 000)÷29 000×100%]，但流动负债增长了 29.6% [=(21 900−16 900)÷16 900×100%]，流动负债增长幅度大大超过流动资产增长幅度，从而导致短期偿债能力的下降。根据表 3—5 提供的资料，流动负债大幅增长主要是由于短期借款、应付账款这两项主要负债增加较多所致。

2. 流动比率

(1) 流动比率的含义。流动比率是流动资产和流动负债之比，用来衡量企业流动资产在短期债务到期以前，可以变现为现金用于偿还负债的能力。其计算公式为：

$$流动比率=\frac{流动资产}{流动负债}$$

(2) 流动比率的影响因素及评价方法。一般说来，流动比率越高，说明企业短期偿债能力越强；反之，则越弱。一般认为流动比率标准值为 2，表示流动资产是流动负债的两倍，即使流动资产有一半在短期内不能变现，也能保证全部的流动负债得到偿还。

在进行流动比率分析时，与行业平均水平进行比较是十分必要的。即使同一企业在不同时期，如销售旺季和淡季，流动比率也会有较大的差别。因此，对流动比率的分析要根据企业的性质和行业情况来评价，不能一概而论。同时，运用流动比率还应结合其他指标进行综合分析。

小思考：你能说出哪些行业存在比较明显的旺季和淡季？

流动比率的横向或纵向比较只能反映高低差异，但不能解释原因。欲知原因，则需具体分析应收账款、存货及流动负债水平的高低。如果应收账款或存货数量较多，但其流动性（即周转效率）存在问题，则应要求更高的流动比率，因为此时的流动比率是含有“水分”的。

【例 3—9】资料见【例 3—8】。

要求：计算该公司 2013 年、2014 年的流动比率，并简要评价。

解答：

2013 年流动比率=29 000÷16 900=1.72

2014 年流动比率=31 200÷21 900=1.42

该公司 2013 年、2014 年流动比率均低于 2，且 2014 年流动比率与 2013 年相比有所下降，表明公司短期偿债能力较弱。从表 3—5 可以看出，这主要是由于该公司流动资产增长幅度低于流动负债增长幅度，从而导致短期偿债能力的下降。

3. 速动比率

(1) 速动比率的含义。速动比率是速动资产与流动负债之比。它是衡量企业流动资产中可以立即变现用于偿还流动负债的能力。其计算公式为：

$$速动比率=\frac{速动资产}{流动负债}$$

其中，速动资产一般是指流动资产扣除存货之后的余额。

(2) 速动比率的影响因素及评价方法。一般情况下，速动比率越高，表明公司短期偿债能力越强，通常该指标为 1 较好。

在进行速动比率分析时，还应该对速动资产的结构与速动资产的变动趋势进行必要的分析，注意与本企业历史年份的资料进行比较以及与同行业的平均水平进行比较。尤其应结合应收账款的规模、周转速度和其他应收款的数量，以及它们的变现能力进行综合分析。如果某公司速动比率虽然很高，但应收账款周转速度慢，且其他应收款的数量大，变现能力差，则该公司实际的短期偿债能力要比该指标反映的差。

【例 3—10】资料见【例 3—8】。

要求：计算该公司 2013 年、2014 年的速动比率，并简要评价。

解答：

2013 年速动比率＝（29 000－20 800）÷16 900＝0.49

2014 年速动比率＝（31 200－23 000）÷21 900＝0.37

该公司 2013 年、2014 年速动比率均低于 1，且 2014 年速动比率与 2013 年相比有所下降，短期偿债能力较弱。从表 3—5 可以看出，这主要是由于该公司流动资产增长幅度低于流动负债增长幅度，且 2014 年度存货增加较多，从而导致该比率下降。

（三）短期偿债能力分析应注意的问题和考虑的因素

在运用上述指标分析、评价短期偿债能力时，不能孤立地评价某个指标，而应该综合考察，才能全面和客观地判断企业短期偿债能力的大小。在流动资产中，库存现金和银行存款以及交易型金融资产、应收票据的变现能力最强，应收账款和存货的变现能力较弱，是影响流动资产变现能力的主要项目，也是影响短期偿债能力的主要因素。

短期偿债能力受多种因素的影响，包括行业特点、经营环境、生产周期、资产结构、流动资产运用效率等。仅凭某一期的单项指标，很难对企业短期偿债能力作出客观评价。因此，在分析短期偿债能力时，一方面，应结合指标的变动趋势，动态地加以评价；另一方面，要结合同行业平均水平，进行横向比较分析。

同时，一些在财务报表中没有反映出来的因素，也会影响企业的短期偿债能力，甚至影响相当大。主要包括：

（1）可动用的银行贷款指标。银行已同意、企业尚未办理贷款手续的银行贷款限额，可以随时增加企业的现金，提高支付能力。

（2）准备很快变现的长期资产。由于某种原因，企业可能将一些长期资产出售转变为现金，这将增加企业资产的流动性。

（3）偿债能力的声誉。具有良好偿债能力声誉的企业，在短期偿债方面出现困难时，通常有能力筹得资金，提高偿债能力，这一增强变现能力的因素取决于企业自身的信用和声誉及当时的筹资环境。

（4）担保责任引起的负债。企业可能以它自己的一些流动资产为他人提供担保，如为他人向金融机构借款提供担保、为他人购物提供担保或为他人履行有关经济责任提供担保等。这种担保有可能成为企业的负债，增加偿债负担。

三、长期偿债能力分析

（一）长期偿债能力的含义

长期偿债能力是指企业偿还长期负债的能力。企业的长期负债主要有长期借款、应付长期债券、长期应付款等。长期偿债能力分析是企业债权人、投资者、经营者和与企业有关联的其他各方都十分关注的重要问题，它的强弱是反映企业财务安全和稳定程度的重要标志。因此，在对企业进行短期偿债能力分析的同时，还需分析企业的长期偿债能力，以便于债权人和投资者全面了解企业的偿债能力及财务风险。

（二）衡量企业长期偿债能力的指标

衡量企业长期偿债能力主要看企业资金结构是否合理、稳定以及企业长期盈利能力的大小。反映企业长期偿债能力的财务比率主要有：利息保障倍数、资产负债率、产权比率和权益乘数。

1. 利息保障倍数

（1）利息保障倍数的含义。利息保障倍数是指企业年度获得的盈利对年度利息费用的比率。其计算公式为：

$$利息保障倍数=\frac{利息费用+税前利润}{利息费用}$$

公式中的分子是运用企业全部资产所获得的收益，即没有扣除利息费用的税前利润。

（2）利息保障倍数的影响因素及评价方法。利息保障倍数反映了企业的经营所得支付债务利息的能力。利息保障倍数越大，企业偿还债务利息的能力必然越强，企业有能力偿还到期的债务本金，同时也说明企业的盈利能力较强。如果利息保障倍数过小，说明企业难以保证用经营所得来按时、按量支付债务利息，这会引起债权人的担心。一般来说，企业的利息保障倍数至少要大于1，否则，就难以偿付债务及利息，若长此以往，甚至会导致企业破产倒闭。通常认为，该指标为3时较为适当。

使用利息保障倍数来衡量企业的长期偿债能力，是因为长期债务在到期前只需定期支付利息，不需支付本金。况且，既然企业的付息能力很强，就意味着当债务本金到期时，企业一般会有能力重新筹集到新的资金，或者原有的负债能够得以展期。

利息保障倍数在时间上往往有着较显著的波动性，这是因为企业的盈利水平和利息费用都会受经济周期或产业周期的显著影响而发生波动。因此，为了考察企业偿付利息能力的稳定性，一般应至少计算5年或以上的利息保障倍数。

【例3—11】资料见【例3—8】。

要求：计算该公司2013年、2014年的利息保障倍数，并简要评价。

解答：

2013年利息保障倍数=（9 000+1 000）÷1 000=10

2014年利息保障倍数=（8 400+1 200）÷1 200=8

该公司2013年、2014年的利息保障倍数分别为10、8，说明该公司的长期偿债能力较强。但2014年比2013年有所下降，是因为2014年的利息较2013年增加了200万元，但利润总额下降了600万元。

2. 资产负债率

(1) 资产负债率的含义。资产负债率是指负债总额与资产总额的比率。其计算公式为：

$$资产负债率=\frac{负债总额}{资产总额}\times 100\%$$

资产负债率表明企业的全部资金来源中有多少是由债权人提供的。站在债权人角度，可以说明债权的保证程度；站在所有者角度，可以说明自身承担风险的程度；站在企业角度，既可以反映企业的实力，又能反映其偿债风险。如果债权人认为负债对总资产比例过高，将停止对企业发放贷款，企业也就无法融资。

(2) 资产负债率的影响因素及评价方法。资产负债率越低，所有者权益所占的比例就越大，说明企业的实力越强，债权的保障程度越高，债权人的安全性越好。该比率对于债权人来说越低越好。如果此指标过高，债权人就会感到其债权风险较大，可能遭受损失。

从企业经营者角度来看，资产负债率的高低在很大程度上取决于经营者对企业前景的信心和对风险所持的态度。如果企业经营者对企业前景充满信心，且经营风格较为激进，则应保持适当高的资产负债率，这样企业可有足够的资金来扩展业务，把握更多的投资机会，以获取更多的利润；如果企业经营者认为企业前景不容乐观，或者经营风格较为保守，那么必然倾向于尽量使用自有资本，避免因负债过多而冒较大的风险，此时则应当保持适当低的资产负债率。最佳资产负债率的确定要结合企业的实际情况。

企业资产负债率多少为佳，并没有一个公认的标准。在分析和评价时，通常要结合企业的盈利能力、银行利率、通货膨胀率、国民经济的景气程度、企业之间竞争的激烈程度等多种因素，还需考虑同行业的平均水平、本企业的前期水平及其预算水平。一般来讲，企业的盈利能力较强或者企业资金的周转速度较快，企业可承受的资产负债率也相对较高；银行利率提高通常会使企业降低资产负债率，银行利率降低又会刺激企业提高资产负债率；通货膨胀较高时期或者国民经济景气时期，企业也会倾向于维持较高的资产负债率；同行业之间竞争激烈，则企业倾向于降低资产负债率。因此，在不同的国家、不同的宏观经济环境下，资产负债率的合理水平或适度水平也是有较大差别的。

经验表明，资产负债率的适当范围介于30%～70%。这一比率太高，意味着负债风险过大，企业面临着太大的偿债压力；这一比率太低，则负债风险固然很小，但不利于实现企业价值和股东财富最大化。

【例3—12】资料见【例3—8】。

要求： 计算该公司2013年、2014年的资产负债率，并简要评价。

解答：

2013年资产负债率＝22 300÷56 700×100%＝39.33%

2014年资产负债率＝25 200÷61 000×100%＝41.31%

该公司2014年的资产负债率比2013年若有上升，但均低于50%，资产负债率不是很高，表明公司的长期偿债能力较强。

3. 产权比率

(1) 产权比率的含义。产权比率是负债总额与股东权益总额的比率。其计算公式为:

$$产权比率=\frac{负债总额}{股东权益总额}$$

产权比率反映了债权人与投资者提供的资本的相对比例，反映企业的资本结构是否合理、稳定。同时也表明债权人投入的资本受到股东权益的保障程度。一般来说，产权比率高，是高风险、高报酬的财务结构；产权比率低，是低风险、低报酬的财务结构。

小思考：为什么说产权比率高是高风险、高报酬的财务结构?

(2) 产权比率的影响因素及评价方法。产权比率越高，说明企业偿还长期债务的能力越弱；产权比率越低，说明企业偿还长期债务的能力越强。一般认为这一比率为1时，表明企业具有偿债能力，但还应该结合企业的具体情况加以分析。

产权比率与资产负债率都是用于衡量长期偿债能力的指标，具有共同的经济意义，两者可以互相补充。因此，对产权比率的分析可以参考对资产负债率的分析。在资产负债率分析中应当注意的问题，在产权比率分析中也应引起注意。

但产权比率与资产负债率是有区别的。产权比率侧重于揭示债务资本与权益资本的相互关系，说明企业财务结构的风险性，以及所有者权益对偿债风险的承受能力；资产负债率侧重于揭示总资本中有多少是靠负债取得的，说明债权人权益的保障程度。

【例3—13】资料见【例3—8】。

要求：计算该公司2013年、2014年的产权比率，并简要评价。

解答：

2013年产权比率=22 300÷34 400=0.65

2014年产权比率=25 200÷35 800=0.70

该公司2014年的产权比率比2013年略有上升，是因为负债的增长幅度大于股东权益的增长幅度，表明公司的长期偿债能力有所减弱。

4. 权益乘数

(1) 权益乘数的含义。权益乘数是指资产总额相当于股东权益总额的倍数。其计算公式为:

$$权益乘数=\frac{资产总额}{股东权益总额}=\frac{1}{1-资产负债率}$$

权益乘数越大，表明所有者投入企业的资本占全部资产的比重越小，企业负债的程度越高，债权人的权益保障程度越低；反之，该比率越小，表明所有者投入企业的资本占全部资产的比重越大，企业的负债程度越低，债权人的权益保障程度越高。

(2) 权益乘数的影响因素及评价方法。权益乘数，即资产总额是股东权益的多少倍，代表企业所有可供运用的总资产是股东权益的多少倍。权益乘数越大，代表企业向外融资的财务杠杆倍数也越大，企业将承担较大的风险，因此该指标也可用来衡量企业的财务风险。但是，若企业营运状况处于向上趋势中，较高的权益乘数反而可以创造更高的企业盈利，通过提高企业的净资产收益率，对企业的股票价值产生正面激励效果。

【例 3—14】资料见【例 3—8】。

要求：计算该公司 2013 年、2014 年的权益乘数，并简要评价。

解答：

2013 年权益乘数＝56 700÷34 400＝1.65

2014 年权益乘数＝61 000÷35 800＝1.70

该公司 2014 年的权益乘数比 2013 年略有上升，是因为资产的增长幅度大于股东权益的增长幅度，表明公司的财务风险有所增加。

（三）影响长期偿债能力的其他因素

评价和分析企业的长期偿债能力除了上述各种指标外，还有一些因素影响企业的长期偿债能力，在分析时必须引起足够的重视。

1. 长期租赁

当企业急需某种设备或资产而又缺乏足够的资金时，可以通过租赁的方式解决。财产租赁有两种形式：融资租赁和经营租赁。

融资租赁形成的负债大多会反映于资产负债表，而经营租赁则没有反映于资产负债表。当企业的经营租赁量比较大、期限比较长或具有经常性时，就形成了一种长期性筹资，到期必须支付租金，会对企业的偿债能力产生影响。因此，如果企业经常发生经营租赁业务，应考虑租赁费用对偿债能力的影响。

2. 担保责任

担保项目有的涉及企业的长期负债，有的涉及企业的短期负债。在分析企业的长期偿债能力时，应根据有关资料判断担保责任带来的潜在长期负债问题。

小思考：什么是担保？

3. 或有项目

或有项目是指在未来某个或几个事件发生或不发生的情况下，会带来的收益或损失，但现在还无法肯定是否发生的项目。或有项目的特点是现存条件的最终结果不确定，对它的处理方法要取决于未来的发展。或有项目一旦发生便会影响企业的财务状况，因此企业需对其予以足够的重视，在评价企业的长期偿债能力时也要考虑它们的潜在影响。

知识测试

一、单项选择题

1. 某公司年初流动比率为 2.1，速动比率为 0.9，而年末流动比率下降为 1.8，速动比率为 1.1，则说明（　　）。

A. 当年存货增加　　B. 当年存货减少

C. 应收账款的回收速度加快　　D. 现销增加，赊销减少

2. 资产负债表中所有者权益项目排列的依据是（　　）。

A. 权益的顺序　B. 偿还的紧迫性　C. 稳定程度　D. 流动性

3. 如果企业速动比率很小，下列结论成立的是（　　）。

A. 企业流动资产占用过多　B. 企业短期偿债能力很强

C. 企业短期偿债风险很大　D. 企业资产流动性很强

4. 企业（　　）时，可以增加流动资产的实际变现能力。

A. 取得应收票据贴现款　B. 为其他单位提供债务担保

C. 拥有较多的长期资产　D. 有可动用的银行贷款指标

5. 若某公司的流动比率很高，而速动比率很低，原因通常是（　　）。

A. 公司有大量的应收账款　B. 公司有大量的流动负债

C. 公司有大量的存货　D. 公司有大量的流动资产

6. 下列指标中，可用于衡量企业短期偿债能力的是（　　）。

A. 产权比率　B. 流动比率　C. 资产负债率　D. 利息保障倍数

7. 下列几项中，与应收账款的形成有关的是（　　）。

A. 全部销售收入　B. 现金销售收入　C. 赊销收入　D. 预收款销售

8. 从经营者的立场来看，企业（　　）。

A. 应当尽可能多地借债　B. 应当尽可能少地借债

C. 应当不借债　D. 应当适度举债

9. 能增强短期偿债能力的措施有（　　）。

A. 提高生产能力　B. 减少废品损失

C. 加速货款的回收　D. 增加产品的库存

10. 下列指标中比率越低，说明偿债能力越强的是（　　）。

A. 速动比率　B. 利息保障倍数　C. 资产负债率　D. 流动比率

11. 权益乘数越大，企业的负债程度（　　）。

A. 越低　B. 越高　C. 不确定　D. 不变

12. 实际发生坏账，用坏账准备金冲销债权时（　　）。

A. 流动比率不变　B. 速动比率不变

C. 现金比率下降　D. 营运资金减少

13. 如果资产负债率大于50%，则下列结论中成立的是（　　）。

A. 权益乘数为2　B. 长期偿债能力很强

C. 产权比率大于1　D. 财务风险很低

14. 利息保障倍数指标计算公式中，分子是指（　　）。

A. 税前利润　B. 税后利润

C. 税前利润＋利息费用　D. 税后利润＋利息费用

15. 光明公司2014年度的税后利润为14万元，利息支出为20万元，适用所得税税率30%，则该公司的利息保障倍数为（　　）。

A. 2　B. 0.5　C. 3　D. 1.75

二、多项选择题

1. 影响短期偿债能力的因素一般包括（　　）。

A. 存货周转速度　　B. 营运资金的规模

C. 应收账款周转速度　　D. 临时举债能力

2. 分析企业短期偿债能力时，应注意未在财务报表上充分披露的因素有（　　）。

A. 准备变现的长期资产　　B. 未作记录的或有负债

C. 会计方法　　D. 企业良好的商业信用

3. 下列各项中属于速动资产的有（　　）。

A. 库存现金　　B. 银行存款　　C. 应收账款　　D. 库存商品

4. 流动资产包括（　　）。

A. 应收账款　　B. 存货　　C. 预收账款　　D. 预付账款

5. 与息税前利润相关的因素包括（　　）。

A. 利息费用　　B. 所得税　　C. 营业费用　　D. 营业利润

6. 如果某公司的资产负债率为 60%，则可以推算出（　　）。

A. 全部负债占资产的比重为 60%　　B. 产权比率为 1.5

C. 所有者权益占资金来源的比例少于一半　　D. 负债与所有者权益的比例为 66.67%

7. 影响长期偿债能力的表外因素有（　　）。

A. 为其他企业的贷款担保　　B. 长期经营性租赁

C. 未做记录的或有负债　　D. 未了结的诉讼案件

8. 反映短期偿债能力的比率包括（　　）。

A. 流动比率　　B. 速动比率　　C. 资产负债率　　D. 利息保障倍数

9. 影响速动比率的因素有（　　）。

A. 应收账款　　B. 存货　　C. 短期借款　　D. 应收票据

10. 资产负债率反映企业的（　　）。

A. 长期偿债能力　　B. 负债经营能力　　C. 经营管理能力　　D. 营运能力

11. 利息保障倍数能同时反映（　　）。

A. 短期偿债能力　　B. 长期偿债能力　　C. 获利能力　　D. 运营能力

三、实务操作题

1. A 企业 2014 年末部分账户资料如表 3—7 所示：

表 3—7　　2014 年末部分账户余额

项目	2014 年
货币资金	150 360
交易性金融资产——债券投资	3 000
应收票据	6 000
固定资产	2 484 000
其中：累计折旧	30 000
应收账款	21 000
其中：坏账准备	1 200
原材料	45 000
应付票据	9 000
应交税费	6 000
长期借款——基建借款	180 000

要求：

(1) 计算A企业的营运资金。

(2) 计算A企业的流动比率。

(3) 计算A企业的速动比率。

(4) 将以上指标与标准值对照，简要说明A企业短期偿债能力的好坏。

2. 某企业全部资产总额为600万元，流动资产占全部资产的40%，其中，存货占流动资产的一半。流动负债占总资产的30%。请分别计算发生以下交易后的营运资金、流动比率、速动比率。

(1) 购买材料，用银行存款支付0.4万元，其余0.6万元为赊购；

(2) 购置机器设备价值6万元，以银行存款支付4万元，余款以产成品抵消；

(3) 部分应收账款确认为坏账，金额为2.8万元，同时借入短期借款8万元。

3. 某企业简化资产负债表（单位：万元）如下：

流动资产	3 440	流动负债	1 336
其中：存货	907	长期负债	370
固定资产净值	1 440		
无形资产	100	所有者权益	3 274
总计	4 980	总计	4 980

其他资料：该企业当年的税后净利为725万元，债务利息为308万元，所得税税率为25%。

要求：

(1) 计算该企业的流动比率；

(2) 计算该企业的速动比率；

(3) 计算该企业的资产负债率；

(4) 计算该企业的利息保障倍数。

4. 某企业全部流动资产为20万元，流动比率为2.5，速动比率为1，最近刚刚发生以下业务：

(1) 销售产品一批，销售收入3万元，款项尚未收到，销售成本尚未结转。

(2) 用银行存款归还应付账款0.5万元。

(3) 应收账款0.2万元，无法收回，作坏账处理。

(4) 购入材料一批，价值1万元，其中60%为赊购，开出应付票据支付。

(5) 以银行存款购入设备一台，价值2万元，安装完毕，交付使用。

要求：计算每笔业务发生后的流动比率与速动比率。

5. 某公司部分财务数据如下：

货币资金为150 000元，固定资产为425 250元，流动比率为3，速动比率为2，长期负债为200 000元，销售收入为1 500 000元，应收账款周转期为40天。

要求（计算结果取整数）：

(1) 计算该公司的应收账款；

(2) 计算该公司的流动负债；

(3) 计算该公司的流动资产；

(4) 计算该公司的总资产；

(5) 计算该公司的资产负债率。

任务3 企业营运能力分析

技能目标

1. 能根据各项指标准确评价企业的营运能力；
2. 会根据企业的财务报告正确分析企业的营运能力。

知识目标

1. 熟悉分析营运能力的指标；
2. 掌握各项营运能力指标的计算；
3. 了解各项营运能力指标的影响因素、评价方法。

一、营运能力分析的目的

营运能力是指企业的经营运行能力，即企业运用各项资产以赚取利润的能力。

企业营运能力分析是通过对反映企业资产营运效率与效益的指标进行计算与分析，评价企业的营运能力，为企业提高经济效益指明方向。企业资金周转得越快，说明资金使用效率越高，企业的经营管理水平越好。

通过营运能力分析，有助于正确引导企业经营行为，帮助企业寻找经营差距及产生的根本原因，促进企业加强各项资产的管理和提高经济效益，并为国家宏观经济政策的制定及投资者、相关利益人的决策提供依据。因此，营运能力分析的主要目的是：

(1) 通过营运能力分析，评价企业资产营运的效率。

(2) 通过营运能力分析，发现企业在资产营运中存在的问题。

(3) 营运能力分析是盈利能力分析和偿债能力分析的基础与补充。

营运能力分析所运用的指标包括流动资产周转率、应收账款周转率、存货周转率、固定资产周转率和总资产周转率等。这些比率揭示了企业资金运营周转的情况，反映了企业对经济资源管理、运用的效率高低。企业资金周转越快，流动性越高，企业的偿债能力越强，资产获取利润的速度就越快。

二、流动资产周转率

(一) 流动资产周转率的含义

流动资产周转率是营业收入与流动资产平均余额的比率。流动资产周转率是反映企业流动资产周转速度的指标，反映的是全部流动资产的利用效率，是衡量企业一定时期内（通常是一年）流动资产周转速度的快慢及利用效率的综合性指标。

流动资产周转率的计算，一般采取以下两种方式：

1. 流动资产周转次数

流动资产周转次数表示流动资产在一定时期（通常是一年）周转的次数。其计算公式为：

$$流动资产周转次数=\frac{营业收入}{流动资产平均余额}$$

$$流动资产平均余额=\frac{期初流动资产+期末流动资产}{2}$$

2. 流动资产周转天数

流动资产周转天数表示流动资产周转一次需要的时间。其计算公式为：

$$流动资产周转天数=\frac{360}{流动资产周转次数}$$

在一定时期内，流动资产周转次数越多，表明以相同的流动资产完成的周转额越多，流动资产利用的效果越好。流动资产周转率用周转天数表示时，周转一次所需要的天数越少，表明流动资产在经历生产和销售各阶段时占用的时间越短，周转越快。按天数表示的流动资产周转率能更直接地反映生产经营状况的改善，便于比较不同时期的流动资产周转率，应用较为普遍。

（二）流动资产周转率的影响因素及评价方法

流动资产周转率的分析及评价，主要在于揭示以下几个问题：

1. 流动资产实现销售的能力（即周转额的多少）

在一定时期内，流动资产周转速度越快，表明其实现的周转额越多，对财务目标的贡献程度越大。

2. 流动资产投资的节约与浪费情况

流动资产占用额与流动资产周转速度有着密切的制约关系。在销售额既定的条件下，流动资产周转速度越快，流动资产的占用额就越少，就会相对节约流动资产，相当于增加企业资产投入，增强了企业的盈利能力；反之，若流动资产周转速度慢，为维持正常经营，企业必须不断补充流动资产，投入更多的资源，资产使用效率低，降低了企业的盈利能力。

3. 加速流动资产周转的基本途径

企业要加速流动资产周转，必须从增加营业收入和降低流动资产占用额两个方面努力。在增加营业收入方面，企业要加强市场调查和预测，根据市场需要，开发适销对路的产品，并根据市场变化情况，及时调整产品结构。企业还要强化销售工作，采取有效的销售策略开拓市场，提高市场占有率，加快销售过程。降低流动资产占用额的基本途径有：（1）降低各项存货的储备量；（2）努力降低材料采购成本和产品制造成本；（3）采取技术措施和管理措施，提高生产效率和工作效率，缩短周转期；（4）加快货款结算，及时收回货款；（5）定期清查仓库，及时处理积压产品和物资。

在分析、了解企业流动资产总体周转情况的基础上，为了对流动资产的周转状况作出更加详尽的分析，进一步揭示影响流动资产周转速度变化的影响因素，还必须对流动资产中的主要构成项目，如应收账款、存货、库存现金等的周转率进行分析，以增强对企业经营效率的分析，并查明流动资产周转率升降的原因所在。

【例 3—15】 资料见**【例 3—8】**。

要求：计算该公司 2014 年的流动资产周转率。

解答：

2014 年流动资产平均余额＝（29 000＋31 200）÷2＝30 100（元）

2014 年流动资产周转次数＝112 000÷30 100＝3.72（次）

2014 年流动资产周转天数＝360÷3.72＝96.77（天）

三、应收账款周转率

（一）应收账款周转率的含义

应收账款周转率是企业一定时期（通常是一年）营业收入与应收账款平均余额的比率。应收账款是企业购销活动中所发生的债权，在市场经济条件下，应收账款所占用的资金比重不断上升，构成了流动资产中的一个重要项目。应收账款周转率是衡量应收账款流动程度和管理效率的指标。

应收账款周转率的计算，一般采取以下两种方式：

1. 应收账款周转次数

应收账款周转次数表示应收账款在一定时期（通常是一年）周转的次数。其计算公式为：

$$应收账款周转次数=\frac{营业收入}{应收账款平均余额}$$

公式中的“营业收入”数据来自利润表，“应收账款平均余额”是指因销售商品、提供劳务等而应向购货单位或接受劳务单位收取的款项平均数，即：

$$应收账款平均余额=\frac{期初应收账款+期末应收账款}{2}$$

2. 应收账款周转天数

应收账款周转天数表示应收账款周转一次需要的时间。其计算公式为：

$$应收账款周转天数=\frac{360}{应收账款周转次数}$$

应收账款周转率反映了企业应收账款变现速度的快慢及管理效率的高低。应收账款周转率高表明：（1）企业收账迅速，账龄期限相对较短；（2）资产流动性大，短期偿债能力强；（3）可以减少收账费用和坏账损失，从而相对增加企业流动资产的投资收益；（4）借助应收账款周转天数与企业信用期限的比较，可以更好地评价客户的信用度及企业原定信用条件的合理性。

（二）应收账款周转率的影响因素及评价方法

一般来说，应收账款周转次数越高，平均收现期越短，说明应收账款的收回越快；否则，企业的营运资金会过多地呆滞在应收账款上，影响资金的正常周转。影响该指标正常计算的因素有：(1) 季节性经营的企业使用这个指标时不能反映实际情况；(2) 大量使用分期收款结算方式；(3) 大量使用现金结算的销售；(4) 年末销售大量增加或年末销售大幅度减少。这些因素都会对该指标计算结果产生较大的影响。财务报表使用者可以将计算出的指标与该企业前期指标、行业平均水平或其他类似企业的指标相比较，判断该指标的高低。

分析评价应收账款周转率时，需要注意以下几个问题：

(1) 分子、分母的数据应注意时间的对应性。

(2) 对于经营状况受季节性销售影响较大的企业来说，指标的计算应当尽可能缩短间隔期，否则会降低这一指标的准确性。

(3) 运用这一指标时，应结合企业的信用政策。应收账款周转率越高并不一定好，也可能是企业信用政策过于严格的结果，从长期来看将会影响企业的销售水平，从而影响企业的获利水平。

企业的获利能力、偿债能力与应收账款的回收情况有直接的关系。如果企业的账款回收期延长，说明企业的获利能力和偿债能力都降低，这可能是企业信用政策过宽造成的，也可能是收账不力或者坏账过多导致的，需根据情况具体分析。如果企业账款回收期延长，利润却没有增长，可能是企业经营形势恶化的信号，即企业为了保住顾客，不得不给予延长付款期的优待，说明企业产品的竞争力下降，也可能是宏观经济形势恶化或相关产业衰退，顾客支付困难的结果。这两种情况都会使企业的处境恶化，企业应及时采取应变措施。如账款回收期缩短，则表明企业加强了应收账款的管理。这些活动都体现了企业经营管理能力的高低。

【例 3—16】资料见**【例 3—8】**。

要求：计算该公司 2014 年的应收账款周转率。

解答：

2014 年应收账款平均余额＝（4 400＋5 100）÷2＝4 750（元）

2014 年应收账款周转次数＝112 000÷4 750＝23.58（次）

2014 年应收账款周转天数＝360÷23.58＝15.27（天）

四、存货周转率

（一）存货周转率的含义

存货周转率是企业一定时期（通常是一年）的销售成本与平均存货的比率。通过存货周转率的计算与分析，可以测定企业一定时期内存货资产的周转速度，是反映企业购、产、销平衡效率的一种尺度。

存货周转率的计算，一般采取以下两种方式：

1. 存货周转次数

存货周转次数表示存货在一定时期（通常是一年）周转的次数。其计算公式为：

$$存货周转次数=\frac{营业成本}{存货平均余额}$$

公式中的“营业成本”数据来自利润表，“存货平均余额”来自资产负债表“期初存货”与“期末存货”的平均数，即：

$$存货平均余额=\frac{期初存货+期末存货}{2}$$

2. 存货周转天数

存货周转天数表示存货周转一次需要的时间。其计算公式为：

$$存货周转天数=\frac{360}{存货周转次数}$$

存货周转率反映了存货的周转速度，即存货的流动性及存货资金占用量是否合理，促使企业在保证生产经营连续性的同时，提高资金的使用效率。存货周转率越高，表明企业存货资产变现能力越强，存货的占用水平越低，流动性越强，存货转换为现金或应收账款的速度越快。存货周转率指标的好坏反映了企业存货管理水平的高低，它影响到企业的短期偿债能力，是整个企业管理的一项重要内容。

小思考：企业哪些资产属于存货？

（二）存货周转率的影响因素及评价方法

存货是流动资产中最重要的组成部分之一，它不仅金额比重大，而且增值能力强。因此，存货周转速度的快慢，不仅反映出企业采购、储存、生产销售各环节管理工作状况的好坏，而且对企业的偿债能力及获利能力产生决定性的影响，是对流动资产周转率的补充说明。因此，通过存货周转率分析，有利于企业从不同的角度、环节上找出存货管理存在的问题，使存货管理在保证生产经营连续性的同时，尽可能降低资金占用水平，提高存货投资的变现能力和获利能力。

在分析、评价存货周转率指标时，应注意下列几个问题：

（1）存货周转率通常能够反映企业存货流动性的大小和存货管理效率的高低，但存货周转率过高可能意味着企业存货不足而可能造成脱销；反之，存货周转率过低时，企业应当进一步分析存货的质量结构，弄清存货中是否包含有实际远远低于账面价值的即将报废或已损坏的原材料、商品等。

（2）企业管理者和有条件的外部报表使用者，除了分析批量因素、季节性生产变化等情况外，还应对存货的结构以及影响存货速度的重要项目进行分析。

（3）在其他条件不变的前提下，存货周转越快，所实现的周转额也就越大，利润数额和水平相应也就越高，所以该指标也可以用来衡量企业的获利能力，当然也可以作为分析偿债能力的辅助指标。

（4）企业采用不同的存货计价方法，将影响存货周转率的高低。如采用先进先出法对存货计价，当存货周转速度慢于通货膨胀速度时，存货成本不能准确地反映其现时成本，从而降低存货价值，导致低估企业的短期偿债能力。因此，在计算和分析时应保持口径一致。当存货计价方法变动时，应对此加以说明，并计算这一变动对存货周转率的影响。

(5) 存货周转率快，表示存货量适度，存货积压和价值损失的风险相对降低，存货所占资金使用效益高，企业变现能力和经营能力强。但存货周转率与企业生产经营周期有关。生产经营周期短，表示无需储备大量存货，故存货周转率就会相对加速。因此，在评价存货周转率时，应考虑各行业的生产经营特点。

(6) 如果企业的生产经营活动具有很强的季节性，则年度内各季度的销售或成本与存货都会有较大幅度的波动，仅仅用年初和年末余额简单计算存货平均占用额，显然是不客观的。因此，为了客观反映企业的营运状况，平均存货应该按月份或季度余额来计算，先求出各月份或各季度的平均存货，然后再计算全年的平均存货。

【例 3—17】 资料见 **【例 3—8】**。

要求： 计算该公司 2014 年的存货周转率。

解答：

2014 年存货平均余额＝（20 800＋23 000）÷2＝21 900（元）

2014 年存货周转次数＝88 000÷21 900＝4.02（次）

2014 年存货周转天数＝360÷4.02＝89.55（天）

五、固定资产周转率

(一) 固定资产周转率的含义

固定资产周转率是企业营业收入与固定资产平均余额之比。它反映企业固定资产周转的快慢、变现能力和有效利用程度。

固定资产周转率的计算，一般采取以下两种方式：

1. 固定资产周转次数

固定资产周转次数表示固定资产在一定时期（通常是一年）周转的次数。其计算公式为：

$$固定资产周转次数=\frac{营业收入}{固定资产平均余额}$$

$$固定资产平均余额=\frac{期初固定资产+期末固定资产}{2}$$

2. 固定资产周转天数

固定资产周转天数表示固定资产周转一次需要的时间。其计算公式为：

$$固定资产周转天数=\frac{360}{固定资产周转次数}$$

一般情况下，固定资产周转率越高越好，该指标高，说明企业固定资产投资得当，固定资产结构分布合理，能够较充分地发挥固定资产的使用效率，企业的经营活动高效有序，闲置的固定资产少；反之，则表明固定资产使用效率不高，生产经营成果增加较少，企业的营运能力较差。但固定资产周转率指标没有绝对的判断标准，一般通过与企业原来的水平相比较加以考察，因为种类、数量、时间均基本相似的机器设备与厂房等外部参照物几乎不存在，即难以找到外部可参照的标准企业和标准比率。

（二）固定资产周转率的影响因素及评价方法

运用和计算固定资产周转率时要注意以下几个问题：

(1) 企业固定资产所采用的折旧方法和折旧年限不同，会导致不同的固定资产账面净值，也会对固定资产周转率的计算产生重要影响，造成指标的人为差异。

(2) 企业的固定资产一般采用历史成本法记账，因此在企业的固定资产、销售情况都并未发生变化的条件下，也可能由于通货膨胀导致物价上涨等因素而使营业收入虚增，导致固定资产周转率提高，而实际上企业的固定资产效能并未提高。

(3) 一般而言，固定资产的增加不是渐进的，而是突然上升的，这会导致固定资产周转率的变化。

(4) 在进行固定资产周转率比较时，固定资产的不同来源将对该比率的大小产生重要影响。如果一家公司的厂房或生产设备是通过经营性租赁得来的，而另一家公司的固定资产全部是自有的，那么对这两家的固定资产周转率进行比较就会产生误导。

基于上述分析，在分析固定资产营运能力时，必须充分结合流动资产的投资规模、周转额、周转速度才更有价值。

在分析固定资产周转率时，应以企业历史水平和同行业平均水平作标准进行对比分析，从中找出差距，努力提高固定资产周转速度。固定资产周转率越高，说明固定资产的利用效率越高；固定资产周转率越低，说明固定资产量过多或设备闲置。与同行相比，如果固定资产周转率较低，意味着企业生产能力过剩；固定资产周转率较高，可能是企业设备较好利用造成的，也可能是设备老化即将折旧造成的。在后一种情况下，可能会产生较高的生产成本，使企业的利润减少，导致将来的更新改造更加困难。

【例 3—18】资料见**【例 3—8】**。

要求：计算该公司 2014 年的固定资产周转率。

解答：

2014 年固定资产平均余额＝（22 900＋24 400）÷2＝23 650（元）

2014 年固定资产周转次数＝112 000÷23 650＝4.74（次）

2014 年固定资产周转天数＝360÷4.74＝75.95（天）

六、总资产周转率

（一）总资产周转率的含义

总资产周转率是企业营业收入与资产平均总额的比率。总资产是企业拥有或控制的、能以货币计量的并能给企业带来未来经济利益的全部经济资源。总资产周转率是综合评价企业全部资产经营质量和利用效率的重要指标。

总资产周转率的计算，一般采取以下两种方式：

1. 总资产周转次数

总资产周转次数表示企业全部资产在一定时期（通常是一年）周转的次数。其计算公式为：

$$总资产周转次数=\frac{营业收入}{资产平均总额}$$

$$资产平均总额=\frac{期初资产总额+期末资产总额}{2}$$

2. 总资产周转天数

总资产周转天数表示企业全部资产周转一次需要的时间。其计算公式为：

$$总资产周转天数=\frac{360}{总资产周转次数}$$

总资产周转率综合反映了企业整体资产的营运能力，一般来说，总资产周转次数越多或周转天数越少，表明其周转速度越快，营运能力也就越强。在此基础上，应进一步从各个构成要素进行分析，以便查明总资产周转率升降的原因。企业可以通过薄利多销的办法，加速资产的周转，带来利润绝对额的增加。

（二）总资产周转率的影响因素及评价方法

总资产周转率综合反映了企业整体资产的营运效率。它是企业的全部资产价值在一定时期内完成周转的次数。该指标反映的是企业每一元资产赚取收入的能力，可用于衡量企业运用资产赚取利润的能力。总资产周转率可与反映盈利能力的指标一起使用，全面评价企业的盈利能力。通过对总资产周转率的对比分析，不仅能够反映企业本年度及以前年度总资产的营运效率及其变化，而且能够发现企业与同类企业在资金利用上的差别，促进企业提高资金的使用效率。总资产周转率的分析、评价还要考虑企业的行业特征和企业的经营战略。

【例 3—19】资料见**【例 3—8】**。

要求：计算该公司 2014 年的总资产周转率。

解答：

2014 年资产平均余额＝（56 700＋61 000）÷2＝58 850（元）

2014 年总资产周转次数＝112 000÷58 850＝1.90（次）

2014 年总资产周转天数＝360÷1.90＝189.47（天）

知识测试

一、单项选择题

1. 某企业 2014 年销售收入净额为 250 万元，销售毛利率为 20%，年末流动资产为 90 万元，年初流动资产为 110 万元，则该企业的流动资产周转率为（　　）。

A. 2 次　　B. 2.22 次　　C. 2.5 次　　D. 2.78 次

2. 下列财务比率中，可以反映企业营运能力的比率是（　　）。

A. 存货周转率　　B. 销售利润　　C. 流动比率　　D. 产权比率

3. 不影响资产管理效果的财务比率是（　　）。

A. 营业周期　　B. 存货周转率　　C. 应收账款周转率　　D. 资产负债率

4. 某企业年初应收款项为 3 700 万元，年末应收款项为 4 100 万元，全年销售收入净额为 58 520 万元，已知其赊销收入额占其销售收入的 80%，则该企业应收账款周转天数为（　　）。

A. 30 天　　B. 24 天　　C. 23 天　　D. 25 天

5. 在企业的总资产周转率一定时，会引起该指标下降的经济业务是（　　）。

A. 销售商品取得收入　　B. 借入一笔短期借款

C. 用银行存款购入一台设备　　D. 用银行存款支付一年的财产保险费

6. 某企业年初应收账款为 230 万元，年末应收账款为 250 万元，本年产品销售收入为 1 200 万元，则该企业应收账款账龄为（　　）。

A. 72 天　　B. 75 天　　C. 84 天　　D. 90 天

7. 甲公司 2014 年的营业收入为 60 111 万元，其年初资产总额为 6 810 万元，年末资产总额为 8 600 万元，该公司总资产周转率及周转天数分别为（　　）。

A. 8.83 次，40.77 天　　B. 6.99 次，51.5 天

C. 8.83 次，51.5 天　　D. 7.8 次，46.15 天

8. 在企业的流动资产周转率一定时，会引起该指标下降的经济业务是（　　）。

A. 赊销商品　　B. 借入一笔短期借款

C. 用银行存款购入一台设备　　D. 用银行存款偿还短期债务

二、多项选择题

1. 反映资产周转速度的财务指标包括（　　）。

A. 应收账款周转率　　B. 存货周转率

C. 流动资产周转率　　D. 权益乘数

2. 分析企业的资产管理效果时，企业的总资产利润率应该是（　　）。

A. 越高越好　　B. 越低越好　　C. 越高越坏　　D. 越低越坏

3. 下列财务比率中，比率越高，直接说明企业长期偿债能力越强的有（　　）。

A. 总资产收益率　　B. 净资产收益率

C. 资产负债率　　D. 利息保障倍数

4. 计算营运能力指标所需的资料主要由（　　）提供。

A. 资产负债表　　B. 利润表　　C. 现金流量表　　D. 股东权益变动表

5. 下面关于企业营运能力的说法正确的是（　　）。

A. 资产周转次数越多越好　　B. 资产周转天数越多越好

C. 销售额越大越好　　D. 营运资金越多越好

6. 下列项目中，能够提高流动资产周转率的有（　　）。

A. 勤进快销

B. 提高负债率

C. 严格销售的信用管理，加快应收账款的回收

D. 在销售不畅的情况下，加快生产产品

7. 造成应收账款周转率下降的原因主要是（　　）。

A. 企业的信用政策　　B. 客户故意拖延

C. 企业的收账政策　　D. 客户财务困难

8. 下列经济业务会影响企业存货周转率的是（　　）。

A. 收回应收账款　　B. 销售产成品

C. 期末购买存货　　D. 偿还应付账款

三、思考题

1. 企业营运能力分析指标有哪些？
2. 计算分析应收账款周转率指标时应注意哪些问题？
3. 影响存货周转率高低的因素有哪些？
4. 影响固定资产周转率高低的因素有哪些？

四、实务操作题

1. 某企业的流动负债为4万元，流动比率为2.2，速动比率为1.2，销售成本为8万元，毛利率为20%，年初存货为3万元。

要求：计算该企业的存货周转率及周转天数。

2. 广大公司2014年末有关资料如下：

(1) 银行存款为15 000万元，固定资产净值为122 000万元，资产总额为324 000万元；

(2) 短期借款为1 000万元，实收资本为150 000万元；

(3) 存货周转率为6次，期初存货为30 000万元，本期销货成本为294 000万元；

(4) 流动比率为2，产权比率为0.7。

要求：将简要资产负债表（见表3—8）填列完整。

表3—8　　广大公司资产负债表

2014年12月31日　　单位：万元

项目	金额	项目	金额
银行存款		应付票据	
应收账款		短期借款	
存货		长期负债	
固定资产净值		实收资本	
		未分配利润	
资产总计		负债及所有者权益合计	

3. 某公司流动资产由速动资产和存货构成，年初存货为1 450万元，年初应收账款为1 250万元，年末流动比率为3，年末速动比率为1.5，存货周转率为4次，年末流动资产余额为2 700万元。一年按360天计算。

要求：

(1) 计算该公司的流动负债年末余额；

(2) 计算该公司的存货年末余额和年平均余额；

(3) 计算该公司的本年销售成本；

(4) 假定本年赊销净额为 9 600 万元，应收账款以外的其他速动资产忽略不计，计算该公司的应收账款周转天数。

4. 某公司 2014 年有关资产项目的资料（单位：万元）如表 3—9 所示：

表 3—9　2014 年资产项目资料

项目	2014 年初	2014 年末
流动资产	13 400	14 300
其中：应收账款	5 280	5 200
存货	4 770	4 850
固定资产	18 800	18 000
资产总额	43 800	43 600

已知：2014 年销售收入净额为 48 000 万元，销售成本为 38 500 万元。

要求：计算该公司 2014 年的总资产周转次数、固定资产周转次数、流动资产周转次数、应收账款周转次数、存货周转次数（小数点保留两位）。

5. 某公司年末资产负债表简略形式如表 3—10 所示：

表 3—10　资产负债表

资产	期末数	权益	期末数
货币资金	25 000	应付账款	
应收账款净额		应交税费	25 000
存货		长期负债	
固定资产净额	294 000	实收资本	200 000
		未分配利润	
总计	432 000	总计	

已知：(1) 期末流动比率为 1.5；(2) 期末资产负债率为 50%；(3) 本期存货周转次数为 4.5 次；(4) 本期销售成本为 315 000 元；(5) 期末存货＝期初存货。

要求：根据以上资料，计算资产负债表的下列项目：期末存货、应收账款净额、流动资产、流动负债、应付账款、长期负债、所有者权益、未分配利润。

6. ABC 公司连续三年的主要资产及主营业务收入数据如表 3—11 所示：

表 3—11　2012—2014 年主要资产及主营业务收入资料表　单位：元

项目	2012 年初	2012 年	2013 年	2014 年
应收账款	66 124	47 018	70 376	60 129
存货	72 346	56 950	78 141	60 013
流动资产	323 678	372 332	338 045	178 105
固定资产	201 938	216 234	200 235	187 234
总资产	571 230	592 380	681 356	619 124
主营业务收入		372 400	479 233	509 111

要求：对各项资产周转率进行趋势分析。

任务4 企业盈利能力分析

技能目标

1. 能根据各项指标准确评价企业的盈利能力；
2. 会根据企业的财务报告正确分析企业的盈利能力。

知识目标

1. 熟悉分析盈利能力的指标；
2. 掌握各项盈利能力指标的计算；
3. 了解各项盈利能力指标的影响因素、评价方法。

一、盈利能力分析的目的

盈利能力是指企业在一定时期内获取利润的能力。利润是企业内外有关各方都关心的中心问题，利润是投资者取得投资收益、债权人收取本息的资金来源，是经营者经营业绩和管理效能的集中表现，也是职工集体福利设施不断完善的重要保障。企业的盈利能力越强，则其给予股东的回报越高，企业价值越大。同时盈利能力越强，带来的现金流量越多，企业的偿债能力得到加强。因此，企业盈利能力分析十分重要。

企业经营业绩的好坏最终可通过企业的盈利能力来反映。无论是企业的经理人员、债权人，还是股东（投资者）都非常关心企业的盈利能力，并重视对利润率及其变动趋势的分析与预测。

从企业的角度来看，企业从事经营活动的直接目的是最大限度地获取利润并维持企业持续、稳定地经营和发展。持续、稳定地经营和发展是获取利润的基础，而最大限度地获取利润又是企业持续、稳定地发展的目标和保证。只有在不断地获取利润的基础上，企业才可能发展。因此，盈利能力是企业经营人员最重要的业绩衡量标准和发现问题、改进企业管理的突破口。企业盈利能力分析的目的具体表现在以下两个方面：

（1）反映和衡量企业经营业绩。企业的根本任务就是赚取更多的利润。各项收益数据不仅反映了企业的盈利能力，而且表现了经理人员工作业绩的大小。用已达到的盈利能力指标与标准、基期、同行业平均水平、其他企业相比较，则可以衡量企业业绩的优劣。

（2）发现经营管理中存在的问题。盈利能力是企业各环节经营活动的具体表现，企业经营的好坏都会通过盈利能力表现出来。通过对盈利能力的深入分析，可以发现经营管理中的重大问题，进而采取措施解决问题，提高企业收益水平。

反映企业盈利能力的指标很多，主要包括净资产收益率、总资产收益率、销售净利率、销售毛利率等。

二、净资产收益率

(一) 净资产收益率的含义

净资产收益率表明所有者每一元的投资能够获得多少净收益，它衡量了一个公司股东资本的使用效率，即股东投资企业的收益率。净资产是股东投入企业的股本、公积金和留存收益等的总和，这里的收益指税后净利润。计算公式如下：

$$净资产收益率=\frac{净利润}{平均股东权益}\times 100\%$$

$$平均股东权益=\frac{期初股东权益+期末股东权益}{2}$$

净资产收益率反映所有者投资的获利能力，该比率越高，说明所有者投资带来的收益越高。该比率是从所有者角度考察企业盈利水平高低，是衡量企业盈利能力的主要核心指标之一。

(二) 净资产收益率的影响因素及评价方法

为了更加明确分析净资产收益率的影响因素，可以将其分解成三个指标：

$$净资产收益率=\frac{净利润}{营业收入}\times\frac{营业收入}{资产平均总额}\times\frac{资产总额}{股东权益总额}\times 100\%$$

分解后的三个指标分别为销售净利率、总资产周转率以及权益乘数，因此，净资产收益率可分解为：

净资产收益率=销售净利率×总资产周转率×权益乘数×100%

即有三个因素影响净资产收益率：

(1) 销售净利率，即每一元营业收入带来的净利润；

(2) 总资产周转率，即已动用的每一元总资产所产出的营业收入；

(3) 权益乘数，即资产总额与股东权益总额的比值。

【例 3—20】资料见**【例 3—8】**。

要求：计算该公司 2014 年的净资产收益率。

解答：

2014 年平均股东权益=(34 400+35 800)÷2=35 100(万元)

2014 年净资产收益率=6 300÷35 100×100%=17.95%

小思考：观察一家上市公司连续几年的净资产收益率，我们会发现一个很有意思的现象：上市公司往往在刚刚上市的几年中都有不错的净资产收益率，但之后这个指标会明显下滑。为什么？

三、总资产收益率

(一) 总资产收益率的含义

总资产收益率反映企业全部资产能够获得净利润的能力，是反映企业资产综合利用效果的指标。该指标越高，表明资产利用效果越好，整个企业的活力越强，经营管理水平越高。其计算公式如下：

$$总资产收益率=\frac{净利润}{平均总资产}\times100\%$$

$$平均总资产=\frac{期初资产总额+期末资产总额}{2}$$

总资产收益率提供了企业利用资产获取利润的有效性，它表明每一元资产能产生的净利润。总资产收益率是站在企业总体资产利用效率的角度上来衡量企业的盈利能力的，是对企业分配和管理资源效益的基本衡量。它与净资产收益率的区别在于：前者反映股东和债权人共同投入的资金所产生的利润率，后者则反映仅由股东投入的资金所产生的利润率。

（二）总资产收益率的影响因素及评价方法

总资产收益率是一个综合指标，企业的资产是由投资者投入或举债形成的。净利润的多少与企业资产的多少、资产的结构、经营管理水平有着密切的关系。为了正确评价企业经济效益的高低，挖掘提高利润水平的潜力，可以用该指标与本企业前期、与计划、与本行业平均水平和本行业内先进企业进行对比，分析形成差异的原因。总资产收益率主要取决于总资产周转速度的快慢以及销售净利率的大小。企业销售净利率越大，资产周转速度越快，总资产收益率越高。因此，影响总资产收益率高低的因素主要有：产品的价格、单位成本的高低、产品的产量和销售的数量、资金占用量的大小、资金来源结构等。

【例 3—21】资料见**【例 3—8】**。

要求：计算该公司 2014 年的总资产收益率。

解答：

2014 年平均总资产＝（56 700＋61 000）÷2＝58 850（万元）

2014 年总资产收益率＝6 300÷58 850×100%＝10.71%

四、销售净利率

（一）销售净利率的含义

销售净利率反映营业收入带来净利润的能力。这个指标通常越高越好。销售净利率越高，说明企业每销售出一元的产品所能创造的净利润越高。计算公式如下：

$$销售净利率=\frac{净利润}{营业收入}\times100\%$$

销售净利率对管理人员特别重要，反映了企业的价格策略以及控制管理成本的能力。

（二）销售净利率的影响因素及评价方法

销售净利率的大小主要受营业收入和净利润的影响，从利润的源泉（营业收入）到最终的净利润，中间要经过营业成本、营业税金及附加、三项期间费用、资产减值损失、公允价值变动损益、投资收益及所得税的多个环节才能形成企业的净利润。因此，这些项目的增减变化都会影响到销售净利率的大小。

销售净利率与净利润成正比关系，与营业收入成反比关系，企业在增加销售收入额的同时，必须相应地获得更多的净利润，才能使销售净利率保持不变或有所提高。扩大营业收入、降低成本费用是提高企业销售净利率的根本途径。降低各项成本费用开支，有利于企业加强成本控制。通过分析销售净利率的升降变动，可以促使企业在扩大销售的同时，注意改进经营管理，提高盈利水平。

销售净利率是企业销售的最终获利能力指标。销售净利率越高，说明企业的获利能力越强。但是它受行业特点影响较大。通常来说，越是资本密集型企业，其销售净利率就越高；资本密集程度较低的行业，其销售净利率也较低。

小思考：什么是资本密集型企业？

【例 3—22】资料见**【例 3—8】**。

要求：计算该公司 2013 年、2014 年的销售净利率。

解答：

2013 年销售净利率＝6 750÷121 000×100%＝5.58%

2014 年销售净利率＝6 300÷112 000×100%＝5.63%

五、销售毛利率

（一）销售毛利率的含义

销售毛利率反映企业经营业务的获利能力。通常而言，这个指标越高越好。该指标的优点在于可以对企业某一主要产品或主要业务的盈利状况进行分析，这有助于判断企业核心竞争力的变化趋势。计算公式如下：

$$销售毛利率=\frac{营业收入-营业成本}{营业收入}\times 100\%$$

（二）销售毛利率的影响因素及评价方法

销售毛利率反映了企业产品销售的初始获利能力，是企业净利润的起点，没有足够高的销售毛利率便不能形成较大的盈利。与同行业比较，如果企业的销售毛利率显著高于同业水平，说明企业产品附加值高，产品定价高，或者企业存在成本上的优势，具有较强的市场竞争力。与历史数值比较，如果企业的销售毛利率显著提高，则可能是企业所在行业处于复苏时期，产品价格大幅上升，在这种情况下分析者需考虑这种价格的上升能否持续，企业将来的盈利能力是否有保证。相反，如果企业销售毛利率显著降低，则可能是所在行业竞争激烈，在发生价格战的情况下往往是两败俱伤的结局，这时分析者就要警觉了。

通常来说，销售毛利率随行业的不同而高低各异，但同一行业的销售毛利率一般相差不大。与同期行业的平均销售毛利率相比，可以揭示企业在定价、产品推销及生产成本控制方面存在的问题。同时，企业之间的存货计价和固定资产的折旧方法等会计处理的差异也会影响营业成本，进而影响销售毛利率的计算，这一点应在企业间的横向比较时加以注意。

销售毛利率是企业产品经过市场竞争后的结果，很难单方面主观上左右销售毛利率的变化，因此销售毛利率是一个十分可信的指标。如果销售毛利率连续不断地提升，就说明企业产品市场需求强烈，产品竞争力不断提升；如果销售毛利率连续下跌，就说明企业在走下坡路。

【例 3—23】资料见**【例 3—8】**。

要求：计算该公司 2013 年、2014 年的销售毛利率。

解答：

2013 年销售毛利率＝（121 000－94 100）÷121 000×100％＝22.23％

2014 年销售毛利率＝（112 000－88 000）÷112 000×100％＝21.43％

知识测试

一、单项选择题

1. 下列属于增加企业营业利润的方式的是（　　）。

A. 增加营业外收入　　B. 降低营业外支出

C. 减少所得税　　D. 增加销售收入

2. 下列衡量企业获利能力大小的指标是（　　）。

A. 流动资产周转率　B. 每股收益　C. 权益乘数　D. 产权比率

3. 在财务分析中，最关心企业资本保值、增值状况和盈利能力的利益主体是（　　）。

A. 企业所有者　　B. 企业经营决策者

C. 企业债权人　　D. 政府经济管理机构

4. 某公司 2014 年净利润为 140 万元，所得税为 60 万元，利息费用为 20 万元，资产平均余额为 2 000 万元，总资产利润率为（　　）。

A. 7％　B. 8％　C. 10％　D. 11％

5. 下列衡量企业获利能力大小的指标是（　　）。

A. 流动资产周转率　B. 每股股利　C. 权益乘数　D. 产权比率

6. 净利润与总资产收益率的关系是（　　）。

A. 正比例关系　B. 反比例关系　C. 相等关系　D. 无关

7. 企业利润总额中属于最基本、最经常同时也是最稳定的因素是（　　）。

A. 其他业务收入　B. 营业收入　C. 投资收益　D. 营业利润

8. 企业当年实现销售收入 3 800 万元，净利润 480 万元，资产周转率为 3，则总资产收益率为（　　）。

A. 4.21％　B. 12.63％　C. 25.26％　D. 37.89％

9. 达华公司下一年度的净资产收益率目标为 16％，资产负债率调整为 45％，则其资产净利率应达到（　　）。

A. 8.8％　B. 16％　C. 7.2％　D. 37.8％

10. 达华公司下一年度的净资产收益目标为 16％，权益乘数为 50％，则其资产净利率应达到（ ）。

A. 8.8％　B. 16％　C. 7.2％　D. 32％

二、多项选择题

1. 利润增减变动分析的常用比较标准有（ ）。

A. 企业前期实现的利润　B. 本期制定的目标利润
C. 本期制定的计划利润　D. 同行业先进企业的前期利润

2. 利润增减变动的外部原因主要有（ ）。

A. 国家宏观政策的调整　B. 有关法律、法规的颁布执行
C. 商品自身的周期性　D. 市场需求和价格发生较大差异

3. 影响主营业务利润的因素包括（ ）。

A. 单位成本　B. 销售税金　C. 销售数量　D. 销售单价

4. 与息税前利润相关的因素包括（ ）。

A. 利息费用　B. 所得税　C. 净利润　D. 投资收益

5.（ ）因素影响总资产报酬率。

A. 税后利润　B. 所得税　C. 利息　D. 资产平均占用额

6. 影响销售净利率的因素有（ ）。

A. 销售收入　B. 管理费用　C. 生产成本　D. 投资收益

三、思考题

1. 净资产收益率越高越好吗？
2. 营业收入越高，企业的盈利能力就越强吗？试述营业收入与盈利能力的关系。
3. 列举能影响企业盈利能力的各种因素。
4. 说明利润增减变动的外部原因有哪些。

四、实务操作题

1. 已知某公司的有关会计报表数据（单位：万元）如表3—12所示。

表3—12　会计报表部分项目资料

项目	2013年	2014年
利润表项目：		
主营业务收入	2 412.6	2 138.4
主营业务成本	1 741.6	1 580.5
销售及管理费用	371.8	327.1
财务费用	54.3	48
营业外损失	25.3	28.9
所得税费用	59.1	46.8
资产负债表项目：		
平均资产总额	2 314.1	1 737.6
平均长期负债总额	924.5	538
平均所有者权益总额	839.7	649.6

要求：试根据上述资料分别计算该公司2013年及2014年的销售毛利率、营业利润

率、总资产收益率、净资产收益率指标，并在此基础上对该公司的盈利能力进行评价。

2. 某公司2014年资产负债表如表3—13所示：

表3—13　　资产负债表　　单位：万元

资产	金额	负债及所有者权益	金额
货币资金	30	应付票据	25
应收账款	60	应付账款	55
存货	110	应付职工薪酬	10
固定资产净额	300	长期借款	100
		实收资本	250
		未分配利润	60
总计	500	总计	500

已知该公司2014年度销售收入为150万元，净利润为7.5万元。

要求：计算该公司的销售净利率、总资产周转率、权益乘数、净资产收益率（有关平均数用期末数代替）。

3. 甲股份有限公司的有关资料如下（单位：万元）：

产品销售收入	756	净利润	30
营业利润	52	财务费用	14
利润总额	46	资产平均总额	460

要求：计算营业利润率、销售净利率、总资产利润率。

任务5 企业发展能力分析

技能目标

1. 能根据各项指标准确评价企业的发展能力；
2. 会根据企业的财务报告正确分析企业的发展能力。

知识目标

1. 熟悉分析发展能力的指标；
2. 掌握各项发展能力指标的计算；
3. 了解各项发展能力指标的影响因素、评价方法。

一、发展能力分析的目的

企业的发展能力，也称企业的成长性，它是企业通过自身的生产经营活动，不断扩大积累而形成的发展趋势和发展潜能。

企业财务分析是一个动态与静态相结合的分析过程。首先，企业价值在很大程度上取决于未来的盈利能力，以及营业收入、收益及股利的未来增长，而不是企业过去或者目前所取得的收益情况。其次，无论是增强企业的盈利能力、偿债能力还是提高资产营运效率，都是为了企业未来生存和发展的需要，也就是说发展能力是企业盈利能力、营运能力和偿债能力的综合体现。所以，要全面衡量一个企业的价值，就不应该仅仅从静态的角度分析其经营能力，而更应该着眼于从动态的角度出发来分析和预测企业的经营发展水平，即发展能力。

企业的偿债能力、盈利能力和管理效率都是从不同的侧面对企业发展能力的具体分解，较强的偿债能力是实现企业发展的前提条件，较强的盈利能力则是实现企业发展的关键，而较高的管理效率又是提高盈利能力的必由之路。所以，增强企业的偿债能力、盈利能力，提高企业的管理效率，都是为了增强企业的发展能力。可见，考核企业的经营业绩，不仅仅要考核企业的偿债能力、盈利能力和管理效率，更重要的是，还应考核企业的发展能力，发展能力的财务指标是考核一个企业经营业绩指标体系中的核心内容。

发展能力分析的目的主要体现在：

(1) 对于股东而言，可以通过发展能力分析衡量企业创造股东价值的程度，从而为采取下一步战略行动提供依据。

(2) 对于潜在的投资者而言，可以通过发展能力分析评价企业的成长性，从而选择合适的目标企业作出正确的投资决策。

(3) 对于经营者而言，可以通过发展能力分析获知影响企业未来发展的关键因素，从而采取正确的经营策略和财务策略，促进企业持续不断地发展。

(4) 对于债权人而言，可以通过发展能力分析判断企业未来盈利能力，从而作出正确的信贷决策。

二、销售增长率

营业收入是企业获利的源泉。一个企业只有保持销售的稳定增长，才能不断地增加收入，提高盈利能力。盈利能力提高，利润增加，才能为企业占有市场、开发新产品、进行技术改造提供资金来源，才能促进企业的进一步发展。因此，销售增长率是评价企业发展状况和发展能力的重要指标，主要包括营业收入增长率和三年营业收入平均增长率。

(一) 营业收入增长率

1. 营业收入增长率的含义

营业收入增长率是反映企业销售增长情况的财务指标，它是将本期的营业收入与上一期的营业收入相比较，反映销售的增减变动情况，是评价企业成长状况和发展能力的重要指标。其计算公式为：

$$营业收入增长率=\frac{本期营业收入-上期营业收入}{上期营业收入}\times 100\%$$

不断增加的营业收入是企业生存的基础和发展的条件。因此，在各种反映企业发展能力的财务指标中，营业收入增长率指标是最关键的，因为只有实现企业销售额的不断增长，企业的净利润增长率才有保证，净权益增长率才有保障，企业才能在一个稳固的基础之上扩大规模。

2. 营业收入增长率的影响因素及评价方法

营业收入增长率是衡量企业经营状况和市场占有能力，预测企业经营业务拓展趋势的重要指标，也是企业扩张增量资本和存量资本的重要前提。该指标越大，表明其增长速度越快，企业市场前景越好。

营业收入增长率分析还应结合收入增长的具体原因：（1）销售更多的产品或服务；（2）提高价格；（3）销售新的产品和服务；（4）并购其他企业。

营业收入增长率可以用来衡量企业的产品生命周期，判断企业发展所处的阶段。一般来说，如果营业收入增长率超过10%，说明企业产品处于发展期，将继续保持较好的增长势头，尚未面临产品更新的风险，属于发展型企业。如果营业收入增长率为5%～10%，说明企业产品已进入稳定期，不久将进入衰退期，需要着手开发新产品。如果营业收入增长率低于5%，说明企业产品已进入衰退期，保持市场份额已经很困难，营业利润开始滑坡，如果没有已开发好的新产品，企业将渐渐衰落。

营业收入增长率仅仅反映了近期营业收入的实际变动，无法确定未来的变动趋势。因此，在进行营业收入增长率分析时应结合企业历年的营业收入水平、企业市场占有情况、行业未来发展及其他影响企业发展的潜在因素进行前瞻性预测。同时，在分析过程中应确定比较标准，分别与同类企业和同行业平均水平进行比较。

另外，营业收入增长率直接将本年营业收入与上年实际比较，会受到基数的影响。由于一些偶然性因素的存在，如自然灾害、生产事故等，可能导致上年或本年营业收入异常，造成营业收入增长率偏高或偏低。这样，如果上年营业收入特别少，即使本年营业收入出现较小的增长，也会出现较大的增长率，使营业收入增长率不能反映正常的变动，不利于进行比较。例如：某企业上年营业收入为50万元，而本年营业收入为200万元，则营业收入增长率为（200－50）/50×100%＝300%，显然，根据这一结果不能判断企业具有很强的发展能力。

【例3—24】资料见**【例3—8】**。

要求：计算该公司2014年的营业收入增长率。

解答：2014年营业收入增长率＝（112 000－121 000）÷121 000×100%＝－7.44%

（二）三年营业收入平均增长率

1. 三年营业收入平均增长率的含义

为了消除由于营业收入短期波动而对销售增长率指标产生的影响，可以通过计算营业收入的长期变动趋势来分析评价企业的发展能力，即连续计算三年营业收入平均增长率。三年营业收入平均增长率表明企业营业收入连续三年的增长情况，反映企业的持续发展态势和市场扩张能力，体现企业的连续发展状况和发展能力。其计算公式为：

$$\text{三年营业收入平均增长率}=\left(\sqrt[3]{\frac{\text{本年营业收入总额}}{\text{三年前年度营业收入总额}}}-1\right)\times 100\%$$

该指标反映企业营业收入连续三年的增长情况，避免了某些年份因受偶然性因素影响而使营业收入异常，导致对企业发展能力的错误判断。

2. 三年营业收入平均增长率的影响因素及评价方法

营业收入是企业积累和发展的基础，该指标越高，表明企业主营业务持续增长势头越好，市场扩张能力越强，企业积累的基础越牢固，可持续发展能力越强，发展的潜力越大。但分析时应注意：

(1) 三年营业收入平均增长率与各年增长率之间的差率，是平滑上涨还是大起大落？与企业重大项目或重大决策有无关联性？

(2) 分析时需要注意企业规模及行业发展情况（行业增长），以便于综合分析。

(3) 分析时应注意引导增长的是主营业务还是企业临时性投资，如不少企业从与主营业务无关联的房地产投资、证券投资中获利。

三、资产增长率

资产是企业生产经营活动的物质条件，是企业用以取得收入的资源，也是企业偿还债务的保障。企业的资产规模与其经营规模是相适应的，资产规模扩大表明企业兴旺发达。通常情况下，发展能力强的企业都能保证资产的稳定增长，因此，资产的增长可用于说明企业的发展状况和发展能力，是实现企业价值的重要手段。资产增长是企业发展的一个重要方面，发展能力强的企业一般能保持资产的稳定增长。资产增长率包括总资产增长率和三年平均资产增长率。

（一）总资产增长率

总资产增长率指标是从企业资产总量扩张方面衡量企业的发展能力，表明企业规模增长水平对企业发展后劲的影响。总资产增长率指标大于零，说明企业本年度资产增加了，生产经营规模扩大了。总资产增长率越高，说明企业本年内资产规模扩张的速度越快，获得规模效益的能力越强。但应注意资产规模扩张的质与量之间的关系以及企业的后续发展能力，避免盲目扩张。影响企业规模变化的因素主要有两个：一是企业对外举债而扩大规模；二是企业所有者权益的增加而引起的企业规模的扩大，不仅包括企业实现了盈利而增加了企业资产，还包括企业吸收了新的投资而扩大自身规模。具体是什么原因引起的企业规模的扩大，在评价总资产增长率指标时，应予以考虑。其计算公式如下：

$$总资产增长率=\frac{本年总资产增长额}{年初资产总额}\times 100\%$$

$$本年总资产增长额=年末资产总额-年初资产总额$$

实际分析中，还应注意企业资产本期和上期中的偶然性因素对指标的影响。除了计算总资产增长率，对总资产的增长情况进行分析外，还可以对各类具体资产，如流动资产、固定资产、无形资产等的增长情况进行分析。

分析企业资产增长现状和增长趋势时，应注意企业间的可比性问题：

(1) 不同企业的资产使用效率不同，为保持净收益的同幅度增长，资产使用效率低的企业需要更大幅度的资产增长。

(2) 不同企业采取的发展策略会体现在资产增长率上的不同。

(3) 会计处理方法的不同会影响资产增长率（影响资产的账面价值）。

(4) 受历史成本原则的影响，资产总额反映的只是资产的取得成本而非现时价值。

(5) 由于一些重要资产无法体现在资产总额中（如人力资产、某些非专利技术），因此该指标无法反映企业真正的资产增长情况。

【例 3—25】资料见**【例 3—8】**。

要求：计算该公司 2014 年的总资产增长率。

解答：2014 年总资产增长率＝（61 000－56 700）÷56 700×100%＝7.58%

（二）三年平均资产增长率

为避免资产增长率受资产短期波动因素的影响，可以通过计算连续三年平均资产增长率来反映企业较长时期内的资产增长情况，从资产的长期增长趋势和稳定程度判断企业的发展能力，其计算公式为：

$$\text{三年平均资产增长率}=\left(\sqrt[3]{\frac{\text{年末资产总额}}{\text{三年前年末资产总额}}}-1\right)\times 100\%$$

三年平均资产增长率指标消除了资产短期波动的影响，反映了企业较长时期内的资产增长情况，是反映企业发展能力的一个重要指标，该指标值大于零，反映企业资产呈现增长趋势，有能力不断扩大生产规模，有较强的发展潜力。该指标值越大，企业的资产增长速度越快，发展趋势越强。

四、固定资产成新率

固定资产成新率是企业当期平均固定资产净值同平均固定资产原值的比率，反映了企业所拥有的固定资产的新旧程度，体现了企业固定资产更新的快慢和持续发展的能力。其计算公式为：

$$\text{固定资产成新率}=\frac{\text{平均固定资产净值}}{\text{平均固定资产原值}}\times 100\%$$

该指标值较高，表明企业的固定资产较新，技术性能较好，可以为企业服务较长时间，对扩大再生产的准备比较充足，发展的可能性较大；反之，该指标值较低，表明企业设备陈旧，技术性能落后，将严重制约企业未来发展。

应用固定资产成新率指标分析固定资产新旧程度时，应注意折旧方法的不同、生产经营周期的不同等因素对固定资产成新率的影响。例如：加速折旧法下的固定资产成新率小于平均年限法下的固定资产成新率；处于发展期的企业与处于衰退期的企业也会有不同的固定资产成新率。同时，也应注意不同企业之间的可比性。

小思考：结合前面所学知识，思考什么是固定资产净值和固定资产原值。

五、资本积累率及三年资本平均积累率

权益资本是企业的家底，是企业的净资产，它可为企业实现规模经营提供资金来源。

企业实收资本的扩张来源于外部资金的加入或留存收益的增长。外部资金的加入表明企业获得了新的资本，具备了进一步发展的能力；而留存收益的增长反映了企业通过自身生产经营活动，使企业净资产规模不断扩大，表明了企业进一步发展的能力和后劲。

（一）资本积累率

资本积累率是本年股东权益增加额同年初股东权益余额的比率，是企业当年所有者权益总的增长率，反映企业净资产当年的变动水平。

$$资本积累率=\frac{本年股东权益增加额}{年初股东权益余额}\times 100\%$$

较多的资本积累是企业发展强盛的标志，是企业扩大再生产的源泉，是评价企业发展潜力的重要指标。一个企业的所有者权益扩大了，该企业就有能力继续举债，企业的规模就可以进一步扩大，企业也就能够顺利地实现增长，企业对借入债务的偿还才有保证。该指标体现了企业资本的保全和增长情况。该指标值越高，表明企业资本积累越多，应付风险和持续发展的能力越强。该指标如为负值，表明企业资本受到侵蚀，所有者利益受到侵害。

在分析评价资本积累率时，应注意本期与上期权益资本变动的偶然性因素，特别是实收资本的变动对资本积累率的影响。

【例 3—26】资料见**【例 3—8】**。

要求：计算该公司 2014 年的资本积累率。

解答：2014 年资本积累率＝（35 800－34 400）÷34 400×100%＝4.07%

（二）三年资本平均积累率

资本积累率指标有一定的滞后性，仅反映当期情况。为反映企业资本保全增值的历史发展情况，了解企业的发展趋势，需要计算连续几年的资本积累情况。

$$三年资本平均积累率=\left(\sqrt[3]{\frac{年末净资产总额}{三年前年末净资产总额}}-1\right)\times 100\%$$

该指标值越高，表明企业所有者权益得到的保障程度越大，企业可以长期使用的资金越充裕，抗风险和连续发展的能力越强。

利用该指标分析时应注意所有者权益各类别的增长情况。实收资本的增长一般源于外部资金的进入，表明企业具备了进一步发展的基础，但并不表明企业过去具有很强的发展和积累能力；留存收益的增长反映企业通过自身经营积累了发展后备资金，既反映企业在过去经营中的发展能力，也反映了企业进一步发展的后劲。

六、利润增长率

企业的目标是生存、发展和获利，企业的生存与发展主要取决于企业是否盈利，因此，获利是企业发展的原动力。在评价企业发展能力时，还要关注企业的利润增长率指标，主要包括营业利润增长率和净利润增长率。

（一）营业利润增长率

营业利润增长率是企业本年营业利润增长额同上年营业利润的比率。营业利润增长率表示与上年相比企业营业利润的增减变动情况，是评价企业经营发展和盈利能力状况的综合指标。其计算公式表示为：

$$营业利润增长率=\frac{本年营业利润增长额}{上年营业利润}\times 100\%$$

营业利润增长率是营业利润较去年增长的程度。该比率越高，表明营业利润较去年增加得越多。营业利润增长率超过营业收入增长率较多，说明企业的营业收入弥补成本费用的能力进一步提高，企业抵御价格降低、成本升高和销售下降的能力进一步增强，企业经营业务的获利能力提高，并推动整个企业获得更多的利润。若该比率小于营业收入增长率，说明企业取得的收入不能消化成本费用的上涨，经营业务的获利能力有所下降。

【例 3—27】资料见**【例 3—8】**。

要求：计算该公司 2014 年的营业利润增长率。

解答：2014 年营业利润增长率＝（9 200－8 500）÷8 500×100%＝8.24%

（二）净利润增长率

企业发展的内涵是企业价值的增长，企业价值表现为给企业带来未来现金流的能力，因此可以用净利润的增长来近似代替价值的增长，以净利润增长来分析企业发展能力。净利润增长率指标反映了企业获利能力的增长情况和企业长期的盈利能力趋势。其计算公式为：

$$净利润增长率=\frac{本期净利润-上期净利润}{上期净利润}\times 100\%$$

该指标值通常越大越好。净利润增长率是用来考核企业净利润，即税后利润增长情况的财务指标，净利润增长了，企业所有者权益的增长才会有保证。企业的发展必然体现出净收益的增长，但二者并不一定同步，净收益的增长可能滞后于企业的发展，这就使得净收益增长率无法真正反映企业的发展能力，只是近似替代。

在进行净利润增长率分析时应注意以下问题：

1. 在分析净利润增长率时，应结合主营业务收入增长率情况综合判断

主营业务收入在企业的营业收入中占有较大的比重，直接影响着企业的经济利益。因此一般情况下净利润增长率和主营业务增长率会保持正相关性，可是因为一些企业在投资收益，特别是证券投资收益中获利较多的时候，净利润增长很快，但是主营业务收入增长率很低。出现这种情况并不代表该企业有很好的发展预期，因为我们无法预测其投资收益有多长的持久性。因此，我们在分析企业发展能力时，在关注净利润增长率的同时，主营业务的同期增长率应该保持一致的步伐，最好是略微高一点。

2. 在使用净利润增长率时，要注意周期性行业的季度净利润的变化

这样可以很好地排除掉一些周期性行业的季度净利润变化幅度较大的问题。房地产、百货商业等行业都是季度性行业，它在销售淡季或者财务回收淡季，季度净利润都极低，

净利润增长率环比可能都是负数。因此，用净利润年增长率来进行纵向或者行业横向比较才有意义。

所以在使用净利润增长率时，净利润计算周期的选择很关键。一般企业的周期选择建议用年净利润作为基准，至少三年的连续纵向比较才能比较好地反映该企业的连续盈利能力，用它来判断企业的成长性比较准确。

3. 注意偶发性变动因素的影响

有时候，企业的年净利润或者季净利润会出现突然的变化，如先是突然增加，然后回到原来的增长轨道。这样的偶发性变动应该在净利润增长率计算中排除。这样的变化不能成为计算连续增长率的依据，因其会产生偏差。

从以上分析中可以看出，营业收入是企业发展的先锋和主力军，资产增长是企业发展的现实力量，而资本则是企业发展的后备力量，利润是企业发展的原动力，四合为一，为企业发展保驾护航，是企业发展的源泉和动力。营业收入的增加能增加企业的现金流入，提高企业的获利能力，是企业实现资本扩张的主要来源，企业实力雄厚才能不断扩大生产经营规模，为产销量的增长提供物质基础。

【例 3—28】资料见**【例 3—8】**。

要求：计算该公司 2014 年的净利润增长率。

解答：2014 年净利润增长率＝（6 750－6 300）÷6 300×100％＝7.14％

七、反映上市公司发展能力的指标

（一）股利增长率

股利增长率与企业价值（股票价值）有着很密切的关系。股利增长率越高，企业股票的价值越高。其计算公式为：

$$股利增长率=\frac{本年每股股利增长额}{上年每股股利}\times 100\%$$

投资者从企业获得的利益分为资本利得（股价的增长）和股利两类，投资者在退出前从企业获得利益的唯一来源就是股利。虽然企业的股利政策是综合各种因素的结果，但股利的持续增长一般被理解为企业的持续发展。

（二）每股收益增长率

每股收益是上市公司财务报表中最重要的指标。每股收益是本年净利润与年末普通股股份总数的比值，反映了普通股的获利能力。公司股票的每股收益越多，超过其他上市公司的每股收益越多，说明该上市公司的盈利能力越强，股东获取投资报酬越有保障。

每股收益增长率指标反映了普通股可以分得的利润的增长程度。该指标值通常越高越好。每股收益增长率可以反映股东权益增长情况。其计算公式为：

$$每股收益增长率=\frac{本期每股收益-上期每股收益}{上期每股收益}\times 100\%$$

小思考：股票是什么？有哪些种类？

【例 3—29】 光辉公司 2010 年至 2014 年每股收益分别为 0.50 元、0.55 元、0.62 元、0.70 元、0.80 元。

要求： 计算该公司各年每股收益增长率并简要评价。

解答： 2011 年每股收益增长率＝（0.55－0.50）÷0.50×100%＝10%

2012 年每股收益增长率＝（0.62－0.55）÷0.55×100%＝12.73%

2013 年每股收益增长率＝（0.70－0.62）÷0.62×100%＝12.90%

2014 年每股收益增长率＝（0.80－0.70）÷0.70×100%＝14.29%

光辉公司每股收益资料及每股收益增长率的计算如表 3—14 所示。

表 3—14　　光辉公司每股收益及每股收益增长率

项目	2014 年	2013 年	2012 年	2011 年	2010 年
每股收益（元）	0.80	0.70	0.62	0.55	0.50
每股收益增长率（%）	14.29%	12.90%	12.73%	10%	—

光辉公司的每股收益增长率呈逐年递增趋势，公司的发展能力较强。

知识测试

一、单项选择题

1. 能够反映企业发展能力的指标是（　　）。

A. 总资产周转率　　B. 股利增长率

C. 已获利息倍数　　D. 资产负债率

2. 可以反映股东权益账面价值增减变化的指标是（　　）。

A. 权益乘数　　B. 资本积累率

C. 产权比率　　D. 三年平均资产增长率

3. 下列项目中，不属于企业资产规模增加的原因的是（　　）。

A. 企业对外举债　　B. 企业实现盈利

C. 企业发放股利　　D. 企业发行股票

4. 如果企业某一种产品处于成长期，则其营业收入增长率的特点是（　　）。

A. 比值比较大　　B. 与上期相比变动不大

C. 比值比较小　　D. 与上期相比变动非常小

5. 如果企业某一种产品处于成熟期，则其营业收入增长率的特点是（　　）。

A. 比值比较大　　B. 与上期相比变动不大

C. 比值比较小　　D. 与上期相比变动非常小

6. 下列指标中，不可以用来表示利润增长能力的指标是（　　）。

A. 净利润增长率　　B. 营业利润增长率

C. 收入增长率　　D. 三年利润平均增长率

7. 下列指标中，属于增长率指标的是（　　）。

A. 产权比率　　B. 资本收益率

C. 流动资产周转率　　　　　　　　　　D. 股利增长率

8. 如果说生存能力是企业实现盈利的前提，那么企业实现盈利的根本途径是（　　）。

A. 发展能力　　B. 营运能力　　C. 偿债能力　　D. 资本积累

9. 企业产品销售增长较快，即某种产品营业收入增长率较高，则企业所处的阶段是（　　）。

A. 投放期　　B. 成长期　　C. 成熟期　　D. 衰退期

二、多项选择题

1. 企业发展能力分析的目的在于（　　）。

A. 股东通过发展能力分析衡量企业创造价值的程度以作出正确的战略决策

B. 潜在的投资者通过发展能力分析评价企业的成长性以作出正确的投资决策

C. 债权人通过发展能力分析判断企业未来盈利能力以作出正确的经营和财务决策

D. 经营者通过发展能力分析发现影响企业未来发展的关键因素以作出正确的经营和财务决策

2. 企业发展能力包括（　　）。

A. 资产发展能力　　　　　　　　　　B. 收益发展能力

C. 销售收入发展能力　　　　　　　　D. 股东权益发展能力

3. 资本积累率的大小直接取决于下列因素中的（　　）。

A. 净资产收益率　　　　　　　　　　B. 总资产周转率

C. 总资产报酬率　　　　　　　　　　D. 股东净投资率

4. 可以用于反映企业发展能力的财务指标包括（　　）。

A. 资产增长率　　B. 收入增长率　　C. 资本积累率　　D. 净利润

5. 一个发展能力强的企业，表现为（　　）。

A. 资产规模不断增加　　　　　　　　B. 营运效率不断提高

C. 股东财富持续增长　　　　　　　　D. 盈利能力不断增强

6. 下列说法中，正确的是（　　）。

A. 资本积累率越高，表明企业本期股东权益增加得越多

B. 三年平均资产增长率可以均衡计算企业的三年平均资产增长水平

C. 一个持续增长型企业的股东权益应该是不断增长的

D. 一个企业的股东权益增长应主要依赖于企业运用股东投入资本所创造的利润

7. 下列说法中，正确的是（　　）。

A. 如果一个企业营业收入增长，但利润并未增长，那么从长远看，它并没有增加股东权益

B. 应将企业连续多期的净利润增长率和营业利润增长率指标进行对比分析

C. 净利润增长率可以比营业利润增长率更好地考察企业利润的成长性

D. 如果企业的净利润主要来源于营业利润，则表明企业具有良好的发展能力

8. 对营业收入增长率指标，下列表述正确的有（　　）。

A. 它是评价企业成长状况和发展能力的重要指标

B. 该指标大于零，说明收入有增长，指标越高，增长越快

C. 它是企业扩张资本的重要前提

D. 该指标小于零，说明收入有增长，指标越低，增长越快

9. 对资本积累率指标，下列表述正确的有（　　）。

A. 它反映所有者投入资本的保全性和增长性

B. 它是企业当年所有者权益的增长率，反映权益当年变动水平

C. 该指标越高，表明企业资本积累越多，资本保全性越高，抗风险能力越强

D. 它体现企业资本积累能力，是评价企业发展潜力的重要指标

三、实务操作题

1. 雅美公司 2011—2014 年连续四年的销售额及净利润的资料（单位：万元）如表 3—15 所示：

表 3—15　　雅美公司 2011—2014 年销售额及净利润

项目 \ 年份	2011 年	2012 年	2013 年	2014 年
销售额	5 000	5 100	6 000	7 000
净利润	400	430	620	750

要求：

(1) 以 2011 年为基年，对雅美公司四年的经营趋势作出分析。

(2) 说明基年选择应注意的问题。

2. A 公司为工业产品生产企业，该公司 2011 年至 2013 年各类资产和销售额资料（单位：万元）如表 3—16 所示：

表 3—16　　2011—2013 年资产和销售额资料

项目 \ 年份	2011 年	2012 年	2013 年
流动资产	160	215	258
固定资产	55	56.9	58.2
总资产	276	315	356.8
销售额	844	910	932

要求：

(1) 根据上述资料计算流动资产比率、固定资产比率和销售增长速度。

(2) 根据计算结果，作出简要的分析与评价。

3. A 公司 2010—2014 年部分资产和销售额（单位：元）如表 3—17 所示：

表 3—17　　2010—2014 年部分资产和销售额

项目 \ 年份	2014 年	2013 年	2012 年	2011 年	2010 年
销售收入	2 250 000	2 160 000	2 070 000	1 980 000	1 800 000
库存现金	30 000	40 000	48 000	65 000	50 000
应收账款	570 000	510 000	405 000	345 000	300 000
存货	750 000	720 000	690 000	660 000	600 000
资产合计	1 350 000	1 270 000	1 143 000	1 070 000	950 000
流动负债	640 000	580 000	520 000	440 000	400 000

要求：

（1）计算销售收入、资产及负债的增长比率，以 2010 年为基期。（计算结果取整数）

（2）评价分析结果。

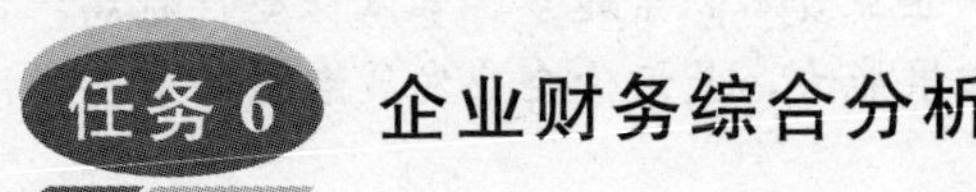

任务 6 企业财务综合分析

技能目标

1. 能根据净资产收益率准确评价企业的综合财务状况，剖析企业优劣；
2. 会熟练运用沃尔评分法和杜邦分析法准确评价企业的综合财务状况。

知识目标

1. 熟悉企业财务综合分析的方法；
2. 掌握财务综合分析指标的计算；
3. 了解财务综合分析指标的影响因素、评价方法。

一、财务综合分析的目的

财务综合分析就是将有关财务指标按其内在联系结合起来，系统、全面、综合地对企业的财务状况和经营成果进行剖析、解释和评价，说明企业整体财务状况和经营成果的优劣。

每个企业的财务指标都有很多，而每个单项财务指标只能说明问题的某一个方面，且不同财务指标之间可能会有一定的矛盾或不协调性。例如：偿债能力很强的企业，其盈利能力可能会很弱；或者偿债能力很强的企业，其营运能力可能比较差。所以，只有将一系列的财务指标有机地联系起来，作为一套完整的体系，相互配合，作出系统的评价，才能对企业经济活动的总体变化规律作出本质的描述，对企业的财务状况和经营成果给出总括性的结论。企业财务综合分析的意义也正在于此。

财务综合分析的目的主要有：

（1）财务综合分析可以明确企业盈利能力、营运能力、偿债能力和发展能力之间的相互关系，找出制约企业发展的瓶颈。

（2）财务综合分析是企业财务综合评价的基础，通过财务综合分析有助于评价企业的经营业绩，明确企业的经营水平与位置。

（3）通过财务综合分析有助于全面评价企业的财务状况和成果，并提出具有全局性的改进意见。

财务综合分析方法主要有沃尔评分法和杜邦分析法。

二、财务综合分析的特点

财务综合分析是相对于财务报表单项分析而言的，与单项分析相比较，财务综合分析具有以下特点：

（一）分析方法不同

单项分析通常把企业财务活动的总体分解为各个具体部分，认识每一个具体的财务现象，可以对财务状况和经营成果的某一个方面作出分析和评价；而财务综合分析则是通过把个别财务现象从财务活动的总体上作出归纳和综合，着重从整体上概括财务活动的本质特征。因此，单项分析具有实务性和实证性，是综合分析的基础；综合分析是对单项分析的抽象和概括，具有高度的抽象性和概括性。如果不把具体的问题提高到理性高度认识，就难以对企业的财务状况和经营业绩作出全面、完整和综合的评价。因此，综合分析要以各单项分析指标及其各指标要素为基础；要求各单项指标要素及计算的各项指标一定要真实、全面和适当，所设置的评价指标必须能够涵盖企业盈利能力、偿债能力及营运能力等诸方面总体分析的要求。只有把单项分析和综合分析结合起来，才能提高财务分析的质量。

（二）分析重点和基准不同

单项分析的重点和基准是财务计划、财务标准，而综合分析的重点和基准是企业整体发展趋势。因此，单项分析把每个分析的指标视为同等重要的地位来处理，它难以考虑各种指标之间的相互关系；而综合分析强调各种指标有主辅之分，一定要抓住主要指标。只有抓住主要指标，才能抓住影响企业财务状况的主要矛盾。在主要财务指标分析的基础上再对其辅助指标进行分析，才能分析透彻，把握准确、详尽。各主辅指标功能应相互协调匹配，在利用主辅指标时，还应特别注意主辅指标间的本质联系和层次关系。

（三）分析目的不同

单项分析的目的是有针对性地找出企业财务状况和经营成果某一方面存在的问题，并提出改进措施；综合分析的目的是要全面评价企业的财务状况和经营成果，并提出具有全局性的改进意见。因此，只有综合分析获得的信息才是最系统、最完整的，单项分析仅仅涉及一个领域或一个方面。

三、财务综合分析的方法

（一）沃尔评分法

沃尔评分法是由亚历山大·沃尔提出的。他把若干个财务比率用线性关系结合起来，以此评价企业的信用水平。沃尔评分法采用了 7 个财务指标，分别给定了其在总评价中的占比，总和为 100 分。首先确定标准比率，并与实际比率相比较，评出每项指标的得分，然后求出总得分，以此对企业的财务状况作出评价。

沃尔评分法采用的7个指标分别是流动比率、净资产/负债、资产/固定资产、销售成本/存货、销售额/应收账款、销售额/固定资产和销售额/净资产，分别给予25%、25%、15%、10%、10%、10%和5%的权重，总和为100分。

【例3—30】 资料见**【例3—8】**。

要求： 用沃尔评分法评价该公司2014年的财务状况。

解答：

根据沃尔评分法，康美有限责任公司2014年的财务状况评分的结果如表3—18所示。

表3—18　沃尔评分法分析表

财务比率	比重①	标准比率②	实际比率③	相对比率④=③÷②	评分⑤=①×④
流动比率	25	2	1.42	0.71	17.75
净资产/负债	25	1.5	1.42	0.95	23.75
资产/固定资产	15	2.5	2.5	1	15.00
销售成本/存货	10	8	3.83	0.48	4.80
销售额/应收账款	10	6	560	93.33	933.30
销售额/固定资产	10	4	4.59	1.15	11.50
销售额/净资产	5	3	3.13	1.04	5.20
合计	100				1 011.30

根据沃尔评分法，得出康美有限责任公司2014年的财务状况评分的结果是1 011.30分。按照沃尔评分法的原理，得分越高，企业总体价值就越高，这表明该公司的财务状况是优秀的。

沃尔评分法从理论上讲有一个缺点，就是未能证明为什么要选择这7个指标，而不是更多或更少些，或者选择其他的指标，以及未能证明每个指标所占比重的合理性。这个问题至今仍然没有从理论上解决。

这种综合分析方法解决了在分析公司各项财务指标时如何评价其指标的优劣，以及公司整体财务状况在同行业中的地位等问题。但沃尔评分法有两个缺陷：一是选择这7个比率及给定的比重在理论上难以证明，缺乏说服力；二是从技术上讲，由于评分是相对比率与比重相“乘”计算出来的，当某一个指标严重异常（过高或过低，甚至是负数）时，会对总评分带来不合逻辑的重大影响。正如【例3—30】所示，康美有限责任公司2014年的总得分1 011.30分，主要是由于“销售额/应收账款”这个指标过高造成的；若扣除此指标的得分，该公司的总分只有78分，不满100分，根据沃尔评分法的原理，该公司财务状况是比较差的。因而，在采用此方法进行财务状况综合分析和评价时，应注意以下几个方面的问题：

（1）同行业的标准值必须准确无误。

（2）标准分值的规定应根据指标的重要程度合理确定。

（3）分析指标应尽可能全面，采用指标越多，分析的结果越接近现实。

尽管沃尔评分法在理论上还有待证明，在技术上也需要完善，但它在实践中还是具有较为广泛的应用价值。

（二）杜邦分析法

前面介绍过各种财务比率指标，通过这些指标可以了解企业某一方面的财务状况，但实际上，企业的财务状况是一个完整的系统，各因素是相互依存、相互作用的，任何一个因素的变动都会引起企业整体财务状况的改变。财务分析者必须深入了解企业财务状况各项因素及其相互关系，才能较全面地揭示企业财务状况的全貌。

杜邦分析法是利用各主要财务比率之间的内在联系来综合分析企业财务状况的方法。它是由美国杜邦公司于1910年首先设立并采用的。这种方法主要是利用一些基本财务比率指标之间的内在数量关系，建立一套相关的财务指标综合模型，从投资者对企业要求的最终目标出发，经过层层指标分解，从而能系统地分析影响企业最终财务目标实现的各项因素的影响作用。

杜邦财务分析体系的内容可用杜邦财务分析图来表示（见图3—1）。

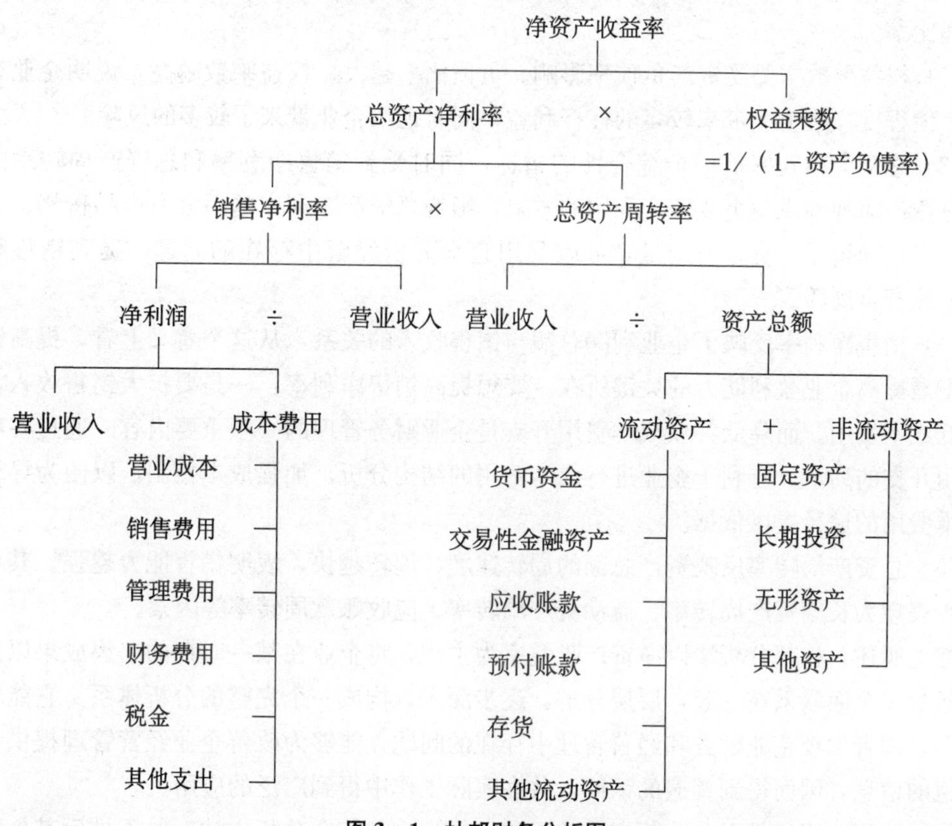

图3—1 杜邦财务分析图

杜邦财务分析体系主要反映了以下几种主要的财务比率关系：

（1）净资产收益率与总资产净利率及权益乘数之间的关系。

净资产收益率＝总资产净利率×权益乘数

权益乘数＝资产总额÷股东权益总额＝1÷（1－资产负债率）

（2）总资产净利率与销售净利率及总资产周转率之间的关系。

总资产净利率＝销售净利率×总资产周转率

销售净利率＝净利润÷营业收入

总资产周转率＝营业收入÷资产总额

（3）净资产收益率与销售净利率、总资产周转率及权益乘数之间的关系。

净资产收益率＝销售净利率×总资产周转率×权益乘数×100%

杜邦财务分析体系在揭示上述几种关系之后，再将净利润、总资产进行层层分解，这样就可以全面、系统地揭示出企业的财务状况以及财务状况这个系统内部各个因素之间的相互关系。

杜邦财务分析图提供了下列主要的财务指标关系的信息：

（1）净资产收益率是一个综合性最强的财务比率，是杜邦财务分析体系的核心。它反映了所有者投入资本的获利能力，同时反映了企业筹资、投资、资产运营等活动的效率。决定净资产收益率高低的因素有三个：权益乘数、销售净利率和总资产周转率。权益乘数、销售净利率和总资产周转率三个比率分别反映了企业的负债比率、盈利能力比率和资产管理比率。

（2）权益乘数主要受资产负债率影响。负债比率越大，权益乘数越高，说明企业有较高的负债程度，给企业带来较多的杠杆利益，同时也给企业带来了较多的风险。

（3）总资产净利率是一个综合性的指标，同时受到销售净利率和总资产周转率的影响。总资产净利率说明企业资产利用的效果，影响总资产净利率的因素有产品价格、单位成本、产量和销量、资金占用量，可以利用它来分析经营中存在的问题，提高销售利润率，加速资金周转。

（4）销售净利率反映了企业利润总额与销售收入的关系，从这个意义上看，提高销售净利率是提高企业盈利能力的关键所在。要想提高销售净利率：一是要扩大销售收入，二是降低成本费用。而降低各项成本费用开支是企业财务管理的一项重要内容。通过各项成本费用开支的列示，有利于企业进行成本费用的结构分析，加强成本控制，以便为寻求降低成本费用的途径提供依据。

（5）总资产周转率反映资产总额的周转速度，周转越快，表明销售能力越强。其可以进一步表现为长期资产周转率、流动资产周转率、应收账款周转率等因素。

综上所述，杜邦分析法以净资产收益率为主线，将企业在某一时期的销售成果以及资产营运状况全面联系在一起，层层分解，逐步深入，构成一个完整的分析体系。它能较好地帮助管理者发现企业财务和经营管理中存在的问题，能够为改善企业经营管理提供十分有价值的信息，因而得到普遍的认同，并在实际工作中得到广泛的应用。

杜邦分析法毕竟是财务分析方法的一种，作为一种综合分析方法，并不排斥其他财务分析方法。相反与其他分析方法结合，不仅可以弥补自身的缺陷和不足，而且弥补了其他方法的缺点，使得分析结果更完整、更科学。

另外，从杜邦财务分析图可以看出，净资产收益率和企业销售规模、成本水平、资产营运、资本结构有着密切的联系，这些因素构成一个相互依存的系统，只有把系统内这些因素的关系协调好，才能使净资产收益率达到最大值。

杜邦分析法是一种分解财务比率的方法，而不是另外建立新的财务分析指标，它主要用于各种财务比率的分解，通过对净资产收益率的分解来诊断企业存在的问题。总之，杜邦分析体系和其他财务分析方法一样，关键不在于指标的计算而在于对指标的理解和运用。

【例 3—31】 大地公司有关项目及指标的资料如表 3—19 所示。

表 3—19　　大地公司有关项目及指标表　　单位：万元

项目	2014 年	2013 年
净利润	200	300
营业收入	16 000	15 000
期初资产总额	7 100	7 300
期末资产总额	6 700	7 100
平均资产总额	6 900	7 200
平均股东权益	5 600	5 500
销售净利率（%）	1.25	2.00
总资产周转率	2.32	2.08
权益乘数	1.23	1.31

从表 3—19 中可以得出：2014 年与 2013 年的净资产收益率分解如下：

2014 年净资产收益率＝1.25%×2.32×1.23＝3.57%

2013 年净资产收益率＝2.00%×2.08×1.31＝5.45%

采用因素分析法对大地公司净资产收益率的变动分析如下：

销售净利率的变动影响额＝（1.25%－2.00%）×2.08×1.31＝－2.04%

总资产周转率的变动影响额＝1.25%×（2.32－2.08）×1.31＝0.39%

权益乘数的变动影响额＝1.25%×2.32×（1.23－1.31）＝－0.23%

3.57%－5.45%＝（－2.04%）＋0.39%＋（－0.23%）＝－1.88%

从以上分析过程可以看出：大地公司 2014 年净资产收益率下降主要是销售净利率下降和权益乘数下降两方面原因造成的；总资产周转率虽然略有上升，但抵挡不了销售净利率下降的强劲势头。

同时，大家也可以注意到，销售净利率与总资产周转率呈反向变动。高销售净利率的公司呈现出低的总资产周转率，反之亦然。这并非偶然。公司增加了产品的价值，这需要保持大量的生产设备，要求大量的总资产，这类公司倾向于保持低的总资产周转率。

净资产收益率受当期净利润与公司净资产规模的影响，在净资产规模基本稳定的情况下，净利润越高，净资产收益率越高；若公司有增资扩股行为，当期会出现净资产收益率下降的现象，因为新融进资金不能马上发挥效用，但这种现象若长期持续的话，说明公司盈利能力下降。

所得税税率的变动也会影响净资产收益率，通常而言，所得税税率提高，净资产收益率下降；反之，净资产收益率上升。

净资产收益率是从股东角度考核其盈利能力，其比值一般越高越好。但当公司净资产规模很小时，就不能单纯通过净资产收益率的高低来判断公司的盈利能力。

知识测试

一、单项选择题

1. 下列各项中，引起企业销售利润率下降的是（　　）。

A. 增加销货　　B. 加速折旧　　C. 降低单位成本　　D. 提高售价

2. 利用各主要财务比率指标间内在的联系，对企业财务状况及经济效益进行综合分析和评价的方法是（　　）。

A. 综合系数分析法　　B. 杜邦分析法　　C. 沃尔评分法　　D. 预警分析法

3. 作为杜邦财务分析体系的核心，且综合性最强的财务分析指标是（　　）。

A. 销售净利率　　B. 资产周转率　　C. 权益乘数　　D. 净资产收益率

4. 净资产收益率＝（　　）×总资产周转率×权益乘数。

A. 资产净利率　　B. 销售毛利率　　C. 销售净利率　　D. 成本利润率

5. 会计报表综合分析的目标是（　　）。

A. 综合分析企业的偿债能力

B. 综合分析企业的营运能力

C. 综合分析企业的偿债能力、营运能力、盈利能力、发展能力及综合经营能力及其内在联系与影响

D. 综合分析企业的支付能力

6. 决定权益乘数大小的主要指标是（　　）。

A. 总资产周转率　　B. 营业利润率　　C. 资产利润率　　D. 资产负债率

7. 某公司净资产收益率为20%，销售净利率为30%，总资产周转率为15%，则权益乘数为（　　）。

A. 4.44　　B. 2　　C. 5　　D. 3

8. 净资产收益率在杜邦财务分析体系中是综合性最强、最具代表性的指标。通过对体系的分析可知，提高净资产收益率的途径不包括（　　）。

A. 加强销售管理，提高销售净利率

B. 加强资产管理，提高资产利用率和周转率

C. 加强负债管理，降低资产负债率

D. 提高产权比率

二、多项选择题

1. 与单项分析相比较，财务报表综合分析的特点有（　　）。

A. 分析方法不同　　B. 分析主体不同

C. 分析重点不同　　D. 分析客体不同

2. 提高股东（所有者）权益收益率的根本途径在于（　　）。

A. 扩大销售，改善经营结构　　B. 节约成本费用开支
C. 优化资本结构　　D. 加速资金周转

3. 决定净资产收益率高低的主要因素有（　　）。

A. 销售净利率　　B. 总资产周转率　　C. 权益乘数　　D. 资产负债率

4. 下列各项中，属于会计报表综合分析方法的有（　　）。

A. 比较分析法　　B. 比率分析法　　C. 杜邦分析法　　D. 沃尔评分法

5. 仅利用资产负债表资料不能直接分析的内容有（　　）。

A. 偿债能力　　B. 盈利能力　　C. 运营能力　　D. 发展能力

6. 在进行企业会计报表综合分析时，在其他条件不变的情况下，如果资产负债率较上期提高，下列选项正确的有（　　）。

A. 所有者权益比率提高　　B. 所有者权益比率下降
C. 净资产收益率上升　　D. 净资产收益率下降

7. 在杜邦财务分析体系中，假设其他情况相同，下列说法中正确的是（　　）。

A. 权益乘数大，则财务风险大　　B. 权益乘数大，则净资产报酬率大
C. 权益乘数等于所有者权益比率的倒数　　D. 权益乘数大，则资产净利率大

8. 下面属于评价企业绩效的基本指标有（　　）。

A. 净资产报酬率　　B. 资产负债率
C. 流动比率　　D. 已获利息倍数

三、思考题

1. 综合企业财务分析有何特点？

2. 决定净资产收益率高低的主要因素有哪些？杜邦财务分析图给我们带来了什么启示？

3. 沃尔评分法的程序及要点是什么？

4. 比较单项分析与财务报告综合分析的差异。

四、实务操作题

1. 已知某企业 2013 年、2014 年有关资料（单位：万元）如表 3—20 所示：

表 3—20　　会计报表部分项目资料

项目	2013 年	2014 年
销售收入	2 800	3 500
全部成本	2 350	2 880
其中：销售成本	1 080	1 200
管理费用	870	980
财务费用	290	550
销售费用	110	150
利润总额	450	620
所得税	150	210
税后净利	300	410

续前表

项目	2013 年	2014 年
资产总额	1 280	1 980
其中：固定资产	590	780
现金	210	390
应收账款（平均）	80	140
存货	400	670
负债总额	550	880

要求：运用杜邦分析法分析该企业的净资产收益率及其增减变动原因（假设各平均数以期末数代替）。

2. 已知某企业 2013 年、2014 年有关财务资料（单位：万元）如表 3—21 所示：

表 3—21　会计报表部分项目资料

项目	2013 年	2014 年
销售收入	2 800	3 500
净利润	308	420
平均资产总额	1 280	1 980
平均负债总额	550	855
平均所有者权益总额	730	1 125

要求：运用杜邦分析法对该企业的所有者权益报酬率及其增减变动原因进行分析。

参考文献

1. 梁伟样．税费计算与申报．北京：高等教育出版社，2011.
2. 顾全根．基础会计．北京：科学出版社，2010.
3. 岳虹．财务报表分析．北京：中国人民大学出版社，2009.
4. 张铁铸，周红．财务报表分析．北京：清华大学出版社，2011.

信息反馈表

尊敬的老师，您好！

为了更好地为您的教学、科研服务，我们希望通过这张反馈表来获取您更多的建议和意见，以进一步完善我们的工作。

请您填好下表后以电子邮件、信件或传真的形式反馈给我们，十分感谢！

一、您使用的我社教材情况

您使用的我社教材名称			
您所讲授的课程		学生人数	
您希望获得哪些相关教学资源			
您对本书有哪些建议			

二、您目前使用的教材及计划编写的教材

您目前使用的教材	书名	作者	出版社
您计划编写的教材	书名	预计交稿时间	本校开课学生数量

三、请留下您的联系方式，以便我们为您赠送样书（限1本）

您的通信地址			
您的姓名		联系电话	
电子邮箱（必填）			

我们的联系方式：

地　址：苏州工业园区仁爱路158号中国人民大学苏州校区修远楼

电　话：0512-68839319　　传　真：0512-68839316

E-mail：huadong@crup.com.cn　　邮　编：215123

微信号：cruphd　　QQ（华东分社教研服务群）：34573529

网　址：http://www.crup.com.cn/hdfs

版大人
检②昌